KB030265

예비 특수교사 및 초임교사를 위한

수업실연의 실제

이경면 저

학지사

머리말

오래전 현장의 여러 선생님과 '특수교육 교사가 학급 안에서 지도할 수 있는 적절한 장애아동의 수는 몇 명일까?'라는 질문을 가지고 이야기를 나눈 적이 있습니다. 이 질문은 '개별화 교육이 가능한 적정 아동 수는 몇 명일까?'라는 질문으로 대신할 수도 있을 것입니다. 이 질문에 대한 답은 '교사의 눈에 들어오는 아동 수만큼'이었습니다. 아직 현장경험이 부족한 초임교사라면 한두 명의 아동들만 눈에 들어올 수 있습니다. 그래서 한 아동을 자리에 앉히는 동안 다른 아동들이 자리에서 이탈하는 것을 미처 발견하지 못하고 어느 순간, 교실은 작은 혼란에 빠질 수도 있습니다. 하지만 여러 아동의 움직임이 한눈에 들어오는 노련한 교사라면 아동 한 명 한 명이 어떤 요구를 갖고 있는지 쉽게 파악해 낼 뿐만 아니라 학급 전체 아동들의 역동적인 관계를 순간순간 모니터링하면서 효과적으로 수업을 이끌어 나갈 수 있을 것입니다. 그러고 보면, '교사의 눈에 들어오는 아동 수만큼'이라는 말이 그냥 웃자고 하는 말은 아닌 듯싶습니다. 학교 현장에서 수업참관을 하거나 장학지도를 하다 보면 이러한 상황들을 자주 목격할 수 있기 때문입니다.

교사라면 누구나 자신의 수업에 대해 한 번쯤 고민하게 됩니다. 교사에게 맡겨진 가장 큰 책무는 아동들을 잘 가르치는 데 있기 때문입니다. 더욱이 수업은 교사가 행사할 수 있는 중요한 권리이기도 합니다. 따라서 교사는 수업전문성을 토대로 수업을 잘 이끌어 가야 합니다. '수업의 전문성'을 한마디로 정의할 수는 없지만 앞의 예에 한정해 생각해 본다면, 수업과 관련한 많은 요소들을 폭넓고 깊게 바라볼 수 있는 눈을 갖고 수업을 이끌어 갈 수 있는 능력을 말하는 것이라 할 수 있습니다.

한 시간의 수업을 위해서는 준비해야 할 것들이 적지 않습니다. 게다가 특수교육 현장의 경우, 아동들의 기질과 장애로 인한 여러 가지 행동적인 특성과 그에 따른 교육적 요구의 다양성, 아동의 행동에 영향을 미칠 수 있는 환경적 요소 등 수많은 변수가 수업과 관련되어 있습니다. 어떤 교사들은 비교적 쉽게 아동의 요구와 환경의 특성, 그리고 수업이 이루어지는 집단의 역동성을 함께 읽어 내면서 효과적으로 수업을 이끌어 갈 수 있지만, 또 어떤 교사들은 순식간에 산만해지는 학급, 혹은 갑자기 발생하는 아동의 부적응 행동 문제로 인해 어려움을 경험할 수도 있습니다. 이 때문에 수업시간은 교사들에게 기대되고 설레는 시간이기도 하지만, 동시에 두렵고 힘겨운 시간이 될 수도 있습니다.

이 책은 예비 특수교사 및 초임 특수교사를 포함하여 장애아동을 대상으로 한 수업실연을 준비 중인 교사들을 염두에 두고 구상하였습니다. 실제 학급에서 이루어지는 일상적인 수업의 흐름을 따라가되, 수업에 영향을 미치는 다양한 요소를 파악하여 이를 효과적으로 관리함으로써 교사와 아동 모두에게 의미 있는 수업을 이끌어 가기 위한 방법들을 찾아보고자 하였습니다. 따라서 수업에서 다루는 교과의 내용학적 측면에 대해서는 교과용 도서 혹은 교과 내용학을 다루는 다른 전공서적을 통해서 좀 더 깊이 있게 공부하시길 바랍니다. 사실 이 부분은 이 책의 한계이기도 합니다. 왜냐하면 가르쳐야 할 내용적 측면에 따라 수업방법이나 전략이 달라질 수 있고 '좋은 수업'에 대한 기준도 달라지기 때문입니다. 하지만 방대한 교과를 다룰 수 없기 때문에 수업상황에서 고려해야 할 일반적인 요소들에 한정할 수밖에 없었습니다. 이처럼 이 책은 한계를 갖고 있지만 자신의 수업을 개선해 보고자 하는 분들에게 조금이나마 도움이 되기를 기대해 봅니다.

끝으로 선생님들의 열정적인 수업을 통해서 많은 장애아동이 매일 조금씩 성장해 나가기를 바랍니다. 그리고 그러한 성장을 바라보면서 교직의 즐거움과 보람을 만끽하시기를 기대합니다.

2018년 초

저자 이경면

차례

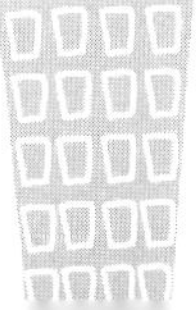

부록 교과별 수업지도안 예시 • 205

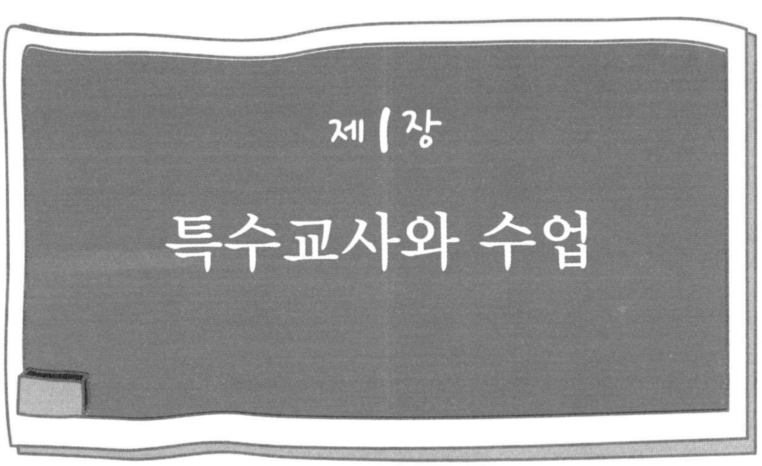

제1장 특수교사와 수업

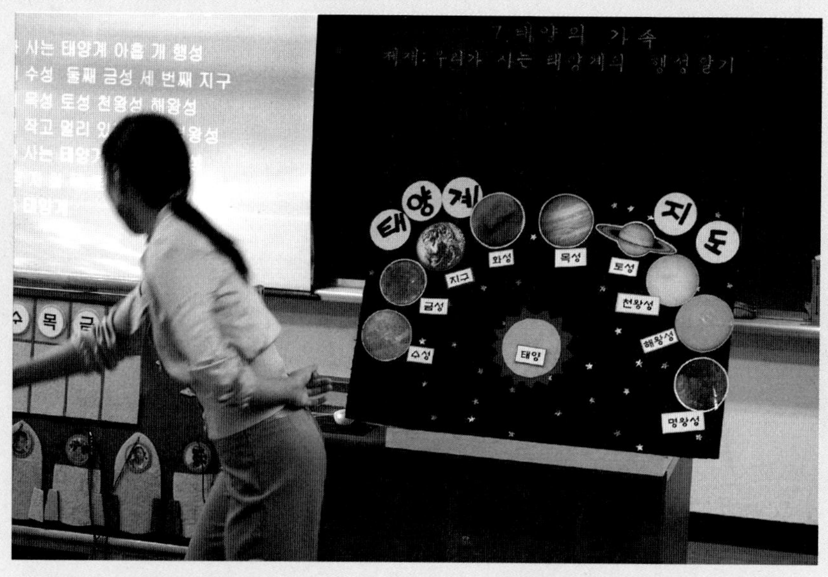

"새는 날 수 있게 세상에 태어났고, 말은 달릴 수 있게 세상에 태어났으며, 사람은 배우고 이해할 수 있게 세상에 태어났다."

-M. F. Quintilianus-

1. 교사와 수업

수업을 통해서 아동들을 가르치는 것은 교사의 가장 중요한 책무이자 권리이다. 아동을 가르친다는 것은 아동에게 지식과 기능 그리고 태도를 획득하거나 변화하도록 도와주는 것(Clark & Starr, 1986)을 의미한다. 따라서 교사는 아동의 지적 능력, 기능적 수행능력, 정서적 측면 등을 종합적으로 고려하여 수업을 계획하고 진행해야 하는 것이며 수업 전문가로서의 역량, 즉 수업 전문성을 갖추어야 한다. 그렇다면 '수업 전문성'이란 무엇일까?

수업 전문성이란 수업의 계획, 전개, 평가 및 관리 등에 대한 전반적인 수업활동을 안정성 있고 역동성 있게 전개하고 다양한 변화에 대응할 수 있기 위해서 갖추어야 할 기술 및 태도에 관한 모든 능력(조호제, 윤근영, 2009)이라고 할 수 있다. 따라서 수업 전문성을 갖춘다는 것은 수업에 관한 지식뿐 아니라 실제 수업과 관련한 수행능력을 갖추어야 하고 이를 통해 효과적으로 수업의 목표를 달성할 수 있어야 함을 의미한다. 이와 관련하여 Medley(1982)와 Schalock 등(1993)은 수업능력, 수업수행, 수업효과성에 대해서 다음과 같이 개념정의를 하였다(박세훈, 박지훈, 2011, 재인용).

> 수업능력은 교사가 소유하고 있는 지식, 기술 등의 단일 능력이 축적된 능력 체제를 의미하고, 수업수행은 교사가 실제로 수업활동 과정에서 행하고 있는 내용을 의미하며, 수업효과성은 수업수행의 결과가 아동 성취에 미치는 효과의 정도를 의미한다. 다시 말해서, 능력과 수행 그리고

효과성을 포함하는 복합적이고도 전문적인 의미를 내포하는 것이 수업 전문성이다.

한편, 근래에는 통합교육의 확대와 함께 교과의 내용학에 대한 관심이 높아짐에 따라 교과의 내용을 효과적으로 전달하기 위한 노력들이 이루어지고 있는데, 그중의 하나가 PCK이다. 교사의 수업 전문성은 교과 내용지식, 방법지식, 상황지식, 내용교수 지식 등으로 구성된다고 보며, 이 중에서 수업 전문성의 핵심은 교과 내용 및 그것을 적절히 전달하는 지식, 즉 교과내용 교수지식(Pedagogical Content Knowledge: PCK)이라고 보는 것이다(최승현, 2007). 즉, PCK란 교과의 특정 내용을 학생들이 이해할 수 있도록 가르치는 방법에 대한 교사 고유의 지식을 의미한다고 하겠다(강명자, 2012). 사실 특수교육은 이 분야에 대해서 이미 오래전부터 독특한 전문성을 확보하고 있다고 볼 수 있다. 특수교육의 경우 개별 학생들의 독특한 교육적 욕구에 기초한 교육내용 및 방법론들을 지속적으로 개발·적용해 왔기 때문이다.

2. 특수교사와 수업

특수교육은 개별화 교육을 큰 특징으로 한다. 개인적 기질, 장점 혹은 장애로 인하여 아동들이 보일 수 있는 다양한 특성을 고려해야 하기에 아동들의 요구를 바탕으로 이에 맞는 맞춤식 교육을 제공하는 것이다. 하지만 학교수업은 개인별 수업보다는 주로 집단형태로 이루어지기 때문에 특수교사들은 아동의 개별적 특성뿐 아니라 학급 집단의 역동성을 동시에 읽어 내면서 수업을 진행해야 한다. 또한 교사의 교수기법은 환경에 따라 그 효과가 달리 나타날 수 있다(Joyce & Weil, 1980). 따라서 특수교사들은 수업과 관련하여 다양한 환경 변수들을 고려하고 통제하면서 효과적으로 수업을 진행할 수 있는 능력이 필요한데, 수업에 대해 미시적 · 거시적 관점을 동시에 견지하면서 다양하고 창의적인 수업을 이끌어 갈 수 있어야 하는 것이다. 교사가 열심히 수업을 준비하고, 수업에 임하는 학생들은 눈을 반짝거리며 반응을 보여 주었을 때의 그 짜릿한 기쁨과 성취감은 교직이 주는 큰 매력 중의 하나이다. 특수교육은 더욱더 그러하다. 아동들이 보여 주는 사소한 변화와 성취가 얼마나 놀라운 것인지 깨닫게 해 주기 때문이다. 그래서 필자는 특수교육을 전공하는 학생들이나 교사에게 "수업이 주는 즐거움을 마음껏 누리세요!"라고 말하곤 한다.

3. 좋은 수업

'좋다'라는 말의 사전적 의미는 '대상의 성질이나 내용 따위가 훌륭하여 만족할 만하다.'이다. 따라서 "좋은 수업이란 무엇인가?"라는 질문에 대해 답하려면, '좋다'라는 의미의 대상과 내용에 대한 고민이 필요할 것 같다. 왜냐하면 이 질문을 교사에게 던질 때, 아동에게 던질 때, 부모에게 던질 때 돌아오는 답은 각각 다를 수 있기 때문이다. 또한 수업 내용에 따라서 좋은 수업의 기준이 달라질 수 있고, 수업 상황에 따라서도 그 기준은 달라질 수 있기 때문이다. 이러한 이유로 '좋은 수업'을 한마디로 명쾌하게 말할 수는 없다. 하지만 일반적으로 좋은 수업이란 '효과적인 수업' 측면에서 바라보며, 과거 그 초점을 교사에게 맞추었던 것에서 교사-학생 간의 상호작용에 초점을 맞추어 이해하게 되었다. 따라서 '좋은 수업'은 교사와 학생 간의 상호작용을 통해 수업이 추구하는 목표를 효과적으로 드러내는 수업이라고 할 수 있다. 물론, 여기에는 수업의 효과성뿐 아니라 효율성과 안정성의 측면까지 충분히 고려되어야 좋은 수업이 될 것이다.

다음의 내용은 일반적으로 좋은 수업이라고 말하는 몇 가지 예이다.

① 목표가 분명한 수업

장애아동들의 주의집중, 관심영역이 좁다는 이유로 아동들의 흥미와 재미만을 고려하다 보면 수업의 목표가 불분명해지고, 결국 아동들은 배워야 할 것들을 배우지 못할 수 있다. 따라서 수업의 목표가 분명히 설정되고 제시되는 수업이어야 한다.

② 학급의 모든 아동들이 즐겁게 참여하는 수업

특수교육 현장에서 학급의 모든 아동들이 똑같이 흥미와 즐거움을 느끼며 수업에 참여하는 것은 어렵다. 하지만 교육은 또래들과의 상호작용, 즉 학급 집단의 역동성이 중요하기 때문에 가능한 한 전체 아동들이 즐겁게 참여할 수 있는 수업이 되어야 한다. 즐거운 수업은 수업의 효과성을 높일 수 있다.

③ 아동들이 충분히 참여할 수 있는 수업

여기에서 아동들이 참여한다는 것은 행동적으로 참여하는 것뿐 아니라 아동들이 활동에 대해서 충분히 생각하고 고민할 수 있는 수업이라는 의미이다. 또한 참여는 매우 다양한 수준에서 다양한 형태로 이루어질 수 있다. 하지만 실제 수업장면에서 아동들의 참여가 배제되는 경우가 적지 않고 참여를 시키더라도 형식적으로 이루어지는 경우가 많다는 사실에 유의해야 한다.

④ 인지적 · 사회적 · 정서적 측면에서 조화를 이루는 수업

수업활동이 기능 혹은 태도나 정서 등 어느 한 부분에 치우치지 않는 것이 좋다. 지나치게 기능 위주로, 혹은 지나치게 정서적 측면만을 고려하여 수업이 이루어지는 일이 없도록 주의해야 한다.

⑤ 다양하고 풍부한 자료가 적절히 활용되는 수업

장애아동들의 경우 동기나 흥미를 유발하기 위해서뿐 아니라 수업 중 필요한 개념획득을 위해서 풍부한 자료들을 활용하는 것이 필요하다. 물론 자료들이 수업을 방해할 정도가 되면 안 될 것이다. '다양하고 풍부하다.'는 말의 의미는 단순히 자료의 양이나 수가 많다는 것이 아니라 아동들의 호기심과 수업참여를 이끌고 수업의 효과성을 높일 수 있는 다양한 자료들이 적절하게 활용되어야 한다는 의미이다.

⑥ 실제 생활과 연계될 수 있는 수업

장애아동들의 경우 학습한 내용의 전이 및 일반화 그리고 유지에 어려움이 있다. 따라서 수업내용은 항상 실제 생활과 연계하여 습득한 내용을 실생활의 문제에 적용할 수 있도록 배려하는 것이 필요하다.

⑦ 다양한 수업방법을 통해 이루어지는 수업

좋은 수업은 하나의 수업목표를 위해 다양한 전달방법이 주어짐으로써 활동의 다양성을 보장하는 수업이라고 할 수 있다. 이런 수업을 위해서는 그만큼 교사의 준비와 노력이 많이 필요하다고 할 수 있다.

좋은 수업에 대한 여러 관점이 있으며, 또한 그것은 고정불변의 것이 아니다. 이것이 교사로서 "좋은 수업이란 무엇일까?"라는 질문을 자신에

게 끊임없이 던져야 하는 이유이다. 그러한 고민을 통해서 좋은 수업에 조금씩 더 다가서게 될 것이다.

참고로 한 연구에 의하면(장미순, 유현미, 신현기, 2013), 특수교사들은 학생의 참여로 활기가 도는 수업, 현실 생활과 관련되는 경험중심의 수업, 학생에게 적합한 목표가 달성되는 수업, 교사의 역량이 발휘되는 수업을 좋은 수업이라고 인식하였으며, 좋은 수업을 방해하는 요인으로는 학생 능력의 편차, 교사의 열정 소진, 과중한 교사 역할, 평가 기회 및 정보의 부족, 교육과정 구성과 적용의 어려움 등을 들었다고 한다.

선생님 인터뷰: 내가 생각하는 '좋은 수업'

제가 생각하는 좋은 수업이란 아이들이 깔깔거리고 웃으며 재미있게 참여하는 수업이라는 생각합니다. 작은 바람소리에도 깔깔거리며 웃는 존재가 바로 아이들이기 때문에 이런 아이들이 아무런 표정 없이 앉아 있다면, 그 자체가 아이들답지 않은 것이고 수업에 문제가 있다는 증거라는 생각이 듭니다. 그래서 수업 중에 농담도 많이 하고 최대한 재미있게 웃으면서 참여하는 수업이 되도록 노력하고 있습니다. 더불어 아이들이 살아가면서 꼭 필요한 것들을 가르치는 것이 좋은 수업이 아닐까 생각합니다. 아이들은 철새처럼 잠깐 왔다가 또 때가 되면 그렇게 떠나갑니다. 아이들과 선생님이 만났을 때 그다음에 날아갈 곳까지 갈 수 있는 에너지와 기술을 최대한 알려 주어야 한다고 생각합니다. 그렇게 낮은 곳에서 조금씩 날아가다 보면 어느덧 홀로서기를 하는 날이 오지 않을까 생각합니다. 정리하자면, 좋은 수업을 한마디로 말하기 어렵지만 적어도 제 경우에는 아이들이 꼭 배워야 할 내용을 재미있게 가르치고 배우는 수업이 아닐까 싶습니다.

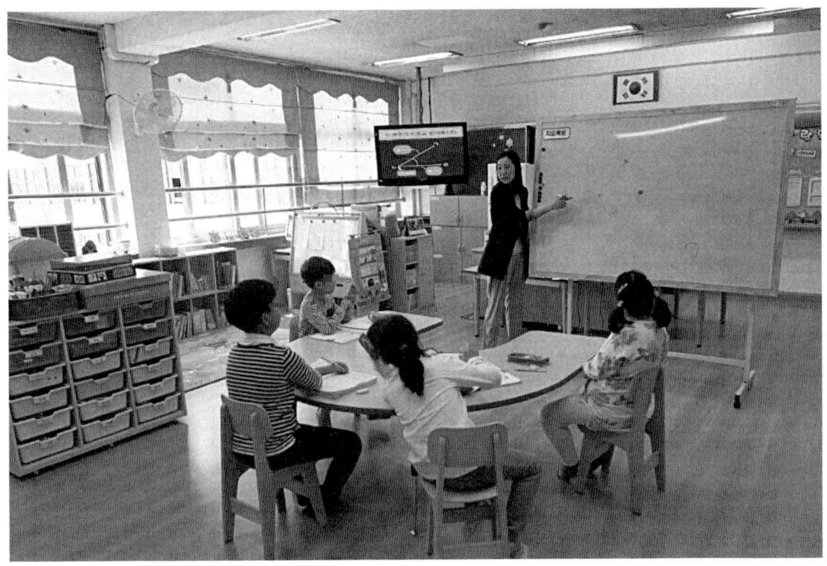

[그림 1-1] 학급에서의 수업장면

* 이선미 선생님은 '에너지 덩어리'라고 느낄 만큼 열정적으로 아이들을 가르치고 계신 베테랑 특수교사이다. 선생님과 말씀을 나누다 보면 수업을 바라보는 시각이 작은 마당에서 커다란 운동장 크기로 바뀌는 것을 느끼게 된다. 아이들보다 더 천진난만한 웃음을 지닌 선생님은 현재 경기도의 한 초등학교에서 특수학급을 담당하면서 아이들과 하루하루 행복한 시간을 보내고 있다.

 생각해 봅시다

선생님께서 생각하는 좋은 수업이란 무엇인가요?

4. 수업의 보이지 않는 요소들

학교현장에서 수업을 참관하고 평가시간을 갖다 보면 교사들 간에 좋은 수업에 대한 관점이 참 많이 다르다는 것을 느끼게 된다. 그리고 '좋은 수업'에 대해서 다시 한 번 생각하게 되는데, 이때 늘 떠오르는 하나의 장면이 있다. 필자의 아내는 김치를 담그기 전 어머님께 전화를 걸어 이런 저런 질문을 드린다. 그러면 어머님께서는 늘 "별로 어렵지 않다."고 말씀하신 후, 간단하고 명료하게 김치 담그는 법을 설명하신다. 하지만 아내는 분명 어머님께서 말씀하신 재료와 절차를 따랐음에도 어머님 김치의 맛이 나질 않는다고 말한다. 곁에서 이 상황을 지켜보면서 흔히 말하는 '손맛'이라는 단어를 떠올리곤 한다. 구체적으로 계량화할 수 없는, 정성과 애정이 가득 들어간 어머님만의 손맛이 김치 맛의 차이를 만들고 있는 것이 아닐까 생각하는 것이다.

여러 수업을 참관하고 조언을 하다 보면 바로 이런 차이를 느낄 때가 많다. 수업 요소가 빠진 것도 아니고, 기본적인 절차와 방법을 따랐음에도 무언가 부족한 듯 느껴지는 수업이 있다. 그 부족한 몇 %는 계량화할 수 없는, 말하자면 손맛과 같은 것이라 생각한다. 그 손맛을 글로 풀어서 설명하기는 쉽지 않다. 그것은 교사의 교직에 대한 뜨거운 열정과 아동들을 향한 관심, 사랑을 머금은 시선과 손끝에서 그리고 목소리와 동작에서 나오는 것이기 때문에 객관적으로 기술할 수 없는 것이라 생각한다. 비록 그런 보이지 않는 모든 요소들을 충분히 책에 담을 수는 없지만 우리는 좋은 수업에 대한 일반적인 관점을 공유할 수는 있다. 이런 관점은 우리가 어떤 노력을 기울여야 하는지 최소한의 방향을 제시해 줄 것이기 때문이다.

또한 교사들마다 저마다의 개성이 있는데, 그 개성을 잘 살린다면 학생들은 다양한 색깔의 수업을 경험할 수 있을 것이다. 그것은 매우 흥미로운 일이며, 학교현장에 활기를 불어넣을 수도 있을 것이다. 좋은 수업을 하는 학급이 모여 좋은 학교가 되고, 그런 학교들이 많아지면서 우리의 교육은 더욱더 발전하고 풍성해질 것이다.

선생님 인터뷰: 내 수업이 갖고 있는 색깔

제 수업을 색깔로 표현한다면 아마도 빨간색일 것입니다. 왜냐하면 아이들의 열정을 불러일으키는 수업을 하는 것이 저의 수업 노하우이기 때문입니다. 아무리 좋은 수업이라도 아이들이 선생님에게 떠밀려 억지로 참여하게 된다면 수업의 효과를 거두기 어려울 것입니다. 한 교육 관련 다큐멘터리 프로그램에서도 나왔듯이 아이들이 좋아서 선택한 놀이는 끝까지 하지만, 교사가 정해 준 놀이는 자유롭게 하라는 말이 떨어지기 무섭게 아이들은 다른 활동을 선택합니다. 따라서 아이들의 열정을 불러일으키기 위해서는 먼저 아이들의 호기심을 자극해서 스스로 하고 싶다는 생각이 들게 해야 한다고 생각합니다. 저는 Keller의 ARCS 이론의 주의(Attention)단계, 특히 지각적 주의 환기를 활용한 수업을 선호하는 편입니다. 그 구체적인 방법으로 시각적 매체를 활용한 수업을 주로 하고 있습니다. 이를 위해 간단하고 사소한 것이라도 실물을 직접 보여 주며 수업을 진행하려고 노력하고 있습니다. 또 하나의 방법은 게임을 놀이에 활용하는 것입니다. 아동들은 놀이를 할 때, 가장 집중하고 열정을 보입니다. 이러한 게임식 수업을 활용하면 아이들은 자신이 학습을 하는지도 모른 채 많은 것을 습득하게 됩니다. 그리고 가장 중요한 것은 오랫동안 기억되어 잘 잊어버리지 않는다는 장점이 있는 것 같습니다. 아동 스스로 참여하고 싶은 열정을 불러일으키는 빨간색 수업, 그것이 저의 수업 색깔이라고 생각합니다.

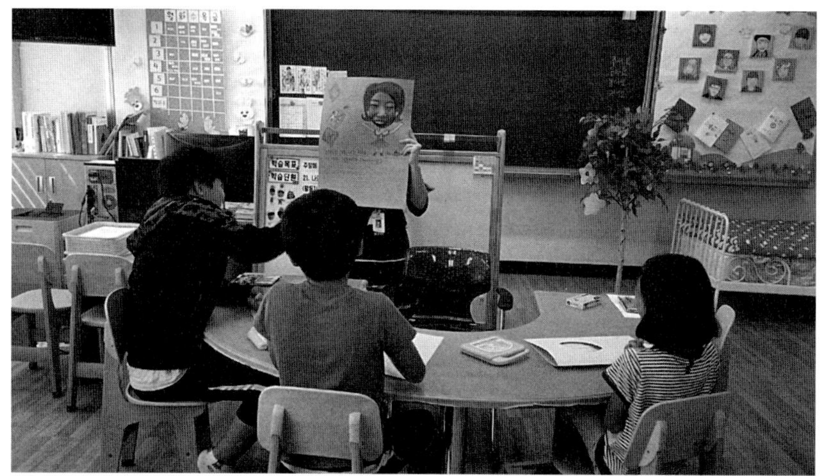

[그림 1-2] **학급에서의 수업장면**

* 김화순 선생님은 특수교육을 전공한 후, 장애아동 대안학교, 복지관 등에서 근무하면서 다양한 경험을 쌓았고 지금은 경기도의 한 초등학교에서 특수학급 담당 선생님으로 근무하고 있다. 대안교육을 포함해 다양한 분야에서 일해 온 경력이 있다 보니 아이들과 수업을 바라보는 스펙트럼이 넓어 선생님만의 독특한 색깔을 담고 있는 재미있는 수업을 하고 있다.

 **생각해 봅시다**

수업과 관련해서 나만의 색깔이라고 생각하는 부분이 있습니까?

제 2 장

효과적인 수업을 위한 요소들

효과적인 수업을 위해 염두에 두어야 할 요소들 중 어떤 것들은 객관적으로 파악하고 평가할 수 있는 것들도 있지만 어떤 것들은 그렇지 못하다. '발문'을 예로 들어 보면, 발문의 내용, 발문의 횟수 등은 객관적으로 파악이 가능하지만 발문 시 교사의 억양, 발문에 포함된 교사의 감정, 미묘한 표정 등은 객관적으로 평가하기 어려운 부분인 것이다. 교사가 아동의 행동에 "잘했어요."라고 말을 하더라도 그 말 안에 담긴 여러 가지 미묘한 감정적 요소들에 따라 그 의미는 다양하게 받아들여지는 것이다. 그렇기 때문에 다음에서 '효과적인 수업의 요소들'로 제시하고자 하는 몇몇 내용은 이 글을 읽는 독자마다 다르게 해석이 될 가능성이 있음을 미리 언급하고자 한다. 또한 책에 제시되지 않았지만 더 중요하다고 생각하는 수업의 요소들도 많이 있을 것이다. 장애아동 교육에서는 아동들 간의 특성차이가 클 뿐 아니라 수업환경 역시 다양하고, 한 수업 안에서도 집단의 역동성이 시시각각 변하기 때문에 생각의 차이가 생길 수밖에 없을 것이다.

이 장에서 별도로 다루고 있지 않지만 수업내용(교과내용)에 대한 이해는 모든 수업의 기본이 된다. 교과교재연구를 통해 무엇을, 어떻게, 왜 가르쳐야 하는가에 대한 충분한 검토가 선행된 후에 다음에서 제시한 여러 요소들을 참고로 하면 좋을 듯하다.

1. 수업을 위한 환경조성

수업은 특정한 환경(맥락, 상황) 안에서 교사, 교육과정, 교재, 아동 간의 상호작용을 통해서 이루어진다. 따라서 교사는 수업환경을 적절히 관리함으로써 수업의 효과성을 극대화할 수 있다. 반대로 환경통제가 잘 이루어지지 않았을 때에는 효과적인 수업을 방해할 수 있다.

효과적인 수업을 위한 환경의 관리는 두 가지 측면에서 고려할 수 있는

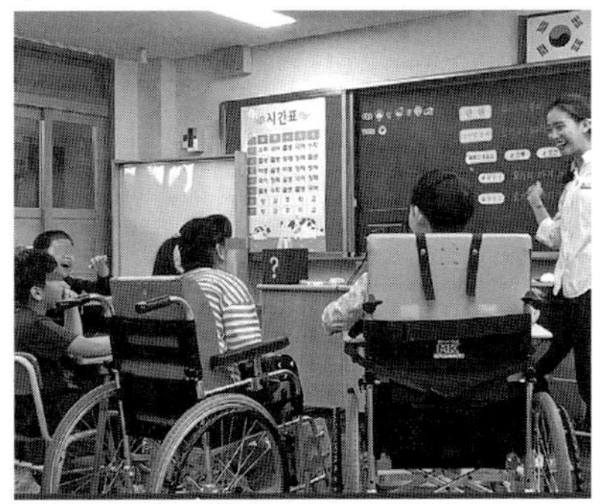

[그림 2-1] 다양한 형태의 수업환경

데, 첫째는 눈에 보이는 환경을 관리하는 것이고, 둘째는 눈에 보이지 않는 환경을 관리하는 것이다. 눈에 보이는 환경을 관리하는 것은 학습이 잘 이루어질 수 있도록 물리적 환경을 적절히 정비하는 것이다. 눈에 보이지 않는 환경을 관리하는 것은 학급의 심리 · 사회적 환경, 즉 학급의 분위기나 학급문화를 관리하는 것이 포함될 수 있다. 수업의 활동시간을 효과적으로 조정하는 것 역시 보이지 않는 환경을 관리하는 것에 포함될 수 있다.

1) 눈에 보이는 수업 환경들

(1) 수업과 물리적 환경

인간은 환경과 끊임없이 상호작용하면서 살아간다. 학생들은 교실이라는 공간에서 많은 시간을 보내기에 교실환경은 학생들의 생각과 정서와 행동, 그리고 학습에 영향을 미치고 학생들도 교실환경에 영향을 미치게 된다. 예를 들어, 교실의 크기, 밝기, 교실 전체의 색감, 의자배치 등 여러 요소들이 학생들의 행동에 영향을 미칠 수 있다. 따라서 효과적인 수업을 위해서는 교실의 물리적 환경을 최적의 상태로 관리하는 것이 필요하다.

학생들의 특성과 교육적 요구 등을 고려하여 활동공간을 마련해야 하고, 동선을 고려해야 하며, 비품비치 등에도 신경을 써야 한다. 주변에 아동들의 주의를 산만하게 만들 것 같은 요소들이 있다면 이를 제거하거나 자극을 최소화하도록 해야 한다. 교사들이 학교나 교실의 구조와 같은 하드웨어적인 부분을 변경하는 것은 힘들겠지만 학생들의 행동과 학습에 영향을 줄 수 있는 작은 요소들만 조정하더라도 학생들의 학습참여를 높이고 부적응행동을 줄일 수 있다. 따라서 교사들은 수업이 이루어지기 전에 교실이라는 공간을 아동의 입장에서 세심하게 살펴볼 필요가 있다. 이때 교사는 아동의 책상에 앉아 보고 교사가 수업 중 아동에게 요구하는 활동을 실제 아동의 물리적 눈높이에서 확인하는 것이 도움이 된다. 아동의 입장에서 보면 교실이라는 공간은 교사가 생각하는 것보다 훨씬 크게 느껴지기 때문이다. 필요에 따라서는 좀 더 혁신적인 방법을 사용하는 것도 가능하다. 예를 들어, 재미있는 연구들이 있는데, 흔히 치료공(therapy ball)이라고 불리는 공의자에 자폐스펙트럼 장애아동들을 앉게 했을 경우 아동들의 주의집중이 높아지고 부적응 행동이 줄어들었다는 연구들이 있다(박윤이, 박수현, 유은영, 이지연, 2012). 사각 책상과 의자라는 고정된 구조에서 벗어나 특정한 활동시간에 이러한 의자를 활용해 보는 것도 좋을 것이다.

(2) 수업을 방해하는 요소

특수교육 교사들이 수업상황에서 가장 중요하게 고려하는 것 중의 하나가 아동들의 주의집중을 유도하는 것이다. 학습과제에 대한 아동의 주의집중 없이 학습이 일어날 수 없기 때문이다. 아동들의 책상이 교실 문쪽에 붙어 있다거나 혹은 창 바로 옆쪽에 있다면 그만큼 산만해질 수 있는 가능성이 커진다. 또한 아동들이 집착하는 교재교구들이 아동 가까이, 혹은 눈에 쉽게 보이는 곳에 있는 경우에도 아동들의 주의가 흐트러질 수 있을 것이다. 어떤 아동들은 수업 중 수시로 교실의 특정 물건들을 만져 보거나 쳐다보기 위해서 자리에서 일어날 수도 있다.

아동들마다 주의를 빼앗기는 요소나 대상들은 다를 수 있다. 어떤 아동은 소리에 쉽게 주의가 흐트러지고 또 어떤 아동은 시각적인 자극에 주의가 흐트러질 수도 있다. 어떤 아동들은 곁에 앉아 있는 특수교육 실무원과의 신체적 접촉이 주의를 빼앗는 요인이 될 수 있는데, 이 부분이 자주 간과된다. 시각이나 청각 자극에 대해서도 아동들마다 주의를 빼앗기는 대상이 다를 수 있다. 따라서 아동들의 주의집중을 방해하는 요인이 무엇인지 확인하고 그것을 제거하거나 최소화해야 한다.

한편, 산만한 요소의 제공이라는 것이 환경을 극단적으로 단순화한다는 의미와는 다르게 이해되어야 한다. 산만한 요소를 제거해야 하지만 동시에 아동들에게 풍부한 환경을 제공하는 것 역시 중요하기 때문이다. 자극을 줄이는 것과 자극을 풍성하게 하는 것 사이의 균형이 필요하며, 이때 가장 중요하게 고려해야 하는 것은 아동들의 특성과 요구일 것이다. 또한 가지 고려할 것은 의도적으로 수업과 무관한 자극을 제공함으로써 오히려 주의집중을 높일 수 있다는 것이다. 예를 들어, 너무 조용해서 주변의 작은 자극에도 쉽게 주의가 흐트러지는 경우 작은 음악을 틀어 놓는 것이 오히려 활동에 대한 아동의 주의집중을 유도할 수 있다.

(3) 수업을 촉진하는 환경

교실은 수업이 이루어지는 장(場)임과 동시에 그 자체가 수업을 촉진하는 교재교구로서의 역할을 하기도 한다. 따라서 학생들이 상호작용을 하고, 의사소통을 하며, 무엇인가를 꾸준히 배울 수 있도록 교실 공간이 계획되어야 한다. 즉, 학생들의 긍정적 상호작용을 촉진함과 동시에 학습을 촉진할 수 있도록 세심하고 풍부한 교실환경을 계획하여야 한다.

'풍부한 환경'이라고 표현할 때, 무엇이 풍부해야 하는가에 대한 답을 얻기 위해서는 각 학급 학생들의 요구를 이해해야 한다. 만약 지체장애아동처럼 움직임에 제한이 있는 학생들이 있는 학급이라면 해당 학급은 학생들의 움직임을 자극할 수 있는 환경으로 구성되어야 할 것이다. 아직 글을 읽지 못하는 학생들이 많은 학급이라면 글자를 포함하여 다양한 그림과 사진 등으로 학급의 게시물들을 구성함으로써 학생들이 주변 환경에 대해 이해하고 탐색하고자 하는 욕구를 충족시켜 줄 수 있는 환경이어야 한다. 언어적 의사소통을 시도하려는 학생들이 있다면 다양한 소리 나는 장치들을 제공함으로써 학생들이 주변의 소리를 탐색하고 소리를 내 볼 수 있도록 환경을 구성할 수도 있을 것이다. 자폐스펙트럼 장애아동 중 어떤 아동들은 감각적 자극에 대한 역치가 높아 학습을 위해서는 좀 더 강한 자극들이 필요할 수도 있으며 교실환경을 통해 부족한 자극들을 제시해 줄 수 있다.

학급 환경의 어떤 측면을 풍부하게 할 것인가는 학생들의 요구와 교사의 판단에 달려 있다고 할 것이다.

(4) 수업활동을 안내하는 단서들

수업 중에 움직임을 통한 활동이 많다면 시각적인 표시(스티커나 종이테이프 등)로 교실 내에서의 위치, 활동영역, 방향 등을 안내하는 것이 좋다. 예를 들어, 아동들이 일어나서 활동을 수행하고 다시 자기 자리로 돌아가는 것을 안내하도록 색 테이프 등으로 특정 구역이나 진행방향 등을 표시할 수 있다. 여러 아동들이 동시에 일어나서 활동하는 경우, 몸끼리 부딪히거나 움직임의 방향이 달라서 교실이 혼란스러워질 수도 있기 때문이다. 실제로 이런 문제들은 빈번히 발생하는 것이 사실이다.

활동이나 일과 등을 안내하기 위한 시각단서 또한 중요하다. 예를 들어, 수업의 활동 단계와 과정을 도입부분에서 한 번 안내하고 끝내는 것이 아니라 그림판이나 글자판으로 게시하고 하나의 활동이 끝날 때마다 이를 떼어 내도록 할 수 있다. 더 나아가 하루 일과 전체를 그림카드 형태로 제시할 수도 있다.

시각적 단서뿐만 아니라 벨소리, 음악 등 청각적인 단서를 통한 활동 안내 방법도 고려해 볼 필요가 있다.

[그림 2-2] **활동을 안내하기 위한 교실 바닥의 시각적 표시**

* 시각적으로 환경을 구조화해 주는 것은 예측 능력이 부족한 아동들에게 행동을 안내하는 역할을 한다. 또한 아동들이 예측행동을 위해 불필요하게 에너지를 쏟는 것을 줄일 수 있다.

(5) 수업을 위한 자리배치

수업지도안에는 수업 중 아동들의 배치를 그림으로 제시한 경우가 있는데, 이 경우에 아동들의 자리배치는 형식적인 것이 아니라 수업의 효과성을 극대화하는 측면에서 이루어져야 한다. 자리배치 시 산만한 아동이라면 창문, 출입문 혹은 유혹받기 쉬운 물건들을 등지고 앉을 수 있도록 자리배치를 하는 것이 필요하다. 수업 중 지속적으로 관리가 필요한 아동이라면 교사의 통제범위 안에 앉도록 하면 좋을 것이다. 자리배치는 교사가 개별 아동들의 행동을 관리하기 용이할 수 있도록 하고 아동들이 교사의 활동요구와 지시에 쉽게 반응할 수 있도록 계획해야 하는 것이다. 또한 어떤 아동들은 또래와의 거리에 따라 주의집중, 자세 흐트러짐 등의 문제가 발생하기도 하고 모방 등을 통해 학습이 촉진되기도 한다. 따라서 학생 간의 거리도 중요한 변수가 될 수 있음을 기억해야 한다.

[그림 2-3] 반원형태의 자리배치

 생각해 봅시다

현재 교실 환경에서 아동의 주의를 산만하게 하는 요소가 있다면 무엇이 있나요? 그 요소들은 수업 중 어떻게 통제가 되고 있나요?

(6) 기타 수업 환경

장애아동의 특성에 따라 교실환경에 적극적인 변화를 주려는 노력이 필요할 수 있다. 예를 들어, 책상을 두드림으로써 수업에 방해가 되는 행동을 자주하는 경우 책상 위에 우레탄 폼을 깔아 줄 수 있다. 우레탄 폼은 대형문구점에서 저렴한 가격에 쉽게 구할 수 있다. 또한 자극에 대한 과민감성을 보이는 자폐스펙트럼 장애아동 혹은 기타 건강장애아동들을 고려하여 학급 안에 소파를 배치하는 등 작은 휴식 공간을 마련할 수도 있다. 자극에 대한 과민감성을 보이는 아동들은 학급 혹은 식당 등에서 발생하는 여러 가지 소음, 촉각적 접촉 등으로 인해 매우 긴장하고 예민해질 수도 있다. 이런 학생들을 위해 학급의 일정 공간을 할애하는 것이다. 예를 들어, 필자가 교사 시절에 교사회의를 통해 학급의 한쪽에 소파를 들여놓은 적이 있다. 아이들에게 잠시나마 쉼을 주기 위해서였다. 교실에 작은 소파가 하나 들어오는 것만으로도 학생들의 심리적 · 행동적 변화를 이끌어 낼 수 있다. 특수교육은 특수한 교육적 욕구를 갖고 있는 아동들을 배려하고 참여시키기 위해 다양한 방안들을 강구해야 한다. 우리는 '교실'이라는 공간에 대해서 지나치게 경직된 시각을 갖고 있는 것은 아닌지 생각해 보아야 한다. 교실은 아동들이 하루의 많은 시간을 보내는 생활공간임을 기억해야 한다.

특수교육은 특별한 교육적 요구를 갖고 있는 학생들의 욕구를 고려해야 하기에 교실환경의 재구성을 위한 다양한 도전을 해 볼 필요가 있다.

2) 눈에 보이지 않는 환경

(1) 수업을 위한 시간 조정

시간은 눈에 보이는 환경은 아니지만 수업에 많은 영향을 미친다. 수업지도안에는 각 활동에 배정된 시간을 표시하게 되어 있는데, 이는 형식적으로 제시하는 것이 아니라 활동의 내용 및 방법, 아동들의 흥미, 주의집중 시간 등을 종합적으로 고려하여 전략적으로 안배하여야 하는 것이다. 시간환경과 관련하여서는 다음의 내용에 주의를 기울여야 한다.

① 활동소요 시간을 적절히 파악하여 활동을 계획해야 한다.

아동의 장애 정도, 활동수행 능력, 과제에 대한 흥미 등 여러 요소에 따라서 활동에 소요되는 시간은 천차만별이다. 예를 들어, 도화지에 색칠하기 과제를 주었을 때에 어떤 아동들은 순식간에 색을 칠해 버리지만 어떤 아동들은 수업시간 내내 칠하고도 활동을 끝내지 못하는 경우를 볼 수 있다. 또 어떤 아동들은 수업시간이 끝났음에도 자기가 하던 활동을 끝까지 하겠다고 버틸 수도 있다. 따라서 수업활동의 계획 단계에서 개별 아동별 혹은 집단별 과제의 내용, 형태, 분량 등에 대한 시간배정에 유의해야 한다.

② 시간의 리듬을 적절히 조정해야 한다.

시간의 리듬이란 하루, 혹은 단위 수업을 진행하는 동안 적절한 변화와 리듬을 주어 아동들의 수업참여를 이끌어 내는 것이다.

프리맥의 원리(Premack's principle)를 예로 들 수 있는데, 이는 선호하는 반응은 덜 선호하는 반응을 강화하여 행동의 발생 빈도를 증가시킬 수 있다는 원리(국립특수교육원 편, 2009)이다. 즉, 아동들이 선호하는 활동을 다소 어려운 활동 앞 시간에 배치함으로써 앞의 선호활동이 뒤의 활동을 강화하게 만드는 것이다. 이러한 원리는 수업시간에 자주 활용되는 전략이라고 할 수 있다. 이 밖에도 동적인 활동-정적인 활동, 실내활동-야외활동, 집단활동-개별활동 등을 적절한 시간적 순서로 배치함으로써 수업

시간에 리듬감을 부여할 수 있다.

③ 아동들이 시간의 흐름을 이해하고 통제할 수 있도록 한다.

대부분의 비장애아동은 시간표를 통해서 하루의 일과를 머릿속에 그려 보기 때문에 하루의 일정을 예측하면서 시간을 보낼 수 있다. 하지만 이러한 예측이 어려운 장애아동들의 경우에는 하루의 전체 시간을 머릿속에 그려 보는 것이 쉽지 않을 수 있으며, 수업시간 역시 마찬가지이다. 수업과 관련해서도 각 수업의 목표와 수업내용에 대해서 알고 있는 아동들은 수업에 참여하기가 훨씬 수월하다. 따라서 도입부분에서 학습활동을 안내하는 것에 그치지 않고 수업시간 동안 이루어질 내용과 그 순서를 시각적으로 확인할 수 있도록 안내하면 아동들이 훨씬 수월하게 수업에 참여할 수 있을 것이다. 여건이 허락한다면 활동 간 계열성이 없는 수업의 경우 수행하게 될 활동들을 그림으로 제시하고 아동들이 그 순서를 선택

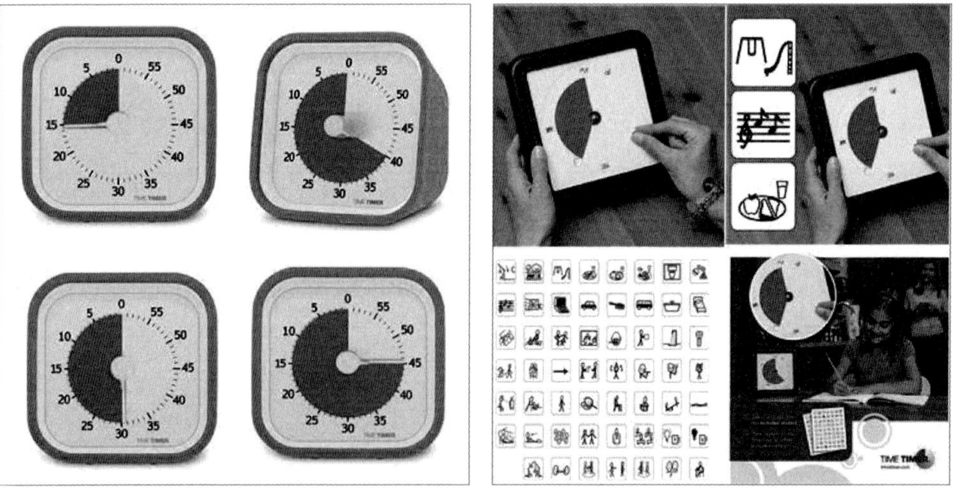

[그림 2-4] 시각적으로 확인 가능한 타이머(좌), 아동이 스케줄을 직접 정할 수 있는 타이머(우)

* 출처: https://www.timetimer.com.

하여 조합함으로써 활동의 순서를 융통성 있게 운영해 보는 시도도 해 볼 수 있다.

이외에도 활동의 시작과 종료에 대한 안내를 제시할 수 있다. 소리 나는 타이머를 사용하거나 시각적으로 확인이 가능한 타이머를 활용할 수도 있다. 어떤 타이머들은 활동 스케줄을 아동이 직접 정할 수도 있게 되어 있다([그림 2-4] 참조).

(2) 수업을 위한 심리적 환경

학습의 효과성은 학생들이 자율적 · 적극적으로 수업에 참여할 때에 높아진다. 따라서 학생들이 자유롭게 참여할 수 있도록 허용적이고 지원적인 학급 분위기를 만들 필요가 있다. 물론 이러한 학급문화 혹은 학급풍토는 교사 혼자만의 노력으로 이루어지는 것은 아니다. 교사와 학생, 학생과 학생 간 관계 안에서 고유한 학급의 심리적 환경이 구성되기 때문이다. 그럼에도 교사는 수업이 교사와 학생, 학생과 학생 사이의 의사소통이라는 것을 기억하고 학생과의 긍정적인 상호작용이 많이 나타날 수 있도록 학급 분위기를 만들어 주어야 한다. 물론 어떤 경우에는 좀 더 구조화된 환경이 필요한 경우도 있다. 예를 들어, 많은 자폐스펙트럼 장애아동이 다가올 상황에 대한 예측에 어려움을 경험할 수 있다. 상황에 대한 예측이 부족할 경우 학생들은 불안감을 느끼게 되고 상황을 예측하기 위해 과도한 에너지를 소모하게 되며, 과도한 에너지 소모는 수업참여를 어렵게 할 수 있다. 따라서 이런 경우에는 자유롭고 허용적인 분위기보다는 오히려 시간운영을 포함한 심리적 환경을 좀 더 구조화할 필요가 있다.

[그림 2-5] **긍정적 분위기에서 이루어지는 수업**

* 사진은 교사, 학생, 참관자 모두 즐겁게 수업에 참여하고 있는 장면이다. 이러한 긍정적인 수업분위기는 교사와 학생 모두의 수업참여를 높일 수 있다.

(3) 감각적 자극 통제를 위한 환경 분석 및 조정

학급 안에는 감각적 자극에 대해서 지나치게 민감하거나 둔감한 아동들이 있을 수 있다. 자극에 대해 과민감 혹은 과둔감한 경우에 다양한 행동적 문제를 야기하게 된다. 예를 들어, 청각자극에 대해 과민감한 아동들은 음악시간에 연주되는 악기소리에 귀를 막을 수 있다. 반대로 과둔감한 아동은 어지간한 소리 자극에는 반응을 보이지 않아 좀 더 큰 소리를 제공해 주어야 하는 경우도 있다. 따라서 학급의 아동이 감각적 자극에 대해서 어떤 특성을 갖고 있는지 평가하는 것이 필요하다. 〈표 2-1〉의 내용은 자극에 대한 평가와 그에 따른 환경 수정 제안의 예를 보여 준다.

〈표 2-1〉에서는 단지 청각만을 예로 들었지만 실제 시각, 후각, 미각, 촉각, 고유 수용계, 전정계 등 다양한 감각자극에 대한 반응 특성을 고려

하여 환경을 구성하는 것이 필요하다.

〈표 2-1〉 환경자극에 대한 학생의 반응

감각경로	관찰된 행동	
	민감반응 (요구⇓투입)	둔감반응 (요구⇑투입)
청각 환경 및 개인의 요구에 반응하기 위해 소리나 음성(소리의 세기, 빈도, 리듬, 음의 고저)을 사용한다.	• 소방연습 사이렌 소리, 수업 종소리, 갑작스러운 소음에 귀를 막거나 동요한다. • 교실이나 바깥에서 나는 다른 소리(말소리, 히터소리, 구급차소리 등)로 인해 집중을 하지 못한다. • 만약 주변이 조용하지 않으면 소리 내지 않고 읽는 활동을 하지 못한다.	• 큰 소리나 갑작스런 소리를 감지하지 못한다. 소리의 발생 위치를 알지 못한다. • 이름을 불렀을 때, 반응하지 않거나 교사의 지시를 이해하지 못한다. • 혼잣말을 하거나 입, 손, 발로 소리를 만든다.
환경 수정을 위한 제안		
구분	학생이 민감한 반응을 보이는 경우: 감각자극에 대한 역치가 낮은 경우	학생이 둔감반응을 보이는 경우: 감각자극에 대한 역치가 높은 경우
청각	소음을 없앤다. 편안한 음악을 사용한다. 식사 때 스테인리스 스틸이 아닌 플라스틱 소재의 수저를 사용한다. 귀마개를 사용한다. 소음이 많이 나는 곳을 피한다. 형광등을 끈다.	음악을 들을 때 헤드폰을 사용한다. 청각연습장치 또는 FM 시스템을 활용한다. 소리 내는 또는 소음을 내는 활동을 한다. 과장된 음성의 높이와 크기를 활용한다. 소리를 만들어 내는 게임을 한다.

* 출처: 신현기, 이성봉, 이병혁, 이경면, 김은경 공역(2014). 자폐스펙트럼장애 학생 교육의 실제(개정판). 서울: 시그마프레스. pp. 196-198의 내용 중 일부를 발췌함.

 생각해 봅시다

학급에서 학생들의 행동에 영향을 미치는 보이지 않는 환경들은 무엇이며, 그 환경들을 어떻게 관리하고 있습니까?

2. 학생

효과적인 수업의 여부는 결국 학생들이 수업내용에 잘 참여했는지에 달려 있다. 따라서 학생들은 수업에 참여할 준비가 충분히 되어 있어야 하고 교사는 수업 전에 그리고 수업 중간에 학생의 상태와 반응을 지속적으로 점검하며 살펴볼 수 있어야 한다.

[그림 2-6] 수업 전, 아동의 수업참여 준비를 확인하기 위한 시간

* 교사가 수업 전 아동들과 발을 맞대고 짧은 이야기를 나누면서 각 아동의 상태를 점검하고 있다.

1) 수업을 위한 정서적 준비

아동이 수업에 참여할 준비가 되어 있는지를 파악하는 것은 수업 운영과 관련하여 교사가 중요하게 고려해야 할 부분이다. 예를 들어, 식사를 걸러서 허기진 상태로 수업에 임하게 된다면, 당연히 수업에 집중하지 못할 가능성이 높다. 또한 아동이 수업 전에 경험한 어떤 일로 인해 우울한 상태로 수업에 임했을 경우, 혹은 그 반대로 흥분한 상태로 수업에 임하게 될 경우에도 효과적인 학습이 이루어지기 어려울 것이다.

따라서 교사는 수업을 시작하기 전에 아동의 정서 상태를 세심하게 관찰할 필요가 있다. 이를 위해 등교 시 아동과 눈을 맞추고 인사를 나누면서 아동의 상태를 살펴보아야 한다. 수업을 시작하기 전에도 아동의 이름을 한 명씩 부르면서 표정이나 반응을 살펴볼 수 있을 것이다. 화장실에 가고 싶은지 혹은 너무 흥분해 있지는 않은지 살펴보아야 한다. 만약 이런 문제가 발견되는 경우, 수업시간을 조금 늦추더라도 정서적인 준비를 시킨 후에 수업에 들어가는 것이 바람직할 수 있다. 필자가 교사로 근무할 당시에, 통학버스 시간에 맞추느라 아침밥을 거르고 오는 학생들이 있다는 것을 알게 되었다. 학교에서는 교무회의가 열렸고, 간단한 빵과 음료수를 학교에 준비하였다. 혹시라도 아침을 먹지 못하고 등교한 아동들이 배고픈 상태로 수업에 들어가지 않도록 하기 위함이다. 이는 복지적 측면에서가 아니라 수업의 효과성을 위한 조치였다. 학교에서는 소위 '행정적 절차'나 '예산'을 이유로 새로운 그 무엇인가를 시도하는 것이 쉽지 않지만 학교의 존재 이유가 학생들을 잘 교육하는 것에 있다는 점을 고려할 때 이러한 노력과 시도는 얼마든지 가능하다고 본다. 학교차원에서가 아니더라도 학급의 교사들이 조금만 신경을 쓴다면 의외로 할 수 있는 부분이 많다.

2) 주의집중

수업장면에서 학습이 일어나기 위해서는 아동들이 수업활동 및 내용에 주의를 기울여야 한다. 그런데 수업을 관찰해 보면, 아동들이 수업활동에 주의를 기울이고 참여하는 시간이 매우 제한적이라는 것을 쉽게 확인할 수 있다. 또한 아동들이 활동에 주의를 기울이는 것처럼 보인다고 할지라도 실제 아동이 활동에 집중하고 있지 않은 경우도 적지 않다. 그렇다 보니 특수교사들은 아동들의 '주의집중'을 이끌어 내기 위해 전쟁 아닌 전쟁을 치르고 있다고 해도 과언이 아니다.

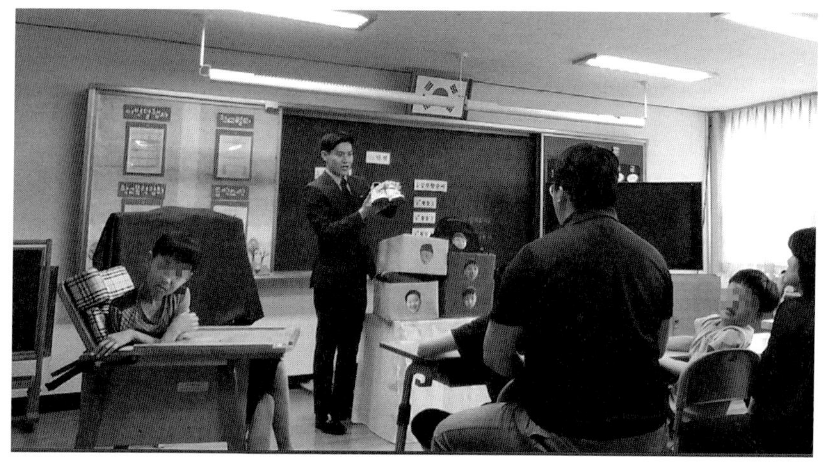

[그림 2-7] 수업 중 아동의 주의집중을 유도하기 위한 활동수행

(1) 수업 중 주의집중 유도

수업 중 아동들의 주의를 유도하기 위한 다양한 방법이 있다. 교사들은 학급 학생들의 특성에 따른 저마다의 방법과 전략을 갖고 있을 수 있기에 여기서는 몇 가지 일반적인 내용을 소개하고자 한다.

① 수업 전에 아동들의 책상과 주변을 정리하여 수업 중 불필요한 자극에 주의를 빼앗기지 않도록 한다.

아동이 관련 자극에 주의를 집중하지 못한다는 것은 필요하지 않은 자극에 주의를 빼앗기고 있음을 의미하기도 한다. 따라서 수업 전에 아동의 주의를 빼앗을 수 있는 불필요한 자극들을 확인해야 하며, 수업 중 필요한 자극들은 단계별로 하나씩 제시하는 것이 필요하다.

필요에 따라서는 이동식 칠판 등으로 아동의 주의를 빼앗을 만한 요소들을 가려 주는 것도 한 방법이다.

② 새롭고 흥미로운 활동이나 교재를 활용한다.

장애아동들의 흥미를 유발하고 주의집중을 이끌어 내기 위해서 다양하고 재미있는 자료나 활동을 제공할 수 있다. 예를 들어, 근래에 교육현장에서 많은 교사들이 배우고 있는 '마술'의 경우 아동들에게 신기성을 제공함으로써 주의집중을 이끌 수 있다. 물론 이때 주의집중은 학습과제와 완전히 별개의 것이 아닌 학습내용을 안내하고 참여시키고 촉진시키기 위한 한 수단으로 활용되도록 해야 한다. 주의집중을 위한 활동에 주의를 기울이도록 하는 데 성공하지만 정작 학습할 내용으로 그 주의를 옮기는 것에는 실패할 수도 있기 때문이다.

③ 수업활동 중에는 어떤 부분에 주의를 집중해야 하는지 아동들에게 알려 준다.

교사는 언어, 동작, 표정 혹은 다양한 자료들을 활용해서 아동들이 무엇에 집중해야 하는지 알려 줄 필요가 있다. 예를 들어, 주의를 집중해야 하는 부분에서 큰, 혹은 작은 목소리로 "잘 기억하세요."라고 말할 수도 있고, 아니면 눈에 잘 띄는 별 모양의 스티커를 준비해서 아동들이 집중해야 하는 부분에 스티커를 붙여 줄 수도 있을 것이다. 이 밖에도 주의를 기울여야 할 대상을 바라보거나 가리키거나 다가가는 등의 방법들을 사용할 수도 있다.

④ 집중해야 할 내용을 단순화 하거나 과제의 수, 양 등을 줄여 준다.

여러 가지 자극들이 함께 제시될 경우에 아동들은 어느 자극에 집중해야 할지 몰라서 당황할 수 있다. 예를 들어, 여러 가지 장난감들 중에서 같은 색깔의 것을 찾도록 시킬 경우 아동들은 장난감의 색이 아니라 형태에 집중할 수도 있을 것이다. 따라서 처음에는 동일한 형태에 색깔만 다른 장난감들 중에서 같은 색을 고르게 하는 것에서 시작하여 점차 변별의 차원을 늘려 가야 할 것이다.

⑤ 관련 자극의 강도를 높이거나 혹은 낮추어 준다.

집중해야 하는 부분에 대해 자극의 강도를 높임으로써 아동들의 주의를 이끌어 낼 수 있다. 예를 들어, 읽기 활동에서 아동이 주의 깊게 읽어야 할 부분의 글자를 크게, 진하게, 혹은 색을 달리하여 제공할 수 있다. 물론 이러한 방법은 시각적 자극뿐 아니라 청각, 움직임 등도 해당된다. 예를 들어, 음악을 듣다가 특정 부분에서 북을 치거나 동작을 취해야 하는 경우 교사는 해당 부분에서 음악의 볼륨을 크게 하거나 북 치는 동작을 과장되게 보여 줌으로써 아동들이 어느 부분에 집중해야 하는지 알려 줄 수 있는 것이다.

한편, 반드시 자극의 강도를 강하게 해야만 주의집중이 이루어지는 것은 아니다. 때때로 자극의 강도를 줄임으로써 주의를 이끌어 낼 수도 있다. 예를 들어, 아동을 호명하는 경우 "○○ 여기 보세요."라고 큰 소리로 말하기보다는 해당 아동의 얼굴을 바라보면서 아주 작은 소리로 "○○ 어디 있을까?"라고 부름으로써 교사에게 좀 더 집중하도록 할 수 있다.

⑥ 촉각, 운동지각 활동을 동반하도록 한다.

학습과제를 수행하는 과정에서 직접 만져 보거나 조작해 보거나 하는 활동을 통해 아동들을 좀 더 과제에 집중시킬 수 있다. 단지 언어적 지시나 설명 등 청각적 정보에만 의존하여 주의를 집중하는 것이 쉽지 않을 수 있기 때문이다. 한편, 아동들마다 감각적으로 선호하는 학습유형이 있다는 것을 기억할 필요가 있다.

⑦ 생활경험에 기초한 내용과 자료들을 활용한다.

주의집중을 유도하기 위해 신기하고 재미있는 요소를 끌어들이는 것도 중요하지만 한편으로는 아동들에게 익숙하고 아동들의 경험목록에 있는 요소들을 활용하는 것도 도움이 될 수 있다. 예를 들어, 주말에 가족들과 함께 동물원을 방문해서 여러 동물을 살펴본 아동이라면, 수업 중 동물과 관련한 활동에 좀 더 쉽게 주의를 기울일 수 있을 것이다. 수업 중 선행학습 내용을 확인하는 것도 이런 이유라고 할 수 있다. 이런 점에서 보면, 교사가 아동의 일상적인 경험에 대한 정보를 많이 알고 있으면 알고 있을수록 주의집중을 유도하는 것이 용이하다고 할 수 있겠다. 이 때문에 교사는 아동의 평소 생활과 경험에 관심과 주의를 기울일 필요가 있다.

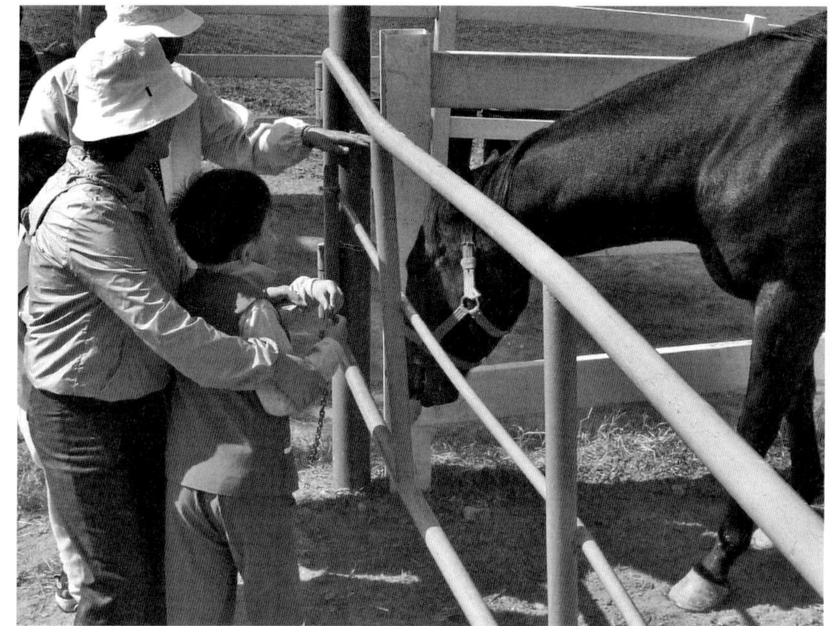

[그림 2-8] 현장 체험활동

* 아동이 경험한 내용을 수업의 소재로 적절히 활용하면 주의집중을 높일 수 있다.

(2) 수업 중 주의집중 시간 늘리기

선택적으로 주의집중을 하게 되었다면, 해당 과제나 활동에 대해서 일정한 시간 동안 주의집중을 유지할 수 있어야 한다. 갑자기 주의집중 시간이 늘어날 수는 없지만 적절한 성공경험의 제공과 함께 조금씩 시간을 늘려 간다면 아동들의 주의집중 시간은 증가할 것이다.

① 청각 혹은 시각 타이머를 활용한다.

타이머는 주의집중 시간을 늘려 나가는 데 도움을 줄 수 있다. 아동들은 알람을 통해 자신이 과제에 주의를 기울여야 하는 시간을 직접적으로 확인할 수 있다. 처음에는 타이머를 짧은 시간으로 설정하여 아동들이 자신이 주의를 기울인 시간에 대한 보상을 받을 수 있도록 하다가 점차적으로 시간을 늘려 나갈 수 있다.

타이머의 활용 시 교사가 아동과 약속을 하여 일정 시간을 설정해 줄 수도 있지만, 시간이 지남에 따라 아동 스스로 타이머를 활용하여 자신의 주의집중 시간을 점검하고 늘려 가게 할 수도 있을 것이다. 한편, 타이머는 흔히 알고 있는 소리로 시간을 알려 주는 타이머 이외에 진동, 촉각 혹은 시각적으로 시간을 알려 주는 것도 있다. 아동의 특성 및 수업환경에 따라서 여러 가지 유형의 타이머 활용이 가능할 것이다.

② 행동점검표를 활용한다.

자신의 주의집중 시간을 스스로 점검할 수 있도록 할 수 있다. 예를 들어, 일정한 시간 간격으로 잘 앉아 있거나 주의를 집중했을 때에 스스로 자신의 행동 점검표에 스티커를 붙이게 하고 나중에 이를 토대로 보상을 요청하도록 할 수 있을 것이다. 이때 사용하는 점검표나 스티커 등은 아동이 좋아하는 내용이나 형식을 사용하면 좋다. 예를 들어, 자동차를 좋아하는 아동이라면 자동차 그림 점검표의 창문에 일정 시간을 집중할 때마다 스티커를 하나씩 붙여 나가도록 할 수 있다.

(3) 수업 중 주의집중의 이동

수업 중 활동에 참여하기 위해서 아동들은 적절히 주의를 이동할 수 있어야 한다. 예를 들어, 교사가 어떤 활동을 시범보인 후에 이를 정리하여 칠판에 적는다면, 아동은 교사의 시범에 주의를 집중하다가 다시 칠판으로 주의를 옮겨야 하는 것이다. 하나의 활동이 끝나고 다른 활동을 위해 이동하는 것 역시 이에 포함될 수 있다. 이처럼 수업 중에는 주의를 이동해야 하는 크고 작은 상황이 여러 번 반복되게 된다.

① 한 번에 한 가지의 정보채널을 요구한다.

예를 들어, 재활용과 관련한 비디오를 보여 주면서 동시에 재활용에 대한 설명을 한다면 아동들은 혼란스러울 수 있다. 이 경우 비디오의 한 장면을 시청하게 한 후, 아동들의 주의를 다시 교사에게 돌리게 한 후 설명이나 질문을 하고, 또다시 주의를 비디오로 돌리게 하여 시청하게 하는 식으로 지도한다.

② 주의를 이동해야 함을 사전에 알려 준다.

주의를 옮겨야 할 경우 분명하게 인식시켜 주어야 한다. 예를 들어, 교사의 설명을 듣다가 비디오 시청을 해야 하는 경우, "지금부터 비디오를 볼 거예요. 모두 준비 되었나요?"라고 안내할 수 있다.

③ 주의를 이동시킬 수 있는 시간을 제공한다.

흔히 미술활동, 체육활동과 같은 수업장면에서 아동들은 하나의 활동에서 다른 활동으로 주의를 옮기는 데에 시간을 필요로 한다. 따라서 아동에 따라 주의를 이동할 수 있도록 일정 시간 기다려 주어야 한다. 기다렸음에도 주의 이동이 이루어지지 않을 경우에는 언어적 · 행동적 촉구를 사용할 수 있다. 주의를 이동하는 데 걸리는 시간은 점차적으로 줄여 나가야 할 것이다.

(4) 수업 중 연속적 주의집중

수업활동 중에는 만들기와 같이 연속적인 활동수행을 필요로 하는 과제들이 있다. 이 경우 아동은 과제수행을 위해 연속적으로 주의를 옮겨 가며 이를 유지해야 한다.

① 짧은 연속과제에서 점차 긴 연속과제로 바꾸어 나간다.

특히 단기기억이 짧은 아동들의 경우 활동단계에 대한 설명, 예시 등을 기억했다가 그 단계를 밟아 가는 것이 어려울 수 있다. 따라서 처음에는 한두 단계로 연결되는 과제로부터 시작해서 점차 긴 단계의 과제에 적응해 나갈 수 있도록 안내한다.

② 단계 외우기를 실시한다.

아동들이 수행해야 할 단계들을 외움으로써 연속적 단계가 기억에 남게 되면, 과제의 다음 단계를 예측하고 주의를 연속적으로 이동하는 데 도움을 줄 수 있다. 단계를 외울 때에는 익숙한 짧은 노래에 활동단계를 개사해 넣거나 혹은 그림 자료 등을 활용하여 과정을 암기할 수 있도록 도울 수 있다.

③ 시각적 혹은 청각적 단서들을 통해 안내한다.

연속적인 활동단계를 담은 그림카드 등 시각적 단서를 제공할 수 있다. 필요한 경우에는 음성, 벨소리, 신체적 촉구 등을 통해 활동을 안내함으로써 지속적으로 주의를 기울이도록 할 수도 있다.

(5) 수업을 위한 시각 이외의 주의집중

수업장면에서 아동들은 시각 및 청각에 주로 의지해서 교사의 지시를 따르거나 활동을 안내받게 된다. 특히 많은 경우 교사들은 시각적 주의집중의 지도에 초점을 맞추고 있다. 예를 들면, 교사의 얼굴을 쳐다보거나 가리키는 곳을 바라보거나 활동과제에 시각적으로 집중하는 행동을 요구한다. 이는 교사 입장에서 외형적으로 쉽게 관찰 가능한 부분이 바로 아동의 시각적인 주의집중이기 때문이다. 그렇다 보니 종종 청각적인 주의집중, 혹은 촉각적인 집중에 대해서는 간과하는 경우가 많다. 예를 들어, 소리 변별하기와 같은 청각적인 주의집중, 만져 본 물건과 동일한 질감의 물건 찾기와 같은 시각 외의 감각을 통한 주의집중 활동은 상대적으로 덜 이루어지는 것 같다.

어떤 아동들은 산만하게 움직이면서도 교사의 이야기나 주변의 상황을 듣고 있다는 점을 기억해야 한다. 반대로 차분히 앉아 있지만 청각적인, 혹은 감각적인 자극에 대해서 집중하지 못하고 있는 아동들이 적지 않다는 점도 고려할 필요가 있다.

따라서 교사가 말하는 짧은 말을 따라 하다가 점차 긴 내용의 말을 따라 한다거나 지시에 따라서 행동을 수행한다거나 하는 청각적 주의집중 훈련을 포함하여 촉각, 후각 등 다양한 감각의 측면에서 주의집중 훈련이 이루어질 필요가 있다.

[그림 2-9] '눈 감고 주변의 소리에 집중하기' 활동의 한 장면

(6) 의도적 잡음을 통한 수업 시 주의집중

우리는 흔히 주변이 조용해야 하고, 불필요한 자극이 없어야만 주의를 집중할 수 있다고 생각한다. 그러나 주변에 지나치게 자극이 없는 경우 상대적으로 작은 자극에도 주의를 빼앗기는 아동들이 많다는 것을 염두에 두어야 한다. 이는 잔잔한 배경음악처럼 학습내용과 직접적인 관련이 없는 자극들이 있는 상황에서 오히려 과제에 집중하는 아동들을 생각해 보면 이해할 수 있다. 따라서 필요하다면 학습활동을 방해하지 않을 정도의 자극들을 제공함으로써 주변의 자극에 지나치게 민감해지는 것을 줄이는 것도 주의집중을 유도하기 위한 한 방법일 수 있다. ADHD를 갖고 있으면서 교수가 된 Robert Jergen 교수의 이야기를 담은 『리틀 몬스터』(조아라, 이순 공역, 2005)라는 책에는 이러한 의도적 소음과 관련한 저자의 이야기가 나오는데, 현장에서도 고려해 볼 만하다고 하겠다.

> 나는 차가 오고 가는 시끄러운 소리가 끊임없이 이어지는 고속도로 옆에서는 공부할 수 있을지언정, 5분이나 10분마다 어쩌다 한 대씩 차가 지나가는 동네 골목 옆에서는 공부할 수 없다. 이처럼 적당한 소음이 있는 환경을 찾는 것이 어려웠기 때문에, 나는 내가 집중할 수 있도록 돕는 다양한 배경 소리를 만들어 실험하기 시작했다. (중략) 나는 마음을 가다듬어 주는 CD들을 아주 많이 가지고 있다. 어떤 것들은 클래식이나 시카고 블루스와 같은 음악이고, 어떤 것들은 빗소리나 새소리 같은 자연음이다. 무엇이 가장 효과적인지는 주기가 있는 것 같다. (중략) CD를 트는 것뿐만 아니라, 나는 내 사무실에 작은 어항을 두어서 소리를 유지시킨다. 에어 펌프에서 나는 낮은 웅웅 소리와 거품이 부드럽게 보글거리는 소리가 나를 차분하게 한다.

3) 수업과 생리적 문제들

아동들의 생리적인 문제들은 수업에 직접적으로 영향을 미칠 수 있다. 아동들이 경험하는 생리적인 문제들은 상황에 따라서 일시적으로 발생하는 것도 있고 장애의 한 특성으로 나타나는 문제도 있다. 예를 들어, 아침 식사를 굶은 경우, 변비, 복통, 두통 등의 생리적인 문제들은 수업에 영향을 미칠 수 있다. 따라서 교사는 수업 시간 전에 이러한 문제들을 세심하게 체크할 필요가 있다.

또 하나의 문제는 장애로 인한 생리적인 문제이다. 예를 들어, 자폐스펙트럼 장애아동들 중 어떤 아동들은 감각적 자극에 대한 역치가 지나치게 높거나 낮아서 자극에 대해 둔감하거나 민감할 수 있다. 이런 경우 자극을 차단하거나 자극을 강하게 제공하기 위한 조치를 취하여야 한다. 예를 들어, 소리에 민감한 아동의 경우 귓속형 귀마개를 착용시킴으로써 소음으로 인한 고통을 차단해 주어야 한다. 많은 경우 이런 아동들에 대해 특별한 조치를 취하지 않는데, 그 배경에는 '소음 등에도 익숙해져야 한다.'는 생각이 있다. 하지만 이런 상황에 대한 중재가 없는 경우 아동은 자극을 차단하거나 추구하는 데에 모든 에너지를 소모하게 된다. 따라서 학습이 이루어지기 어려운 상황이 발생하는 것이다.

평소 몸이 약하거나 감각 시스템에 문제가 있는 아동들의 경우 좀 더 세심하게 상태를 살피고 아동이 해당 문제에 에너지를 소비하지 않도록 해야 한다. 이를 위해서는 아동에 대한 관심, 세심한 관찰과 함께 아동이 경험하는 어려움을 해결하겠다는 교사의 적극적인 자세가 중요하다.

생각해 봅시다

학생들의 주의집중을 이끌기 위해 선생님이 자주 사용하는 방법은 무엇입니까? 그것은 효과적입니까?

3. 교사

1) 수업에 대한 교사의 동기

아동의 학습동기나 기타 수업의 여러 요소들 못지않게, 실은 그것보다 중요한 것이 바로 교사 자신의 수업에 대한 동기이다. 그런데 이 부분에 대해서는 놀라울 정도로 관심을 적게 기울이는 것이 사실이다. 동기는 인간으로 하여금 목적지향적 행동을 유발하는 요인이다. 따라서 교사의 직무 동기는 교육활동을 위한 노력의 양적 · 질적 차원에 영향을 줄 수 있다 (Owens & Valesky, 2011; Schunk, Pintrich, & Meece, 2010).

사실 아동의 학습동기를 증진시키기 위한 창의적인 방법과 전략을 모색하고 수업의 효과성을 높이기 위해 다양한 교재교구를 활용하면서 아동들을 적극적으로 수업에 참여시키려면, 이러한 노력을 기꺼이 수행하려는 의지, 즉 교사의 수업에 대한 동기가 필요한 것이다. 수업에 대한 동기가 없는 교사가 이러한 노력을 기울일 수 없기 때문이다. 어떤 교사들은 수업에 대한 적극적인 동기가 부족할 뿐 아니라 심지어 자신감을 잃고 학생들 앞에 서는 것을 두려워하는 경우도 있는데, 이 경우 제대로 된 수업을 기대하기 어려울 수 있다. 교사는 학급아동들을 잘 가르쳐야 할 책무성이 있기 때문에 개인적인 문제로 인해서 이 책무성을 소홀히 하게 되면 학급 전체에 영향을 미치게 된다. 따라서 교사는 수시로 자신의 정서 상태를 점검하고, 수업에 대한 동기화를 위해 노력할 필요가 있다.

이와 관련하여 교사의 '반성적 사고(reflective thinking)'가 중요하게 인식되고 있다. 반성적 사고를 하는 교사는 스스로의 문제를 돌아보는 과정을 통해서 수업을 개선하고 교직의 책무성을 다할 수 있기 때문일 것이다. 반성적 사고는 수업과 관련한 저널을 작성해 본다거나 자신의 수업을 녹음해서 들어 본다거나 혹은 동료들로 하여금 자신의 수업에 대해 코멘트를 받는 등 다양한 방법을 통해 이루어질 수 있다.

마지막으로 한 가지 생각해 볼 점이 있다. 교사의 수업에 대한 동기는 기본적으로 자신의 삶에 대한 만족과 행복감에서 나온다는 점이다. 자신의 삶에 대한 만족과 행복감이 없다면 아이들에게 쏟을 에너지가 나오기 쉽지 않을 것이기 때문이다.

선생님 인터뷰: 선생님을 수업으로 이끄는 동기는 무엇입니까?

방과 후 대안학교를 통해 장애아동들을 만나 온 지 10여 년이 되어 갑니다. 그간 많은 아동들을 만났고, 정말 행복한 시간을 함께했습니다. 엄마의 손을 잡고 왔던 어린 친구들이 지금은 청소년이 되어서 든든한 모습을 보여 주고 있습니다.

저를 수업으로 이끄는 가장 큰 동기는 결국 아이들의 반응이 아닌가 싶습니다. 변하지 않을 것 같은 아이들이 조금씩 변해 가고 그 변화되는 모습을 놀랍게 바라보게 되는 기쁨이 적지 않습니다. 어쩌면 일종의 중독이라고 해야 할까요? 그렇다 보니 새로운 모습을 볼 수 있을 것이라는 기대감에 이것저것 시도하게 됩니다. 아이들의 성장은 마치 가뭄철 갈라진 논바닥처럼 아무것도 자라지 않을 것 같은 곳에 파란 싹이 돋아나는 것을 놀라운 눈으로 바라보는 것과 같습니다. "무엇이 또 그

안에서 자라 나올까?" 하는 기대감으로 그곳에 물을 주는 심정으로 수업을 준비하게 됩니다. 그게 제게는 수업의 큰 동기가 되는 것 같습니다. 아마도 특수교육을 하시는 선생님들은 대부분 이런 경험을 하고 계시리라 생각합니다.

* 김정은 선생님은 장애아동들을 위한 방과 후 대안학교를 운영하고 있다. 교육연극으로 수업을 진행하는데, 연극이라는 매개를 통해서 아이들이 보리처럼 푸르게 쑥쑥 자라는 모습을 지켜보고 있다고 한다.

생각해 봅시다

선생님을 수업으로 이끄는 가장 큰 동기는 무엇입니까?

2) 수업을 이끄는 교사의 시선과 표정

인간은 다른 동물과 달리 시선을 통해 많은 정보들을 주고받는다. 시선을 통해서 상대방과 친근감, 분노, 명령, 애정 등 수많은 정서를 주고받을 수 있는 것이다.

수업은 교사와 아동의 상호작용에 의해서 이루어지는 것이므로, 의사소통이 잘 되기 위해서는 언어적 의사소통뿐 아니라 교사의 시선이나 표정, 동작과 같은 비언어적 의사소통 역시 중요하게 고려되어야 한다. 이 중에서도 교사와 아동 간의 교감 및 소통의 중심이 되는 시선이 특히 중요하다고 하겠다.

어떤 측면에서 보면, 수업은 바라보는 것으로 시작해서 바라보는 것으로 끝을 맺는다고도 할 수 있다. 교실에 들어서면 교사는 아동들을 둘러보면서 전반적인 분위기를 살피고 아동들의 표정을 통해서 컨디션, 수업

준비 정도 등 다양한 정보를 파악하게 된다. 수업 중에는 시선을 통해서 아동에 대한 격려, 금지, 요구, 공감 등 다양한 의도를 전달한다. 또한 모든 아동에게 적절히 시선을 줌으로써 수업 중 교사의 공평성을 보여 줄 수도 있다.

수업 중 시선은 따듯해야 하고, 때로는 냉철해야 하며, 풍부해야 하고, 상황에 따라 적절히 변화를 주어야 하는데, 이러한 방법들은 수업을 효과적으로 이끄는 강력한 도구이자 수단이 될 수 있다. 이처럼 수업 중에 교사들은 언어뿐 아니라 적절한 시선처리를 통해서 수업을 좀 더 효과적으로 이끌어 갈 수 있을 것이다.

다음의 내용은 수업 중 시선처리와 관련한 몇 가지 유의점이다.

① 아동들로부터 시선이 벗어나지 않도록 한다.

교사는 어떤 경우에도 아동들이 시야에서 벗어나지 않도록 유의해야 한다. 초임교사들이 실수하기 쉬운 부분 중의 하나는 특정 아동, 활동, 혹은 교재교구 등에 시선을 빼앗기는 것이다. 아동들을 시야에서 놓치게 되면 아동들의 자리이탈, 부적응행동, 활동에 대한 요구 등을 인지하지 못함으로써 수업의 리듬이 깨지거나 아동의 효과적인 참여를 이끌어 내지 못할 수도 있다. 야외활동의 경우라면 안전사고와 직결될 수 있다.

② 한두 아동에게만 시선이 편중되지 않도록 한다.

시선은 곧 관심이고 상호작용이다. 따라서 학급의 모든 아동에게 시선을 골고루 배분해야 한다. 그러나 실제 수업장면을 분석해 보면, 균등한 시선분배가 무척 어렵다는 것을 알 수 있다. 교사 입장에서는 무의식중에 교사의 발문에 반응하는 아동, 활동과제에 적극적으로 참여하는 아동에게 시선이 편중되기 쉽기 때문이다. 수업 중 교사의 시선을 받지 못한다는 것은 해당 아동이 수업에서 소외받고 있다는 결정적인 증거이다. 따라서 항상 아동을 향한 시선 배분에 의도적으로 주의를 기울여야 한다.

③ 시선과 발문과 동작은 하나의 세트로 사용한다.

시선은 교사가 전달하려는 내용에 맞추는 것이 좋다. 예를 들어, A라는 아동에게 무엇인가 질문하고 있다면 시선은 A 아동에게 맞추어져야 하고 질문에 답을 기다린다는 의미에서 몸을 낮추고 아동 쪽을 향해 몸을 살짝 기울인다거나 한 발짝 다가설 수 있다. 그러나 실제로는 교사가 제시하는 내용과 시선, 동작 등이 일치되지 않는 경우가 많다. 다른 방향을 보거나 다른 활동을 하면서 아동의 이름을 부르는 경우 등을 예로 들 수 있다. 시선, 발문, 동작은 가능한 한 하나의 세트로 움직일 필요가 있다. 장애아동들은 동시에 여러 자극이 다른 방향으로 향할 경우 혼란을 경험할 수 있기 때문이다.

④ 아동들의 눈높이에서 수업을 바라본다.

교사는 수업 전에는 교실 환경을 살펴보아야 하고, 수업 중에는 아동들의 눈높이에서 수업활동이 어떻게 받아들여지는지 고려해야 한다.

수업 중 교사가 아동들에 대한 시선을 놓침으로써 겪게 되는 문제의 하나는 아동들의 반응을 살피지 못함으로 인해서 아동들이 수업에 참여하고 있는지, 혹은 무엇을 요구하고 있는지 파악하지 못하고, 이로 인해 수업의 효과성을 이끌어 낼 수 없다는 것이다.

실습생들의 수업을 보면 아동들과 별개로 혼자만의 수업을 하는 경우가 있는데, 아동들이 보이는 반응, 예를 들면 수업내용에 전혀 집중하지 않거나 관심이 다른 곳에 쏠려 있음에도 이를 읽지 못하고 수업지도안의 절차만을 따라가는 것이다. 이 경우 수업은 교사에게나 아동에게 전혀 의미 없는 시간이 될 수도 있다.

[그림 2-10] 수업 진행과정에서 개별 아동과의 눈맞춤

 생각해 봅시다

수업 중에 유독 시선을 많이 주거나 덜 주는 아동이 있나요? 있다면 그 이유는 무엇인가요? 이 문제를 어떻게 해결할 수 있을까요?

3) 수업 중 아동과의 의사소통

수업은 교사가 아동에게 일방적으로 가르치는 것이 아니라 아동과 교사가 상호 의사소통하는 과정이라고 할 수 있다. 의사소통에는 구어적 방법뿐 아니라 동작, 표정 등 총체적인 요소들이 포함된다. [그림 2-11]은 너무나 잘 알려진 Shannon과 Schramm의 커뮤니케이션 모델이다.

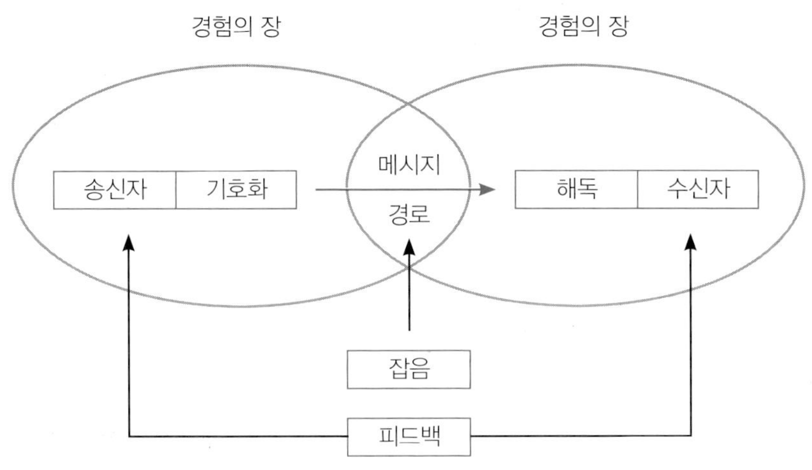

[그림 2-11] Shannon과 Schramm의 커뮤니케이션 모델

* 출처: 백영균 외(2015). 스마트 시대의 교육방법 및 교육공학(4판). 서울: 학지사. p. 223.

[그림 2-11]에서 교사를 송신자, 학생을 수신자라고 가정할 때에 교사와 학생이 공통으로 경험하는 장 또는 공감대 형성이 많으면 많을수록, 그리고 교사와 학생의 의사소통을 방해하는 여러 형태의 잡음(noise)이 적으면 적을수록 수업이 효과적으로 이루어질 수 있다(백영균 외, 2015). 또한 교사와 학생 간의 경험의 장이 부족하거나 잡음이 개입되더라도 피드백이 원활하게 이루어질 경우 그러한 문제들을 어느 정도 개선할 수 있다.

정리하면 결국 교사는 아동들과 좀 더 많은 경험을 공유할 수 있도록 아동의 생각, 문화를 알아갈 필요가 있으며, 수업 중 다양한 잡음 요소들(소음, 더위, 빛 등)을 줄여야 하고, 아동들이 흥미를 갖고 수업에 참여할 수 있도록 적절한 피드백을 제공함으로써 효과적인 의사소통, 즉 효과적인 수업이 가능하다고 하겠다.

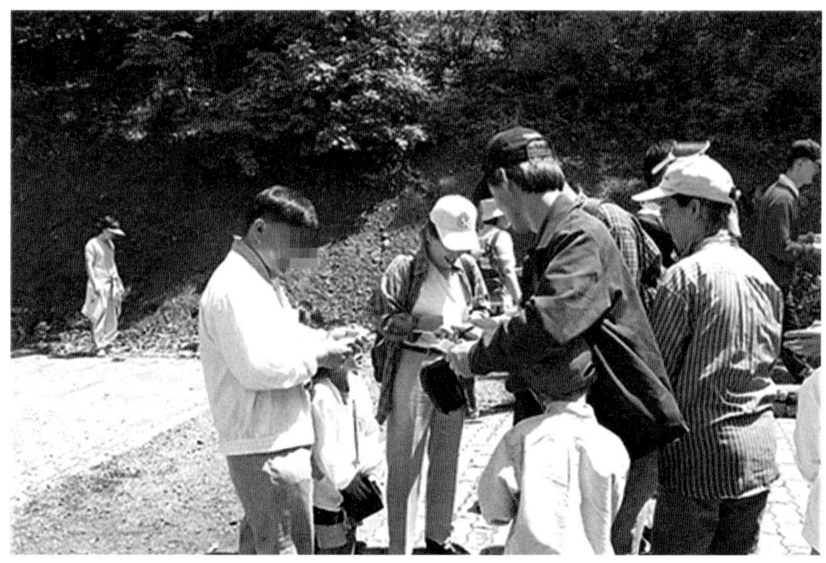

[그림 2-12] 특수학교의 가족캠프 장면

* 학교 가족캠프 도중에 부모님들 간에 명함을 나누는 장면이다. 학부모와 함께하는 시간을 통해 아동 및 가족의 생활에 대해서 편안히 이야기를 나눌 수 있다. 이때 얻은 다양한 정보들은 수업 중 아동과의 소통을 위해 유용하게 활용될 수 있다.

 생각해 봅시다

아동들의 경험을 이해하기 위해서 선생님이 사용하시는 방법은 무엇입니까?

(1) 발문

'수업은 아동이 새로운 것을 할 수 있거나, 할 수 있게 될 방도를 배우게 하거나, 변화시킬 목적으로 제공되는 인간적인 상호작용'으로 정의한다(서울대학교 교육연구소 편, 1998). 따라서 수업은 교사와 아동 모두에게 의미 있어야 하고, 이를 위해서 교사-아동 간에 역동적인 상호작용이 이루어질 수 있어야 한다. 교사들은 수업을 통해 의미 있는 상호작용을 촉발하고 유지하고 확장하기 위하여 다양한 교수전략과 방법들을 사용하는데, 그중에서 가장 보편적으로 사용할 수 있고, 또 가장 많이 사용되고 있는 것이 발문이다.

교사는 교육적인 목적을 갖고, 의도적으로 아동들과 대화를 나누면서 학습목표를 이끌어 가게 되는데, 이 과정에서 던지는 질문을 발문이라고 할 수 있다. 따라서 발문은 몰라서 묻는 '질문'과는 다르다고 할 수 있다.

발문이 수업에서 가장 중요한 부분을 차지하는 것은 수업의 거의 대부분은 아동들과의 대화 형태로 이루어지기 때문이다. 예를 들어, Flanders(1970)는 수업에서 대화가 차지하는 비율이 66%를 넘는다고 하였다. 또한 변재현과 김민경(2004)은 "우리 교육현장에서 전개되고 있는 수업의 실제를 살펴보면 수업의 형태가 어떤 것이든 간에 그 진행과정은 교사의 발문이 대부분을 차지하고 있다."고 하였다. 이처럼 수업 중 발문이 차지하는 비중이 크다는 것은 발문의 적절성 여부가 수업의 성패를 좌우하는 중요한 요소라는 의미이다. 많은 장애아동들이 교사의 언어적 발문을 적절히 이해하고 반응하는 것에 어려움이 있을 수 있다. 그렇기 때문에 특수교사는 아동의 언어, 인지 수준, 관심영역 등을 고려하여 더욱더 세심한 발문을 해야 하는 것이다. 또한 구어적 발문뿐 아니라 동작, 그림, 표정, AAC 등 다양한 매체나 단서들을 제공함으로써 장애아동들이 쉽게 교사와 상호작용할 수 있도록 하는 등 발문의 개념을 좀 더 폭넓게 이해하고 적용하는 것이 필요하다고 하겠다.

(2) 발문에 대한 이해

Wilen(1991)은 아동이 학습하는 내용과 방향을 제시함에 있어서 교사의 발문이 중요한 역할을 한다고 하면서 아동의 입장에서 발문은 특정 방향으로 아동의 사고나 행동을 안내하는 역할을 할 수 있다고 하였다. 이런 맥락에서 수업 중 이루어지는 발문을 범주화하려는 노력이 이루어져 왔다. 예를 들어, Clark와 Starr(1986)는 발문자(교사)의 발문 의도에 따라 발문을 범주화하면서 여기에 13개의 범주를 포함시키고 있다.

① 아동이 알고 있는 지식과 모르는 지식을 확인하기 위한 발문
② 아동의 사고력 개발을 위한 발문
③ 학습동기를 이끌어 내기 위한 발문
④ 수업내용에 대한 숙달 및 연습을 위한 발문
⑤ 학습자료를 조직하거나 해석하도록 돕기 위한 발문
⑥ 수업의 중요 요점을 강조하기 위한 발문
⑦ 사건의 인과관계를 알게 하기 위한 발문
⑧ 산만한 아동의 주의와 관심을 유도하기 위한 발문
⑨ 수업내용의 이해를 돕기 위한 발문
⑩ 학습내용의 복습 및 점검을 위한 발문
⑪ 아동과 공감을 형성하기 위한 발문
⑫ 학습내용에 대해 말하고 표현하는 연습을 위한 발문
⑬ 아동에 대한 진단 및 평가를 위한 발문

앞에서 보는 바와 같이 수업 중 이루어지는 발문은 다양한 의도와 목적을 담고 있다. 교사들은 적절한 순간에, 학습자의 수준에 맞게 발문을 던짐으로써 수업의 목적을 이룰 수 있는 것이다. 하지만 특수교육 현장에서는 아동들이 의사소통 및 사회적 관계기술에 어려움을 경험하고 있기 때문에 이러한 발문이 적절히 적용되지 않는 경우가 많다. 그렇지만 특수교육 현장에서도 발문은 중요한 수업방법이자 전략이고, 이에 따라 여러 연

구자들이 특수교육 현장에서의 발문에 대해 연구한 바 있다.

예를 들어, 전병운, 남윤석, 이미애(2006)가 특수학급 수업에서의 교사 발문을 분석하면서 발문의 종류를 다음과 같이 7개 항목으로 분류하였다.

① 확인: 확인하기 위해 "예" "아니요"의 답변을 요구
② 지식: 사실, 결과, 규칙을 회상하거나 기억
③ 이해: 주어진 상황을 요약, 설명, 변형해서 말함
④ 적용: 학습한 정보를 다른 상황에 적용
⑤ 분석: 개념, 정보, 생각 간의 관련성 도출 또는 비교
⑥ 종합: 학습한 정보를 창의적 방법으로 결합
⑦ 평가: 여러 대안 중에서 선택, 판단, 결정

수업대화를 특정 교과와 연관시킨 연구들도 있는데, 전병운 등(2007)은 국어 수업에 나타나는 특수교사의 언어적 스캐폴딩을 분석하면서 특수교사들의 대화를 언어적 스캐폴딩(안내, 설명, 지시, 시범, 질문, 피드백, 단서)과 비스캐폴딩 언어유형(상황묘사, 절차관련, 행동관련, 일상대화) 등으로 범주화하기도 하였다.

이러한 연구들이 보여 주는 것은 우리가 수업 중에 사용하는 의식적인 혹은 무의식적인 대화 속에 다양한 내용이 담겨 있다는 것이다.

발문, 더 나아가 수업대화를 위한 전략을 갖추고 이를 기초로 좋은 수업을 이끌어 가는 것은 하루아침에 이루어지는 것이 아니다. 특히 인지적 · 언어적 · 정서적 · 사회적 측면에서 도움이 필요한 장애아동들을 가르쳐야 하는 특수교사들은 더욱더 오랜 시간의 준비와 훈련이 필요하다.

(3) 좋은 발문을 위한 전략

좋은 발문은 아동들의 학습을 자극하고 수업을 효과적으로 이끌어 가기 위한 가장 중요한 기초가 되는데, 좋은 발문의 조건은 다음과 같다(정찬기오 외, 2011).

① 간결하고 명확한 발문이어야 한다.
② 구체적인 발문이어야 한다.
③ 아동의 사고를 자극하는 개방적인 발문이어야 한다.
④ 단순한 발문이어야 한다(여러 조건을 내세워 혼란을 주는 것은 좋지 못한 발문이다).
⑤ 개인차를 고려한 발문이어야 한다.
⑥ 생각하는 틈을 주는 발문이어야 한다.
⑦ 교사가 하나의 응답만을 기대하는 발문은 피해야 한다.

이 밖에도 장애아동의 특성에 기초해서 다음과 같은 내용을 고려하면 좋다.

① 아동의 어휘수준을 고려한다. 어휘수준을 고려한다는 것은 발달상 적절한 수준의 어휘를 선정하여 사용함은 물론이고 아동 경험의 폭을 고려하여 어휘를 선정하여야 한다는 의미이다.
② 적절한 피드백을 제공한다. 어떤 형태로든 아동이 반응을 보이는 경우, 적절한 피드백을 제공한다. 어떤 경우에는 발문하는 교사의 얼굴을 쳐다보는 행동 자체에 대해서 강화를 할 수도 있다.
③ 반드시 기다리는 시간을 갖는다. 특히 언어적으로 혹은 동작적으로 반응이 느린 아동들의 경우 충분한 시간을 주고 기다리거나 촉구를

사용한다.

④ 발문의 시작은 학급 전체에 한 후에 개별 아동에 대해서 구체적인 발문을 한다.

⑤ 발문과 함께 동작, 구체물 등을 제시할 수 있다. 언어적인 수용에서 어려움을 보일 수 있음을 감안하여 발문 시 구체적인 단서를 제공하는 것이다. 예를 들어, 수업 중에 배운 내용을 확인하는 장면에서 해당 발문과 관련한 물건을 보여 주면서 발문을 하는 식이다.

⑥ 다양한 매체나 자료를 활용한다. 예를 들어, "기분이 어땠어?"라는 질문에 웃는 그림카드, 혹은 기분 나쁜 표정의 그림카드 등을 들어서 자신의 감정을 표현하게 할 수도 있다.

특수교육 현장에서는 장애아동의 주의, 지각, 인지적 · 정서적 · 행동적 특성들을 고려한 발문이 요구된다. 예를 들어, 청기억이 짧은 아동은 들은 내용을 오랫동안 기억해서 이를 행동으로 옮기는 과정에 어려움을 경험한다. 따라서 발문은 구체적인 용어로 짧게 나누어 제시해야 한다.

아동이 이해하기 어려운 용어를 사용하거나, 아동의 주의집중 시간을 넘어서는 긴 이야기, 심지어는 수업의 핵심을 이해하는 데 방해가 되는 발문 등을 지양해야 한다. 자신의 발문내용을 녹음 혹은 녹화하여 확인해 보는 것은 자신의 발문스타일과 습관 등을 점검해 볼 수 있는 좋은 방법의 하나이다.

(4) 교사의 목소리와 수업

효과적인 수업을 위해서 어떤 목소리가 좋은지를 설명하기는 어렵다. 사람마다 음색이나 성량 등이 천차만별이고 또 듣는 아동들 입장에서도 선호하는 바가 다르기 때문이다. 그러함에도 수업 중에 목소리를 적절히 조정함으로써 효과적인 수업을 이끌어 낼 수 있다.

목소리의 높낮이를 바꾸거나 속도에 변화 주기 등으로 목소리에 리듬을 부여하여 수업에 역동성을 줄 수도 있고 목소리의 변화를 통해 일정한 의도를 학생들에게 전달할 수도 있다. 예를 들어, 주의가 산만해진 학생의 주의를 돌리기 위해서 교사들은 목소리를 높여서 이야기하거나, 혹은 반대로 아주 작은 소리로 이야기함으로써 학생의 주의를 끌 수 있다. 학창시절을 돌아보면, 수업 중에 학생들이 심하게 떠들 경우 선생님께서 몇 초간 아무 말씀도 하지 않고 학생들을 바라보고 계신 경우를 한두 번쯤은 경험했을 것이다. 이 경우 학생들의 수군거리는 소리는 점점 줄어들고 '도대체 무슨 일이지?'라는 생각으로 선생님께 집중을 하는 것이다. 그렇게 학생들의 주의가 모아지면 선생님은 다시 설명을 이어 가곤 하셨다. 이 경우에 선생님은 '짧은 침묵'을 통해서 학생들의 흐트러진 주의를 다시 모은 것이다. 물론 반대의 경우로 어떤 선생님들은 "여러분, 조용히 하세요!"라고 큰 소리로 주의를 끌기도 하셨다. 이처럼 목소리를 조절함으로써 수업의 분위기를 형성할 수 있다.

교사가 음색을 바꾸는 경우는 특수교육 현장에서 흔히 볼 수 있는 장면의 하나인데, 예를 들면 인형을 교재교구로 활용하면서 목소리를 다른 사람처럼 바꾸어 말하는 것이다. 이 경우에도 아동들은 흥미를 보일 수 있다.

한편, 글을 쓸 때에 문장부호를 사용하게 되는데, 말을 할 때에도 문장부호를 고려해야 한다. 예를 들어, 이야기를 하는 동안에도 적절히 쉼표, 마침표, 느낌표 등을 표현해 주어야 하는 것이다. 어떤 교사들은 모노톤으로 끊임없이 준비한 학습내용을 전달하는 경우가 있다. 하지만 중간중간 마음속으로 쉼표, 느낌표, 마침표 등을 찍으면서 문장의 숨을 고르는 것이 필요하다.

교사의 언어행동을 개선하기 위하여 다음과 같은 '교사의 언어행동 개선 체크리스트'를 사용하는 것도 좋은 방법이 될 것이다.

〈표 2-2〉 교사의 언어행동 개선 체크리스트

관찰한 수업에서 교사와 아동들의 언어사용에 있어 다음의 각 사항에 따라 매우 좋았다고 생각되는 것에 ○, 반드시 개선이 필요한 것에 ×, 조금의 개선을 바라는 것에 △표시를 해 주십시오.

① 확실히 명확하게 이야기하기 위해
□ 더욱 천천히 이야기하기
□ 간격을 두고 이야기하기
□ 보다 큰 목소리로 이야기하기
□ 과장된 이야기법을 사용하기
□ 좀 더 조용히 이야기하기
□ 소리의 강약이나 대소를 사용해서 이야기하기

② 아동들의 응답활동을 재촉하기 위해서
□ 아동들이 사용하고 있는 언어를 사용하기
□ 아동들이 아는 언어로 이야기하기
□ 반복, 복창을 많이 사용하기
□ 시선을 맞추어 이야기하기
□ 자기의 행동을 언어화하기
□ 아동의 행동을 언어화하기
□ 몸짓, 손짓 등 동작을 병용해서 이야기하기
□ 아동에게 대답하기 쉽도록 2개 중 1개를 선택하도록 하기
□ 아동과 거리를 가까이 하여 이야기하기

③ 언어사용에 주의하기 위해서
□ 아동에게 상처 입히는 말을 피하기
□ 명령조를 피하기
□ 칭찬을 많이 사용하기
□ 부정어를 피하기
□ 쓸데없는 단어를 피하기

• 교사가 사용한 단어에 대한 기타의견

* 출처: 조인수, 시미즈 사다오, 추연구(2001). 특수교육 교사를 위한 수업개선 방법과 실제. 대구: 대구대학교출판부. p. 169.

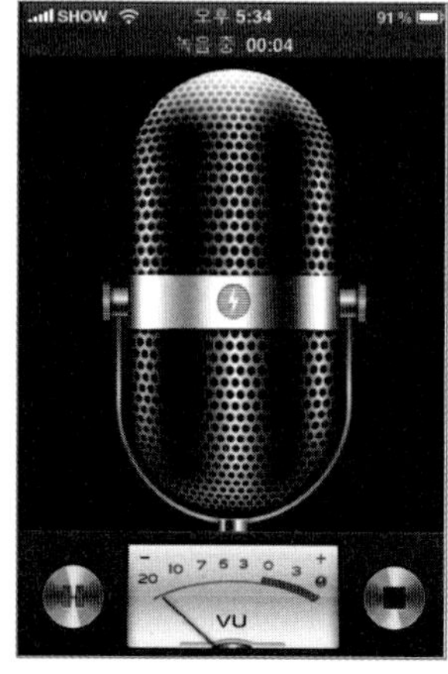

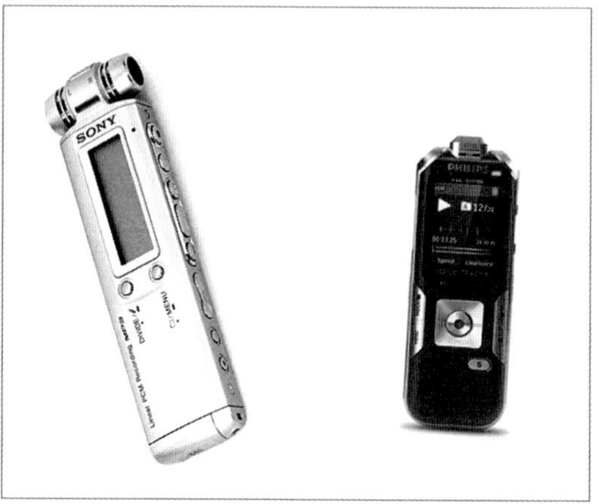

[그림 2-13] 수업을 녹음할 수 있는 스마트폰 앱 및 소형 녹음기

* 수업 중 자신의 목소리를 녹음해서 들어 보면 그동안 잘 몰랐던 자신의 의사소통 특성에 대해서 많은 것을 알게 된다. 예를 들면, 목소리 크기, 말의 속도 등을 객관적으로 느껴 볼 수 있을 뿐 아니라 잘못된 언어습관을 찾아낼 수도 있다.

4) 교사의 제스처와 수업

제스처란 보고 있는 사람에게 시각적인 신호를 보내는 갖가지 동작(데즈먼드 모리스, 1994)을 말한다. 수업장면에서 교사들은 의도적으로 제스처를 보내기도 하고 또 어떤 경우에는 비의도적인 제스처를 보이기도 한다.

수업 중 교사는 다양한 제스처를 통해서 수업의 효과성을 높일 수 있다. 왜냐하면 많은 장애아동이 언어적 의사소통에 제한을 갖고 있기에 언어만으로 이루어지는 수업을 충분히 이해하고 수업에 참여하는 것이 쉽지 않기 때문이다. 이때 적절한 제스처는 교사의 언어적 의도나 내용을 보완해 주는 역할, 즉 아동들에게 추가적인 단서를 제공하는 것이다.

예를 들어, 특정한 아동을 자리에 앉게 할 경우에 교사는 한 손으로 아동을 가리키며 본인에게 지시를 내린다는 것을 확인시킨 후, 다시 반대편 손으로 의자를 가리킴으로써 아동으로 하여금 의자에 앉도록 요구하고 있음을 보여 줄 수 있다. 이처럼 제스처는 언어 중심의 수업장면에서 아동들을 안내할 뿐 아니라 수업을 좀 더 역동적이고 생기 있게 이끌어 갈 수 있는 힘이 된다. 물론 불필요하거나 과도한 동작들은 오히려 주의를 산만하게 할 수도 있다. 또한 한 번에 다양한 단서가 주어지는 것이 꼭 아동들에게 유리하게만 작용하는 것이 아니기에 제스처를 사용할 경우에는 반드시 아동의 눈을 쳐다보면서 아동의 반응에 따라서 적절한 수준의 제스처를 사용해야 한다.

한편, 습관에서 기인하게 되는 불필요한 제스처들은 수업 중 아동들의 주의를 산만하게 하고 중요한 과제에 집중하는 것을 방해할 수도 있다. 제스처뿐 아니라 너무 많은 움직임 역시 아동들을 산만하게 하는 요인이 될 수 있음을 기억해야 한다. 제스처나 동작의 문제를 정확히 파악하기 위해서는 본인의 수업을 비디오로 녹화한 후 자신의 동작들을 살펴보고 의미 없는 요소들이 있는지 분석하는 것이 좋다. 습관에 기인하는 제스처

[그림 2-14] 수업 중 교사의 다양한 제스처와 표정

는 본인도 의식하지 못하는 경우가 대부분이기에 스스로 모니터링하는 것이 필요한 것이다. 캠코더 혹은 스마트폰 등으로 수업의 전체 혹은 부분을 촬영하여 살펴보면 좋다.

5) 수업 중 교사의 눈높이와 거리

어릴 적 다니던 초등학교를 성인이 되어 방문해 본 적이 있다면, 기억했던 것보다 훨씬 작은 초등학교를 보면서 놀란 경험이 있을 것이다. 그만큼 성인의 눈높이에서 바라보는 세상과 아동의 눈높이에서 바라보는 세상은 다르다고 할 수 있다. 어린 학생들 입장에서 볼 때에 교실 안의 성인 교사는 심리적으로나 물리적으로나 그만큼 큰 존재로 보일 것이다. 따라서 아동들과 눈높이를 맞추는 것은 효과적인 수업을 위해 중요하다. 예를 들어, 아동에게 질문을 할 때에는 아동과 눈높이를 맞추고 주의를 이끈 후 질문을 하는 것이 필요하다.

아동들과 적절한 거리를 유지하는 것 역시 중요하다. 이는 과제를 적절히 안내하고, 시범을 보이고, 신속하게 행동을 중재하는 등 다양한 측면에서 중요한 역할을 하기 때문이다. 다음에 제시한 몇 가지 내용은 학생과의 적절한 거리를 유지하는 것이 왜 중요한지의 예를 제시한 것이다.

① 활동을 시범 보이거나 자료를 안내하는 경우

자료를 제시할 때 너무 멀리서, 혹은 너무 가까이에서 제시하거나 아동의 시선과 다른 방향에서 제시하는 경우가 있다. 이 경우 어떤 아동들은 교사의 활동에서 소외되거나 주의를 집중하지 않게 된다. 따라서 수업 중에는 아동들이 집중해야 할 부분이 항상 전면에 나오도록 함과 동시에 적절한 거리와 각도를 유지해야 한다. 예를 들어, 인형을 활용하는 경우 인형이 이야기하는 부분이 있고, 교사가 이야기하는 부분이 있다. 이때 아동의 입장에서 어디에 주의를 집중해야 하는지를 분명히 알려 주기 위해서는 교사의 얼굴과 인형 간에 적절한 거리가 고려되어야 한다.

인형이 이야기하는 장면에서 인형의 얼굴이 교사의 얼굴보다 뒤쪽에가 있다면, 아동들은 교사의 얼굴에 집중해야 하는지, 혹은 인형의 얼굴에 집중해야 하는지 헷갈려 할 수 있기 때문에 인형이 말을 할 때에는 인형을 좀 더 앞으로, 교사가 말을 할 때에는 교사가 좀 더 앞쪽으로 나와야 한다.

[그림 2-15] 수업 중 교사의 수업자료 제시

* 자료를 제시할 때에는 전체 아동이 충분히 확인할 수 있는 거리와 각도를 확보하는 것이 필요하다.

② 행동을 중재할 경우

다음과 같은 상황을 가정해 보자.

"수업 중 과제를 안내하려고 하는데, 민수가 자꾸만 일어날 것 같은 행동을 보인다. 민수는 평소에도 앉아 있기 힘들어하며 자주 자리 이탈을 하는 아동이다. 지금 민수는 또 자리에서 일어나려고 하는 예비동작을 취하고 있는 것이다."

이와 같은 상황에서 교사는 민수의 행동을 통제하기 위한 방법의 하나로, 민수가 일어나기 전에 민수의 어깨를 살짝 눌렀다 손을 떼는 행동만으로도 어느 정도 자리이탈을 예방할 수 있다. 이때 민수와 교사와의 거리가 멀리 떨어져 있다면 이런 시도를 할 수가 없다. 민수처럼 행동적 문제가 예상되는 경우에는 교사와의 거리를 가까이 둠으로써 돌발적 행동에 바로 대처할 수 있을 것이다. 물론 이와 반대로 교사와의 거리를 멀게 해야 하는 상황도 있을 수 있다.

한편, 교사와의 거리 못지않게 아동 간의 거리를 고려하는 것 역시 중요하다. 어떤 아동은 특정한 또래 아동에 대해 공격적인 행동을 보이거나 수업 참여를 방해할 수 있고, 반대로 또래의 학습을 촉진할 수도 있기 때문이다.

6) 수업 중 교사의 피드백

수업 중에 다양한 형태의 피드백이 이루어진다. 피드백은 과제 자체에 대한 것일 수도 있고, 과제를 수행한(혹은 하고 있는) 아동의 태도에 대한 피드백일 수도 있다. 아동마다 피드백이 필요한 영역과 타이밍이 다를 수 있으므로 이를 잘 판단해 보아야 한다.

피드백은 몸짓, 눈빛, 자세, 접촉, 구체적 강화물 등 다양한 방법으로 제공할 수 있다. 예를 들어, 따듯한 눈빛을 보내거나 어깨를 두드리거나, 혹은 자세를 낮추어 눈높이를 맞추어 주는 것도 중요한 피드백의 방법이 될 수 있다. 한편, 구체물을 통한 강화물의 경우 다른 또래들의 주의를 빼앗을 수 있음을 염두에 두어야 하고 제시한 강화물로 인해서 후속 활동에 영향을 줄 수 있음을 고려해야 한다. 중요한 것은 교사가 아동의 행동에 대해서 반응하고 있음을 지속적으로 보여 주는 것이다. 또한 학습을 심화시키고 확장시키기 위해 교수적 피드백을 제공할 수 있는데, 이것은 피드백을 제공할 때에 교사가 의도적으로 여분의 정보를 학생에게 제공하는 것이다(김진호 외 공역, 2014). 예를 들어, 아동이 노란 바나나를 보고 "바나나"라고 말하면, "그래 맞아. 노란색 바나나야."라고 말하는 식이다.

한편, 상황에 맞지 않고 의미 없는 피드백(기계적인 피드백), 모호한 피드백 등은 피하는 것이 좋다.

생각해 봅시다

선생님은 주로 어떤 방식의 피드백을 사용하십니까? 그러한 피드백은 학급 학생들에게 효과적으로 적용되고 있습니까?

4. 수업을 위한 교재교구

[그림 2-16] 학교의 교재교구 자료실

1) 수업 중 교재교구의 사용

교재교구를 통해 수업의 효과성과 효율성을 높이기 위해서는 설정된 교육목표를 달성하기 위하여 세심하게 선정하거나 제작한 교재교구를 적절한 대상에게, 적절한 타이밍에, 적절한 방법으로 제공해야 한다. 그리고 이러한 노력은 거의 매 수업마다 이루어져야 한다. 근래에는 멀티미디어 등 정보통신 기술의 눈부신 발달로 손쉽게 흥미로운 자료들을 선택하거나 응용하여 활용할 수 있게 되었다. 그렇다 보니 아동들이 직접 만져 보고,

냄새 맡아 보고, 손끝으로 느껴 보고 다양한 방법으로 조작해 볼 수 있는 교재교구들에 대한 관심과 직접적인 제작이 많이 줄어든 것이 사실이다.

연구수업 중에는 아동들과 참관하는 사람들에게 자신이 제작한 교재교구를 선보이기 위해서 마치 조형물 제막식처럼 하얀 천이나 종이로 교재교구를 가려 놓았다가 '짠!' 하고 보여 주는 경우가 많다. 이는 평소 교재교구가 얼마나 사용되지 않는가를 역설적으로 보여 주는 것이기도 하고 교재교구를 활용하는 수업이 얼마나 '특별한 것'인가를 보여 주는 것 같다. 다양한 감각적 · 조작적 경험이 필요한 장애아동의 특성을 고려하여 교사가 직접 제작하거나 선정한 교재교구는 멀티미디어가 줄 수 없는 또 다른 경험들을 제공할 수 있다는 점에서 여전히 수업의 중요한 부분이라고 하겠다.

2) 수업에 적합한 교재교구의 제작

교재교구를 제작할 때에는 여러 가지 측면에 주의를 기울여야 한다. 일반적으로 교재교구 제작 시 유의점들(이경면, 2011)은 다음과 같다.

① 학급 아동들의 발달수준을 고려한다.

교재교구 제작에서 가장 기본은 해당 교재교구가 아동의 발달수준에 적합해야 한다는 것이다. 아동의 발달수준에 따라서 교재교구의 내용, 재료, 크기, 부피, 두께, 색, 디자인 등 여러 요소들을 고려해야 한다. 소근육 협응이 아직 충분히 발달하지 않은 유아들을 대상으로 한 책의 경우 각 페이지를 두껍게 한다든지 텍스트와 그림의 비율을 조정한다든지 하는 것 등이 그 예라고 하겠다. 또한 인지적 · 언어적 · 신체적 발달 특성뿐 아니라 아동들의 흥미와 관심도 종합적으로 고려되어야 한다.

② 가능한 한 응용의 범위가 넓은, 열린 교재교구가 되도록 한다.

장애아동들은 발달 차이가 큰 까닭에 어느 특정 수준에 맞추기 어렵다는 한계가 있다. 그렇다고 수업을 진행하면서 각각의 아동들을 위해 서로 다른 교재교구를 제작하여 제공한다는 것은 현실적으로 어렵다. 따라서 교재교구를 제작할 때에 가능한 한 다양하게 응용해서 활용할 수 있도록 해야 한다. 예를 들어, 레고 블록을 보면 아주 단순해 보이지만 수없이 다양한 조합이 가능한 까닭에 어린아이부터 성인에 이르기까지 자신의 수준에서 참여할 수 있다. 어린 아동들은 간단히 끼우기 활동을 할 수 있고 좀 더 큰 학생들은 보다 복잡한 모양으로 조립함으로써 각자의 수준에서 참여할 수 있는 것이다. 그렇다면 구체적으로 어떻게 해야 좀 더 다양한 응용이 가능한 교재교구를 만들 수 있을까?

예를 들어, 한 조각으로 된 자동차 퍼즐을 만든다고 가정을 해 보자. 아동이 할 수 있는 것은 하나의 자동차 퍼즐을 판에 끼워 넣는 것이다. 그러나 조금 수준이 높은 아동에게 한 조각짜리 퍼즐은 너무나 식상할 수 있다. 이 경우에는 퍼즐의 양쪽 면에 자동차를 그려 넣어서 자동차 퍼즐 조각이 자동차 장난감으로서의 역할을 하게 만들 수 있다. 또한 퍼즐 판의 뒤쪽에 자동차가 다니는 길을 그려 놓음으로써 자동차 놀이도 가능할 것이다. 물론 여러 개의 퍼즐 판을 연결하여 좀 더 복잡한 도로를 만들 수도 있다. 이렇게 되면 퍼즐 판 하나로 단순히 퍼즐을 끼우는 수준의 아동에서부터 자동차 놀이를 즐길 수 있는 아동까지 다양한 수준에서 활동에 참여시킬 수 있는 것이다.

③ 학급의 아동들이 흥미를 느낄 수 있어야 한다.

교재교구는 아동의 수업참여를 촉진시키거나 학습의 효과성을 높이기 위한 것이다. 대부분의 교사들은 아동의 선호목록을 갖고 있을 것이다.

교재교구는 학생들의 선호도를 기초로 흥미 있는 주제와 내용으로 제작해야 한다. 물론 지나치게 흥미만을 추구하다 보면 정작 가르쳐야 할 내용이 빠지기도 하는데, 그렇게 주객이 전도되는 상황은 피해야 한다.

④ 학급의 아동이 쉽게 성취감을 맛볼 수 있는지 판단해 보아야 한다.

요즘 전자제품들을 보면 '직관적 인터페이스'를 많이 강조한다. 즉, 누구나 쉽고 간단하게 조작할 수 있도록 제품을 디자인하는 것이다.

학생들을 위한 교재교구도 마찬가지이다. 교재교구를 통해서 학생들은 좀 더 쉽게 학습할 목표를 성취할 수 있어야 한다. 이를 위해서는 교재교구가 반응적이어야 한다. 반응적인 교재교구란 학생들이 적은 노력으로도 그 결과를 신속히 확인할 수 있고 피드백을 받을 수 있는 교재교구를 의미한다. 예를 들어, 흔들거나 던졌을 때에 소리가 나는 공을 주면, 아동은 해당 행동을 더 하려고 하는데, 이때 소리가 나는 공은 아동의 흔들거나 던지는 행동에 대해서 즉각적으로 소리로 반응하는 것이다.

⑤ 안전하고 위생적인지 판단해 본다.

아동의 신체에 직접적으로 접촉하는 교재교구의 경우에 반드시 위생과 안전에 문제가 없는지 고려해야 한다. 때때로 뜻하지 않은 요소들이 아동의 안전과 건강에 위협이 되기도 한다. 어린 아동들이 책을 읽는 도중에 종이에 베이는 경우도 있고 스프링 철에 옷감이 걸리는 경우도 있다. 좋지 않은 소재로 만든 교재교구를 입에 넣거나 삼킬 수도 있다.

⑥ 목적이 뚜렷하며 달성하기 쉬운지 판단한다.

교재교구는 장난감과는 성격이 다르다. 물론 놀이 활동을 통해서 수업이 이루어지는 경우가 많기는 하지만 그 자체가 목적인 놀이 활동과 수업활동은 분명히 다르기 때문에 교재교구도 그 사용 목적이 뚜렷해야 하고 그 목적에 도달하기 쉽도록 계획되어야 한다. 어떤 교재교구는 아동들이 많은 관심을 보임에도 구체적으로 어떤 목적을 위해 교재교구가 제작되고 사용되고 있는지 판단하기 어려운 경우가 종종 있다.

⑦ 소재와 제작방법의 다양성을 고려하여 식상하지 않게 한다.

교재교구는 그 소재에 따라서 무궁무진한 변경과 새로운 개발이 가능하다. 예를 들어, 풍선 속에 전분을 넣고 만져 보도록 하면 훌륭한 감각교재가 된다. 포장을 위해서 활용되는 에어캡(air-cap)을 바닥에 깔고 그 위를 걸어가거나 휠체어로 이동하기 혹은 몸으로 구르기 등의 활동을 수행하게 하면 독특한 느낌과 소리를 만들어 내기 때문에 이 역시 재미있는 교재교구로 활용될 수 있다. 종이, 풀, 부직포, 테이프와 같이 늘 사용하던 재료를 벗어나 좀 더 색다른 소재들을 활용함으로써 수업활동에 대한 흥미와 동기를 불어넣을 수 있다.

⑧ 보관상 분류가 가능하고 공간절약이 가능한지를 고려한다.

교재교구 중에는 오랫동안 사용할 수 있는 것도 있지만, 한 번 사용하고 나면 짐이 되어 쓸모없는 것도 많다. 교재교구를 제작할 때에는 견고성을 고려함과 동시에 적절히 보관할 수 있도록 배려해야 하는데, 특히 퍼즐처럼 작은 조각들이 포함된 경우에는 반드시 조각들을 수납할 수 있는 별도의 보관함을 만들어서 제작해야 한다. 또한 사용매뉴얼을 포함시켜 누구든 쉽게 교재교구를 활용할 수 있도록 하는 것도 중요하다.

⑨ 경제적이고 효율적인지 판단한다.

간혹 이미 학교나 학급의 교재교구 자료실에 구비되어 있는 자료들을 그대로 두고 비싼 돈과 노력을 들여서 제작하는 경우가 있다. 이 경우에는 기존의 교재교구를 다른 방법으로 활용하는 것이 더 효율적이라고 할 수 있다. 기존의 자료들을 적절히 수정하거나 변형하여 사용하는 것도 교재교구를 제작하여 사용하는 것 못지않게 중요하다.

⑩ 자연적인 교재교구를 활용한다.

교재교구의 사용에 관심이 많은 교사라면 주변에 보이는 모든 것이 훌륭한 교재교구가 될 수 있다는 것을 알고 있다. 꼭 구매하거나 제작하지 않더라도 주변의 물건, 상황을 적절히 활용하면 좋다. 예를 들어, 의자와 책상은 앞, 뒤, 위, 아래 등의 방향이나 공간개념 등을 지도하기 위해 사용될 수 있을 것이다.

⑪ 가용 제품을 적절히 응용하여 활용한다.

최근 온라인 쇼핑몰에 들어가 보면, 재미있는 소재, 특이한 기능의 아이디어 상품들이 쏟아져 나오고 있다. 그중 어떤 상품은 마치 장애아동을 위해 개발된 것이 아닌가 하는 착각이 들 정도로 특수교육 현장에 사용하기에 좋은 제품도 적지 않다. 이러한 제품들을 적절히 선택하여 수업 중 활용한다면 직접 교재교구를 제작하는 것 못지않게 수업의 효과성과 효율성을 이끌어 낼 수 있으리라 생각한다.

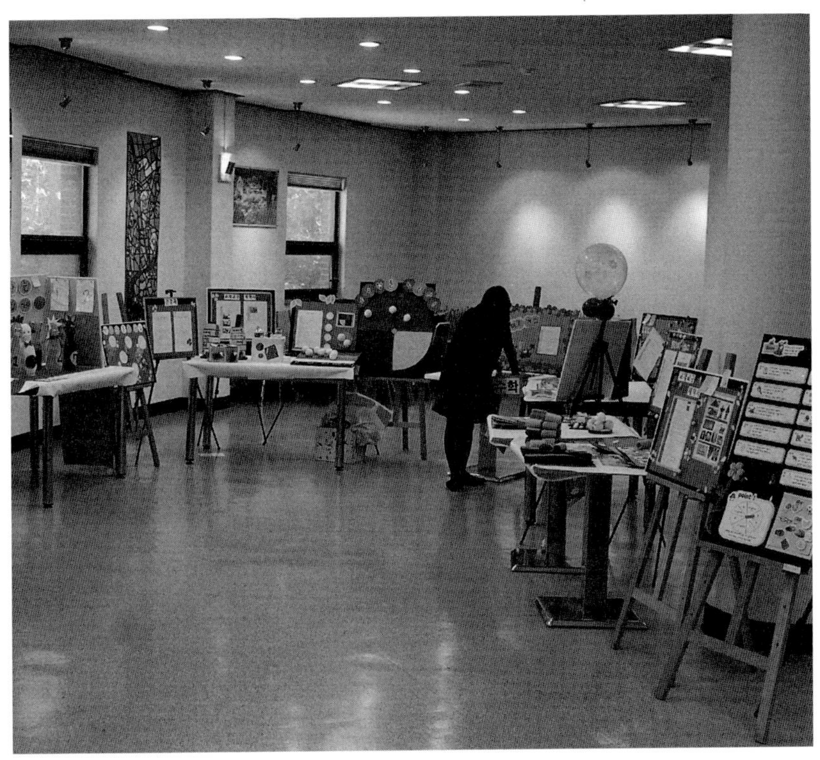

[그림 2-17] **교재교구 전시회**

* 수업 교재교구 전시회 등을 통해서 다양한 아이디어를 얻을 수 있다.

이상에서 살펴본 바와 같이 수업을 위한 교재교구는 기존의 교재교구를 사용하기, 기존의 교재교구를 보수 · 변형 · 응용하여 사용하기, 상업용 교재교구를 구매해서 사용하기뿐 아니라 특수교육 교재교구로 응용하여 활용할 수 있는 제품들을 사용하는 방법이 있다. 다음의 그림들은 장애아동용 교재교구가 아니지만 장애아동을 대상으로 한 수업에 적용하기 좋은 아이디어 상품들의 예를 보여 준다.

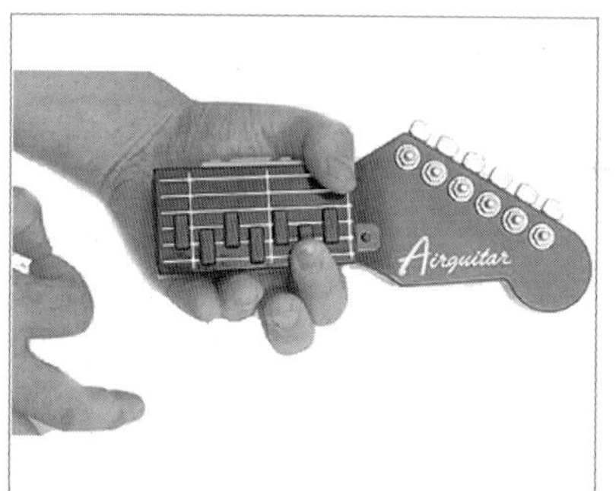

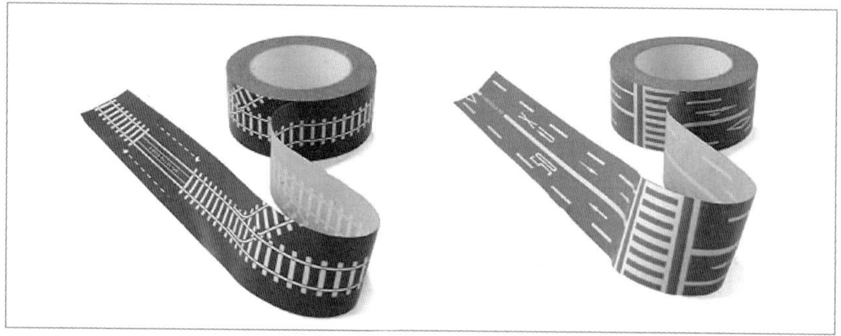

[그림 2-18] 다양한 가용 교재교구들

* 줄 없이 연주하는 기타, 목소리를 변조시키는 장난감 마이크, 자동차 길 만들기 테이프

선생님 인터뷰: 특수교육 선생님이 말하는 교재교구

현재 특수학급에서 근무하고 있는데 국어과, 수학과 등 교과시간에 교재교구를 많이 사용하는 편입니다. 최근에는 같이 연구회에 있는 선생님이 개발하신 한글 익히기 교재교구를 많이 활용하고 있는데, 반응이 정말 좋습니다.

개인적으로 생각하는 '좋은 교재교구'란 누구나 쉽게 사용할 수 있는 교재교구가 아닐까 생각합니다. 꼭 제가 사용하지 않고 어느 누가 사용하더라도 쉽게, 직관적으로 사용할 수 있을 때, 아이들도 교재교구를 쉽게 사용할 수 있다고 생각하기 때문입니다. 참고로 저는 교재교구 제작에 너무 많은 시간과 에너지를 쏟지 않으려고 노력하는 편입니다. 자칫 교재교구 제작에 너무 많은 시간을 투자하다 보면 정작 수업을 좀 더 탄탄하게 계획하고 실행하는 데에 많은 시간을 쓰지 못하기 때문입니다. 무엇보다 교재교구는 연구수업이나 큰 행사 때에 보여 주기 식으로 한 번 사용하는 것이 아니라, 수업 중 늘 사용하는 것이라 한두 번 교재교구를 만들다가 지쳐서 다시는 교재교구를 만들지 않는 과오를 범하지 않아야 한다고 생각합니다. 교재교구는 꼭 직접 제작하지 않더라도 주변에 있는 다양한 자료들을 적절히 활용한다면 충분히 교재교구로써의 역할을 할 수 있다고 생각합니다.

* 박민아 선생님은 현재 특수학급을 담당하고 있는데, 평소 만드는 것을 좋아해서 다양한 교재교구를 제작하여 수업에 활용하고 있다. 현재는 지역 특수교사 연구모임을 통해 교재교구 개발 및 적용과 관련한 정보들을 공유해 나가면서 수업의 질을 개선하기 위해 애쓰고 있다.

생각해 봅시다

교재교구 사용에 대한 선생님의 원칙이 있다면 그것은 무엇인가요? 자주 활용하는 교재교구는 무엇인가요?

3) 수업 중 교재교구의 제시

교재교구를 활용하는 데 다음과 같은 원칙들을 고려할 수 있다(한국특수교육교과교육학회 편, 2009).

① 교재교구의 활용을 위한 적합한 환경과 공간을 확보한다. 제시할 수 있는 교재교구는 연속적이고 효율적인 교수 · 학습을 위해 주제별 · 흥미별로 선정하고 제시한다.
② 교재교구는 주제별로 학습내용 수준과 장애아동의 발달수준을 중시하되 활용빈도를 관찰한다.
③ 교재교구의 위치선정 형태에 따라 관심을 끌 수 있기 때문에 장소와 공간 위치에 맞게 관리되어 있어야 한다.
④ 장애아동의 관심을 끌 수 있도록 조화로운 형태로 전시하고 제시한다.
⑤ 교재교구의 전시는 손쉽게 활용될 수 있도록 교재교구함에 비치하고 아동이 간편한 높이를 고려하여 비치하고 제시한다.
⑥ 교재교구의 상관성을 충분히 고려하여 전시해 줌으로써 학습의 효과를 고려하여 제시한다.
⑦ 지나치게 집착하는 교재교구에 대해 활용 빈도를 적절하게 통제하고 조정하여 제시한다.

앞의 내용에서 볼 수 있는 것처럼 교재교구를 제시하는 것은 생각보다 중요한 과정이다. 참고로 다음 내용은 필자가 대학시절 교육실습에 참여할 때의 경험이다. 교재교구 제시를 잘못함으로써 어떻게 문제가 발생하는지 알 수 있다.

"어떻게 하면 우리 학급 아이들과 함께 기억에 남는 멋진 수업을 진행할 수 있을까?" 머릿속은 온통 수업 생각뿐이었다. 당시에는 특수학교 한 학급에 15명 내외의 아동이 있었다. 지금과 비교해 보면 상당히 많은 수였다. 그 15명의 아동은 달라도 너무 다른 특성들을 갖고 있었다. 당시

나는 아동들이 평소 경험하기 힘들었던 경험을 제공하기로 마음먹었다. 그것은 바로 과학수업을 통해서 생물의 탁본을 떠 보는 것이었다. 머릿속에서는 이런저런 그림들이 그려졌고, 남대문시장까지 가서 살아 있는 미꾸라지를 포함해서 몇몇 물고기, 청거북 등을 구해 왔다. 또한 물고기의 탁본을 뜨기 위해서 죽은 생선도 구했다. 수업은 순조로웠다. 수업의 목표를 제시하고 아동들이 어항에 담긴 물고기, 거북이 등을 관찰해 보는 것으로 시작했다. 새로운 수업에 아동들은 흥미를 보였다. 이어서 탁본을 뜨는 활동으로 들어갔다. 하지만 처음에 흥미롭게 시작했던 수업은 활동이 하나씩 더해질 때마다 늘어나는 자료들로 인해서 점점 산만해졌다. 칠판에는 각 활동마다 아동들이 수행해야 할 내용 목록이 붙여졌고, 당시 좁았던 교실 안에 어항, 탁본을 위한 종이, 먹물, 수업활동안내 종이 카드 등이 쌓여 가면서 혼란에 빠지게 되었다.

지금 돌아보면 재미있는 추억으로 남아 있지만 당시에는 수업에 대한 욕심이 앞서서 전체적인 환경과 수업의 흐름을 고려하지 못했던 수업이었다. 이처럼 교재교구를 적절히 제시한다는 것은 '좋은 교재교구를 제작하고 선정하는 것' 만큼이나 중요한 것이다.

5. 수업 중 부적응행동

수업 중에 여러 유형의 부적응행동들을 경험할 수 있다. 수업 중 부적응 행동은 수업의 리듬을 끊어 놓고 이로 인해 계획된 목표를 수행하는 데 방해요인이 될 수 있다. 무엇보다 아동 자신의 학습참여를 방해하게 된다. 또한 수업 중 부적응 행동이 지속적으로 발생하고 이를 통제하지 못했을 경우에 교사들은 스스로 심리적 좌절감을 경험하게 되며, 이로 인해 수업 자체에 대한 부담과 두려움을 갖게 될 수도 있다. 하지만 조금만 여유를 갖고 생각해 보면 아동들의 부적응 행동의 많은 부분을 사전에 예방할 수 있다. 예를 들어, 아동들의 행동과 감정을 읽는 연습을 통해서 아동의 표정과 행동의 작은 변화를 읽어 내고 이에 즉시적으로 반응함으로써 부적응행동이 촉발되거나 격해지거나 유지되는 것을 막을 수 있다.

한편, 부적응행동과 관련하여 교사들은 일정한 심리적 거리두기를 할 수 있어야 한다. 교실에 들어설 때부터 교사와 아동은 서로 다른 요구를 갖고 있음을 인정하고 아동의 행동을 좀 더 객관적으로 바라보고 대처하는 것이 필요하다. 그러나 많은 경우 아동의 행동 앞에서 평정심이 무너지곤 하는데, 이는 곧 교사의 감정적 대처로 발전하게 되고 이렇게 되면 교사와 아동 간에 갈등관계가 조성될 수밖에 없다.

특수교육을 전공한 교사라면 행동주의적인 방법들을 포함하여 다양한 중재전략에 대해서 배워 왔을 것이다. 이 책에서는 그러한 방법들을 세부적으로 제시하기보다는 좀 더 넓은 의미에서 부적응 행동을 이해하고 중재하기 위한 방안들을 몇 가지 제시하고자 한다.

1) 수업 중 아동 행동의 언어화

필자가 만나 본 뛰어난 교사들의 공통점이 있다. 그것은 바로 아동들의 행동을 언어화한다는 것이다. 이런 교사들은 단순히 '겉으로 드러난 행동'을 보는 것이 아니라 그 행동 이면에 숨어 있는 아동의 생각과 마음을 이해하려고 애쓰고 이를 언어화한 후 아동과 대화를 이어 나간다. 예를 들어, 수업 중에 주의를 집중하지 못하고 엎드려 있는 아동이 있을 때, '아동이 수업에 집중하지 않고 엎드려 있다.'는 것이 겉으로 드러난 행동이다.

그래서 "똑바로 앉아라."라고 반복적으로 요구한다. 하지만 행동을 언어화할 수 있는 교사는 "선생님, 제 주의집중의 한계를 넘어선 것 같아요. 잠시 활동을 쉬었다가 하거나 혹은 잠시 재미있는 이야기라도 들려주실 수 없나요?"라고 언어화하여 이 상황을 받아들인다. 따라서 "○○가 많이 지루하구나. 잠시 재미있는 활동을 해 볼까?"라고 바꾸어서 말할 수 있다. 이렇게 아동의 행동을 언어화하는 교사는 장애아동이 말을 할 수 있든, 혹은 구어발달이 되지 않아 말을 할 수 없든 아동들과 지속적으로 이야기를 나눌 수 있는 것이다. 특수교육 교사에게 이는 중요한 부분이다. 수업은 아동과 교사가 상호작용하는, 의사소통을 하는 과정이다. 그런데 많은 장애아동이 효과적으로 의사소통하는 데 어려움을 갖고 있다. 따라서 교사가 아동의 행동을 언어화하지 못한다면 수업은 상호작용이 아니라 교사가 일방적으로 지시하고 요구하는 일방향적 과정으로 이루어질 것이 거의 확실하다.

자신의 수업과정을 돌아볼 기회가 있다면, 혹은 다른 교사들의 수업을 참관할 기회가 있다면 생각보다 많은 교사들이 아동들이 행동을 통해 이야기하려는 것을 제대로 언어화하지 못하고 일방적으로 수업을 진행하고 있음을 보게 된다.

아동들이 자신의 의사를 표현하기 위해 소리 지르기, 울기, 자해하기와 같은 극단적인 행동을 취하기도 하지만 '살짝 교사를 바라보기' 혹은 '몸을 가볍게 들썩이기' '얼굴 표정 찡그리기'와 같이 잘 드러나지 않는 방식으로 보여 주기도 한다. 따라서 교사는 항상 아동들의 행동적 신호를 읽어 내기 위해 아동에게 안테나가 맞추어져 있어야 한다. 그리고 끊임없이 아동의 행동을 언어화해서 대화를 나누어야 한다.

다음의 내용은 실제 경험한 작은 에피소드이다.

새해 새학기가 시작되어 새로 만난 아이들과 첫 수업을 하였다. 그중에 ◯◯라는 아동이 있었는데, 자신의 의사를 전혀 표현하지 못하였다. 둥글게 자리에 앉아 수업을 하고 있는데, 갑자기 ◯◯가 자리에서 일어나려고 했고, 나는 손을 잡으며 자리에 앉자고 이야기를 했다. 얼마 뒤에 ◯◯는 다시 자리에서 일어나려고 했고, 나는 "자리에 앉으세요."라고 말하며 ◯◯를 자리에 앉게 하였다. 그리고 아동의 행동관찰을 위한 메모지에 '자리이탈 행동을 보임'이라고 간략히 메모를 하고 수업을 계속하였다. 얼마 뒤, ◯◯는 세 번째로 자리에서 일어나려고 했고, 내가 손을 잡는 순간 ◯◯는 소변을 보고 말았다. 나는 ◯◯가 세 번이나 '화장실 가고 싶어요.'라고 표현하는 것을 이해하지 못했다는 것을 깨달았다. 장애의 상태가 심했고 언어적 소통이 되지 않았기에 자리에서 일어나는 행동을 무조건 자리이탈 행동이라고만 생각한 것이다.

2) 행동의 이유 탐색

앞에서 행동을 언어화해야 한다고 했다. 이는 모든 아동의 행동에는 그 이유가 있으며 그것을 언어화해서 아동과 소통해야 한다는 의미이다. 이 경우 아동 행동의 이유 혹은 목적을 행동의 '기능'이라고 말한다. 행동의 기능을 이해하게 되면 교사는 그에 대한 적절한 대안을 마련할 수 있다. 예를 들어, 교사는 아동행동의 기능에 따라 수업의 난이도를 바꾸어 주거나 적절한 교재교구를 활용하거나 혹은 행동과 관련한 환경을 수정할 수도 있다.

기능평가(FBA)는 행동의 기능을 확인하기 위해서 자료를 수집하는 과정을 말하며, 기능을 추측한 다음 어떤 결론에 도달하는 것(신현기 외 공역, 2014)을 의미한다. 기능분석(FA)은 전형적으로 문제행동의 선행사건과 후속결과를 조작하여 추측한 기능을 입증하는 과정을 말한다. 즉, 의도적으로 다양한 상황을 제시하고 그 상황에 대한 반응을 통해 아동이 행동을 통해 나타내려는 의도를 파악하는 것이다. 이때 아동들이 행동을 통해서 말하려고 하는 기능은 다음과 같이 네 가지 정도로 나누어 살펴볼 수 있다(신현기 외 공역, 2014). 행동은 다양하고 복잡한 양상으로 나타나지만 주의 깊게 관찰해 보면 다음 범주 안에 포함된다는 것을 알 수 있다.

① 회피(도피, 거부)

아동은 무엇인가를 피하기 위해서 특정한 문제행동을 나타낼 수 있다. 예를 들어, 찰흙을 만지고 싶지 않은 아동은 찰흙 만들기 활동 중에 소리를 지름으로써 해당 활동에서 벗어나려고 할 수 있다.

이때는 회피하려는 이유를 찾는 것이 중요하다. 활동이 어려워서인지 혹은 흥미가 없는 내용이 제시되어서인지, 혹은 활동시간이 너무 길어서인지 등을 고려한 후 과제의 난이도나 내용, 시간 등을 수정해 줄 수 있을 것이다.

② 관심 끌기(주의 끌기)

아동은 사회적인 관심과 주목을 끌기 위해서 문제행동을 보일 수 있다. 학급 안에서 문제행동은 교사의 주목과 관심을 끌 수 있기 때문이다. 이런 경우에는 문제행동 발생 시 아동에게 주목하거나 관심을 보이는 행동을 보이지 않음으로써 행동을 중재할 수 있을 것이다. 혹은 문제행동이 발생하기 전에 미리 관심을 보임으로써 문제행동을 할 필요성을 없애는 방법도 사용될 수 있을 것이다.

③ 획득하기(물건 얻기, 접근하기, 활동하기)

아동은 어떤 물건이나 활동에 접근하기 위한 방안으로 문제행동을 보일 수 있다. 우리가 가장 흔히 접하는 장면 중의 하나는 마트에 따라온 어린아이가 장난감을 사 달라고 조르며 바닥에 눕는 행동이다. 해당 행동은 부모를 당황하게 만들고 그 상황을 벗어나기 위해 아동이 원하는 장난감을 사 주는 부모의 행동을 이끌어 내기 위한 것이다. 이런 경우, 문제행동을 통해서는 원하는 것을 얻을 수 없다는 것을 알려 주거나 물건을 얻기 위한 적절한 방법을 알려 주는 등의 방법을 사용할 수 있을 것이다.

④ 감각자극

자폐스펙트럼 장애나 기타 장애아동 중 감각적인 자극을 얻기 위해서 문제행동을 보이는 경우가 있다. 일반 아동의 경우 심심하거나 무료할 때에 축구나 자전거 타기 혹은 친구들과의 놀이를 통해서 신체적·사회적 자극을 얻어 낼 수 있다. 하지만 이러한 기술이 없는 장애아동은 가장 손쉽게 자극을 얻어 내기 위해 소리를 지르거나 몸을 흔들거나 하는 행동을 할 수 있다. 이 경우 감각자극을 대체할 수 있는 활동을 제공하거나 주변의 환경을 풍부하게 조성해 주는 등의 중재방법을 사용할 수 있을 것이다. 예를 들어, 손으로 두드리거나 종이를 찢거나 친구를 꼬집는 등의 행동을 보이는 아동의 경우, 릴렉스 볼 등을 제공하여 다른 친구들에게 영향을 주지 않으면서 감각적 자극을 대체하도록 할 수 있다. 물론 이와 반대로 특정 자극을 피하기 위해 문제행동을 보일 수도 있음을 염두에 두어야 한다.

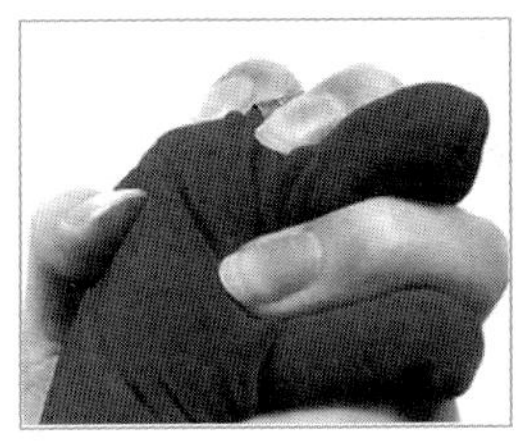

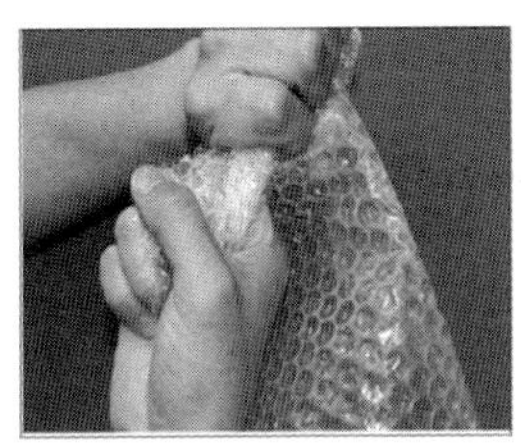

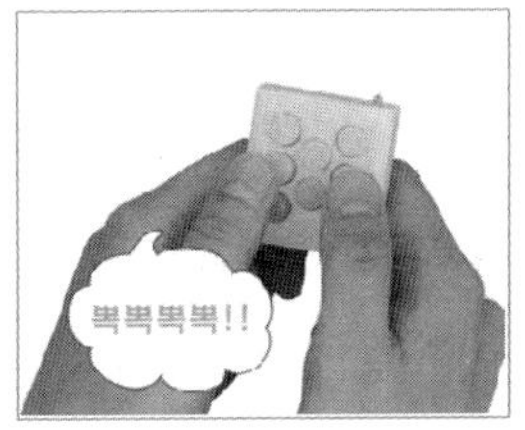

[그림 2-19] 긴장해소를 위해 활용할 수 있는 물건들

* 어떤 아동은 자극을 추구하기 위해 수업 중에 손을 두드리거나 물건을 두드려 소리를 내기도 한다. 경우에 따라서는 손톱을 깨물거나 소리를 지를 수도 있다. 이러한 경우 에어캡을 응용하여 제작한 일명 '뽁뽁이'나 '릴렉스 볼' 등을 사용해 볼 수 있다. 다른 아동에게 피해를 주지 않으면서 필요한 자극을 얻도록 할 수 있다. 이러한 스트레스 해소용 놀잇감들은 장애아동용으로 개발된 것은 아니지만 수업장면에서 충분히 활용 가능성이 있다.

한편, 행동의 기능과 관련해서 몇 가지 기억해야 할 것이 있다. 행동은 복합적인 기능을 가질 가능성이 있고, 몇 가지 행동이 같은 기능으로 작용할 수 있으며, 행동은 역동적이기 때문에 행동의 기능은 시간이 지나면서 바뀔 수 있다(신현기, 이성봉, 이병혁, 이경면, 김은경 공역, 2014)는 것이다.

3) 수업활동 중 선택권 부여

교실 안에서 부적응행동의 많은 부분은 교사와 아동의 욕구 충돌에서 발생할 수 있다. 예를 들어, 아동은 움직이고 싶은데 교사는 바른 자세로 앉아 있기를 바란다거나 아동은 활동을 더 하고 싶은데 교사는 활동을 중지하기를 바라는 등 동일한 상황에 대한 욕구가 충돌하는 경우이다. 이 경우 대부분 교사가 주도권을 갖고 있기에 교사는 지시를 하게 되고, 이에 대해 아동들은 다양한 방식으로 거부의 의사를 표현하게 되는 것이다.

'선택권 부여하기'가 중요한 이유는 교실 상황 안에서 아주 간단한 선택권만 부여해도 문제상황의 많은 부분을 해결할 수 있기 때문이다. 오래된 경험을 이야기해 보겠다.

> 간식 시간에 콘플레이크와 우유가 나왔다. 나는 늘 하던 방식대로 콘플레이크에 우유를 부어 주었는데, 한 아동이 먹지 않겠다고 떼를 쓰기 시작했다. 이로 인해 약간의 실랑이를 벌이게 되었다. 그 사건 이후, 나는 콘플레이크에 우유를 부어서 먹을 것인지, 혹은 그냥 먹을 것인지에 대해 선택의 기회를 주지 않은 것이 원인임을 알게 되었다. 너무나 사소해 보이지만 수업 장면에서 교사들은 놀라울 정도로 선택의 기회를 주지 않고 있으며, 그 사실을 교사가 모르고 있다는 것도 알게 되었다.

선택권을 주지 않는 데에는 여러 가지 이유가 있을 수 있는데, 먼저 활동에 대해 일종의 관성이 작용하기 때문이다. 즉, 늘 하던 방식대로 하는 것이 자연스럽게 느껴지기 때문이다. 또 하나는 선택권을 주기 위해서는 선택할 수 있는 여지를 마련해 주어야 하는데, 이를 위해서는 교사의 사전 준비가 많이 필요할 수 있기 때문이다. 미술활동 중에 재료를 선택하게 하려면 그만큼 선택할 수 있는 다양한 재료와 선택된 재료에 따른 다양한 활동방법이 준비되어 있어야 한다는 것이다. 또한 선택의 기회를 주기 위해서는 그만큼의 시간적 여유가 필요하다. 즉, 선택을 위해 기다리는 시간이 필요하다는 의미이다. 교사들은 수업을 계획할 때, 이를 염두에 두어야 한다. 그리고 다소 지루하게 느껴질 수 있는 '기다리는 시간'에 익숙해져야 한다. 아동에게 선택의 기회를 풍부하게 제공한다면 그만큼 교사와의 욕구충돌을 줄일 수 있으며, 수업 분위기는 훨씬 부드러워질 수 있다. 그리고 생각보다 많은 문제행동을 예방할 수 있다. 무엇보다 아동들은 수동적인 수용이 아니라 스스로 무엇인가 선택할 수 있는 기회를 반복적으로 경험함으로써 자신에 대한 통제감을 갖게 된다. 이러한 통제감이 누적되어 쌓여 갈 때에 자기주도적 태도가 형성된다고 볼 수 있다.

수업 중 아동에게 선택권을 부여하는 방법과 내용은 매우 다양하게 계획될 수 있다. 예를 들어, 활동에 대한 강화물을 제공할 경우 강화물의 종류를 선택하게 할 수 있다. 활동 시 활동에 요구되는 재료를 선택할 수도 있으며, 경우에 따라서는 활동의 순서(어떤 활동을 먼저 할 것인가)를 선택하게 할 수도 있다. 쉽지는 않지만 하루의 수업이나 일과의 순서, 활동방법, 내용 등을 선택하도록 할 수도 있다. 교사들이 늘 하던 대로의 방식, 즉 심리적인 관성에서만 벗어난다면 아동들과 교사 스스로가 좀 더 즐겁고 행복하게 수업에 참여할 수 있을 것이다. 한편, 선택권은 부적응 행동의 감소뿐 아니라 동기를 높이는 중요한 요소가 되고 교사로 하여금 아동의 요구가 무엇인지를 파악하게 해 준다.

생각해 봅시다

학급의 하루 일과 중에서 아동들에게 선택권을 부여하는 기회를 얼마나 주고 있는지 생각해 봅시다.

4) 장점에 초점 맞추기

부적응행동을 중재하기 위한 세 가지 방법이 있는데, 하나는 부적응행동 제거에 초점을 맞추는 것이고 또 하나는 아동의 장점에 초점을 맞춤으로써 상대적으로 부적응행동을 줄이는 것이다. 마지막 한 가지는 아동의 문제행동을 장점화하여 뒤집어 봄으로써 역기능을 순기능으로 바꾸어 주는 것이다. 예를 들어, 소리 지르는 행동에 이를 대입해 보면 다음과 같이 접근이 달라질 수 있다.

① 부적응행동을 소거하기

행동의 소거 자체가 목표이므로 아동이 소리를 지를 때 벌을 사용하거나 혹은 부적강화를 제공할 수 있다.

② 장점에 중점을 두기

아동이 평소 좋아하고 흥미를 느끼는 활동을 지도함으로써 소리 지르기에 사용한 에너지를 활동에 쏟도록 할 수 있다.

③ 부적응행동을 장점화하기

소리 지르는 행동을 노래 부르기, 학급활동 시 구호 외치기와 같은 행동으로 전환시켜 준다.

이처럼 장점을 찾거나 기존의 부적응행동을 의미 있는 행동으로 전환해 주려는 노력을 기울이지 않고 부적응 행동 소거에만 중점을 둔다면 아동은 또 다른 부적응 행동을 보일 가능성이 크다. 마치 풍선처럼 한쪽을 누르면 다른 한쪽이 튀어나오는 것과 같다. 그런데 이것이 말처럼 쉽지는 않다. 왜 그럴까?

먼저 부적응행동은 교실상황에서 매우 구체적으로 드러난다는 것이다. 또한 아동의 부적응 행동은 또래 간의 관계, 교사와의 관계 혹은 수업상황에 대해 즉각적인 영향을 미친다는 점이다. 따라서 일단 눈앞에 펼쳐지는 문제를 없애는 것에 교사는 주의를 기울일 수밖에 없게 된다. 또 하나의 이유는 부적응행동 지도를 위한 여러 가지 행동중재 방법이 비교적 즉각적이고 가시적인 행동변화를 보여 준다는 사실이다. 이에 비해 장점에 기초해서 장점을 키워 나가는 방법은 그 결과가 즉각적으로 보이지도 않을 뿐 아니라 이를 위해 많은 시간이 필요할 수 있다. 그러함에도 장점에 기초한 행동중재는 부적응행동이 형태를 바꾸어 가면서 나타나는 현상을 줄일 수 있을 뿐 아니라 무엇보다 아동의 입장에서 학교생활의 질을 높일 수 있다는 점에서 중요하다고 볼 수 있다. 또한 교사 입장에서도 교육 본연의 목적에 좀 더 부합되는 교수행위를 하고 있다고 느끼게 할 수 있다. 이와 같은 맥락에서 기존에 문제행동으로 인식되던 행동을 긍정적 행동으로 전환시켜 줄 수 있다.

다음의 예는 부적응행동에 대해 그것을 어떻게 장점화하여 대안을 제공하는지를 보여 준다.

> 준서는 학교에 오면 매우 위축된 행동을 보인다. 항상 교실 한쪽 끝에 앉아 있고 자기자극을 하면서 보내는 시간이 많았다. 그런데 부모님과의 상담 중에, 준서가 집에서는 물에 많이 집착하는 것이 큰 문제라는 말을 들었다. 수돗물을 틀어 놓거나 욕조에 물을 틀어 놓고 논다는 것이었다. 이 말씀에 기초하여 준서가 학교에 도착하면 작은 물통에 물을 받아 학교의 화분에 물을 주는 역할을 부여하였다. 이후 준서는 학교에 오면 자기의 역할을 찾아 이 행동을 하였다. 준서가 물을 좋아하는 것은 '물에 대한 집착'으로 이해되었고, 문제행동으로 이해되었지만 그 행동을 긍정적인 역할로 전환해 주자 변화가 생긴 것이다.

이처럼 아동의 장점과 단점은 양면적인 특성을 갖고 있다. 따라서 아동의 문제행동을 곰곰이 확인하고 그것이 어떻게 장점으로 활용될 수 있는지 고민하는 노력이 필요하다.

 생각해 봅시다

현재 학급에서 행동적 문제를 갖고 있는 아동을 한 명 선정한 후, 아동의 행동적 문제를 장점화할 수 있는 방안을 생각해 봅시다.

5) 문제발생 전 개입

교실 안에서의 부적응 행동지도는 행동이 발생한 이후에 중재하는 경우가 적지 않다. 그러나 부적응행동의 지도보다 예방이 중요하다는 것을 모르는 교사는 없을 것이다. 교사가 아동들의 행동에 조금만 더 주의를 기울이면 문제행동을 어느 정도 예방할 수 있다. 다음에서 간단한 예를 하나 들어 보겠다.

> 수업이 시작되었다. 교사는 수업목표를 간단히 설명하고 파워포인트를 이용하여 수업 중 해야 할 활동에 대해 이야기를 하고 있다. 그런데 자리에 앉아 있던 철수가 자리에서 일어날 것 같은 행동을 보인다. 즉, 행동의 전조 혹은 징조를 보이는 것이다. 철수는 일어나기 전 옆 자리나 교실 뒤를 쳐다보기도 하고 가볍게 몸을 꼬는 행동을 보이기도 한다. 때로는 엉덩이를 들었다 놨다 하는 행동을 보이기도 한다. 이러한 작은 전조들은 "선생님, 자리에서 일어나 움직이고 싶어요."라는 의미로 받아들였다. 이때 교사는 철수를 앞으로 불러낸 후, 설명하고 있는 부분과 관련하여 자료를 들고 있게 한다. 교사는 수업목표를 설명한 후 자료를 들고 있어 준 철수를 칭찬해 준다.

이러한 교사의 행동은 현재 이루어지고 있는 수업내용 및 활동을 깨뜨

리지 않으면서 아동의 움직이고 싶은 욕구를 표현할 기회를 제공하고 있다. 또한 문제 행동 발생 전에 선제적으로 대응하고 있다. 이와 같은 상황에서는 자리에서 일어나려고 하는 아동의 곁으로 가서 가볍게 어깨를 만져 주는 것만으로도 아동이 자리에서 일어나거나 하는 문제를 예방할 수 있다.

수업 중 아동이 일단 자리에서 일어나거나 소리를 지르거나 하고 나면 일정 시간 수업의 리듬이 깨지게 된다. 따라서 교사는 끊임없이 아동을 살피면서 예방적 대응을 해야 한다.

6) 분위기 전환을 위한 대안활동

수업 중 아동들이 돌발적인 행동을 하거나 문제행동을 보임으로써 수업이 중단될 수 있음을 늘 염두에 두어야 한다. 수업 중 부적응 행동 외에도 기타 돌발적인 상황이 발생하여 수업이 중단되는 경우를 대비하여 적절한 대안활동을 준비하는 것이 필요하다. 이를 위해서는 아동의 특성과 요구에 근거하여 수업 중 발생할 수 있는 상황을 미리 예상하고 대안적 활동을 준비할 수 있다.

학급의 분위기를 쇄신하고 다시 수업의 목표를 향해 아동들을 이끌어 가기 위한 일종의 징검다리 프로그램을 준비하는 것이다. 현장 교사 시절 주머니에 늘 1~2개의 풍선을 넣고 다녔던 기억이 있다. 수업 분위기가 흐트러진다고 느껴질 때면 풍선을 갖고 몇 가지 활동을 수행하면서 아동들의 주의를 모으고 다시 수업을 끌어갔던 기억이 있다. 이러한 대안적 활동은 아동들이 좋아하는 놀이, 구호, 노래 등이 될 수도 있고, 아니면 특정한 참여활동이 될 수도 있을 것이다.

 생각해 봅시다

부적응행동으로 인해 수업이 중단되었을 때, 그런 상황을 극복하기 위해 자주 사용하는 특별한 방법이 있습니까?

6. 집단구성

사회적 구성주의 이론(Vygotsky, 1978)에서는 교실 내의 다양한 상호작용을 통해 학습이 이루어질 수 있음을 강조함으로써 교사와 아동 간의 상호작용에 관심을 갖는다. 학교생활에서 구성원들은 의식적이든 무의식적이든 학교의 규칙과 관습을 해석하고, 그에 따라 행동을 한다(권애리, 2012). 학급도 마찬가지이다. 학급을 돌아보면 각 학급만의 규칙과 관습이 있으며, 독특한 사회적 · 심리적 분위기가 있다. 이를 소위 학급문화라고 말한다. 이러한 학급문화는 교사의 성격과 관심, 아동들의 특성, 환경적 특성 등 다양한 요소에 의해서 영향을 받게 된다. 그리고 이러한 문화 안에서 어떤 활동이 이루어질 때에 아동과 교사는 서로에게 영향을 주면서 독특한 상호작용적 패턴을 보이게 된다. 즉, 집단의 역동성이 만들어지는 것이다. 교사 입장에서는 좋은 학급문화를 형성하고 그 안에서 긍정적인 집단의 역동성을 이끌어 낼 수 있어야 한다. 이를 위해 교사는 아동들에게 소속감을 키워 주어야 하고, 활동수준이 다양한 아동이 서로를 존중할 수 있도록 해 주어야 한다.

교사는 아동별 특성에 대한 충분한 이해 및 아동 간 상호작용의 특성을 고려하여 집단활동을 계획함으로써 효과적인 수업을 이끌어 낼 수 있다. 예를 들어, 어떤 아동들 간에는 상호 대립되는 특성으로 인해(예: 소리에 대한 민감성과 둔감성) 집단 활동이나 관계에서 문제를 일으킬 수도 있다.

학생들을 어떤 기준으로 집단화하는 것이 가장 효과적인지는 말하기 어렵지만 학생의 성별, 수업내용에 대한 이해수준, 개인적 행동특성 등을 수업의 내용과 목표와 연관지어 집단화함으로써 긍정적 수업 분위기를 형성하고 수업참여를 높일 수 있을 것이다. 물론 이때에도 각 아동의 참여능력에 맞게 집단의 과제를 구조화함으로써 가능한 한 모든 아동이 수업에 참여할 수 있도록 해야 한다. 이러한 집단화는 통합교육 장면에서도 중요하게 고려할 필요가 있다. 왜냐하면 적절한 또래관계를 통해 장애아동의 관계증진을 유도할 수 있기 때문이다.

7. 융통성 있는 수업운영

장애아동을 대상으로 한 수업이 갖는 어려움의 하나는 아동들이 수업 중에 보일 수 있는 '돌발 상황'이라고 할 수 있다. 교사들은 장애아동들의 특성, 선행학습 정도, 수업에서 이루어질 활동의 특성 등을 종합적으로 고려하여 수업계획을 수립하지만 막상 수업을 진행하다 보면 뜻하지 않은 돌발 상황에 직면하게 된다. 교사가 제시한 것이 아닌 엉뚱한 것에 관심을 보이거나, 예상하지 못한 행동을 하는 상황이 언제든 발생할 수 있는 것이다. 이때 중요한 것은 아동의 돌발 행동을 적절히 활용함으로써 아동의 참여를 유도하는 것이다. 이를 위해서는 아동의 행동을 수업의 목표, 수업의 내용과 연관시킬 수 있는 순발력과 융통성이 필요하다.

예를 들어, 연구수업장면을 떠올려 보겠다. 교사가 수업을 진행하는 중에 아동이 갑자기 뒤에서 참관하고 있는 교사들을 바라보기 위해서 자꾸 고개를 돌릴 경우, 교사는 고개를 돌린 아동을 일어서게 하여 참관 교사들과 악수를 하거나 인사를 하도록 할 수 있다. 그리고 "뒤에 앉아 계신 선생님께서 친구들이 잘하고 있는지 보고 계세요."라고 말해 줄 수 있을 것이다. 활동이 끝난 후에는 활동 결과물을 참관 교사들에게 보여 주고 피드백을 받아 보도록 할 수도 있다.

일단 수업이 시작되면 교사는 교실 안의 모든 사물, 대상, 관계 및 상황을 수업과 적절히 연계하여 활용할 수 있는 융통성이 필요하다. 물론 이를 위해서는 수업에 대한 철저한 계획과 함께 많은 경험이 필요할 수도 있다. 하지만 조금만 더 여유를 갖고 수업을 바라본다면, 그리고 아동의 입장에서 수업을 바라본다면 아동의 돌발 행동들이 오히려 수업을 역동적으로 이끌어 가기 위한 단서나 촉진제가 될 수도 있다.

8. 수업을 위한 특수교육 실무원의 관리

근래에는 특수교육 실무원들이 학급에 배치된 경우가 많다. 교사는 수업을 계획하면서 실무원에 대한 역할을 명확히 설정하고 이를 사전에 안내해야 한다. 이때 실무원의 역할은 수업참여를 높이고 이를 통해 아동의 성장과 발달을 촉진하기 위한 측면에서 고려되어야 한다. 예를 들어, 성인인 실무원은 최소의 보조를 제공하면서 학생이 자발적으로 활동에 참여하도록 유도해야 하는데, 자칫하면 아동 간의 상호작용을 방해하거나 학교의 일과 안에서 독립적인 과제수행을 방해할 수도 있기 때문이다. 또한 수업 중에는 아동이 주 교사의 지시에 집중하기보다는 실무원의 행동, 언어 등에 주의를 빼앗길 수도 있다. 아동의 눈높이에서 볼 때, 교실 안에 두 명의 성인이 움직이고 있다는 것이 어떻게 비칠지 고려해 보아야 한다. 다음의 내용은 특수교육 보조인력의 주요 업무이다(교육부, 2016).

〈표 2-3〉 특수교육 보조인력의 역할 및 자격

「장애인 등에 대한 특수교육법 시행규칙」 제5조(보조인력의 역할 및 자격)

① 법 제28조제3항에 따라 학교에 배치되는 보조인력은 교사의 지시에 따라 교수 학습 활동, 신변처리, 급식, 교내외 활동, 등하교 등 특수교육대상자의 교육 및 학교 활동에 대하여 보조 역할을 담당한다.
② 보조인력의 자격은 고등학교를 졸업한 자 또는 이와 같은 수준 이상의 학력이 있다고 인정된 자로 한다.

생각해 봅시다

선생님의 학급에서 특수교육 실무원은 어떤 역할을 수행하고 있습니까? 그리고 그 역할은 사전에 충분히 협의된 것입니까?

9. 수업과 교사의 옷차림

일반교육에서는 교사의 옷차림에 대한 학생들의 태도 등과 관련한 연구가 간혹 있다. 하지만 특수교육 분야에서 교사의 옷차림에 대한 연구는 전무하다고 볼 수 있다. 장애아동들이 교사의 옷차림에 대해 특별히 언급하는 경우는 거의 없기 때문이다. 하지만 교사의 옷차림 역시 교사가 고려해야 할 중요한 요소 중 하나이다.

특수교사의 옷차림에 대해서는 두 가지 측면에서 생각해 볼 수 있다. 첫째, 기능적 측면에서 적절한 옷차림을 갖추어야 한다는 것이다. 예를 들어, 신체활동과 접촉이 많은 수업활동이라면 간편하고 움직임에 방해를 받지 않는 옷차림을 해야 한다. 또한 과학자가 등장하는 수업에서 교사는 흰 가운을 입는 것처럼 수업의 주제와 관련하여 옷차림을 달리할 수도 있다. 둘째, 심미적 측면에서의 옷차림이다. 학생들은 교사의 다양한 옷차림을 통해서 '심미적' 감성을 키울 수 있다. 학생들이 거의 매일 접하게 되는 성인인 교사가 심미적 측면에서(그렇지만 활동에 방해가 되지 않는 수준에서) 학생들에게 아름다운 옷차림을 보여 주는 것은 중요하다고 생각한다. 상황과 맥락에 따라 아름답게 옷을 입는 것은 학생들이 배워야 할 것 중의 하나이기 때문이다. 단, 과도한 옷차림이나 장식 등은 학생들의 주의를 산만하게 하거나 활동에 지장을 줄 수도 있음을 기억해야 한다.

다음은 한 연구에서 수도권 지역의 초등학교 교사 24명을 대상으로 '교사의 옷차림'에 대해 심층면담을 실시한 연구(이윤정, 2016)의 결과이다.

첫째, 초등교사의 학교에서의 옷차림에 대한 경험은 교과 성격과 수업활동에 맞는 옷의 착용이 수업의 효율성을 위해 필요하다고 하였다. 또한 의복류 중 정장은 활동에는 불편하지만 학교에서의 다양한 상황과 교사의 사회적 역할 때문에 필요한 옷이라고 보았다. 아동들은 학년에 따라 교사의 옷차림에 대한 관심이 다르므로 학년에 맞는 옷차림을 할 필요가 있었다.

둘째, 초등교사의 옷차림은 아동의 본보기가 되므로 아동의 의생활습관에 미치는 영향은 크며, 교사의 옷차림은 아동의 수업태도와 생활지도에 영향을 미친다고 보았다.

셋째, 초등교사는 교사의 바람직한 옷차림으로 교사로서의 정체성을 나타내는 옷차림, 노출이나 신체를 드러내지 않는 정숙한 옷차림을 제안하였다.

넷째, 초등교사의 성별과 연령에 따라 옷차림에 대한 인식에 차이가 있었다. 남녀 교사 모두 정숙성을 중요시하였는데, 남교사들은 여교사들보다 예의에 맞는 옷차림을, 여교사들은 단정하고 깔끔한 옷차림의 착용을 통해 자신의 개성을 나타내고자 하였다. 연령별로 보면 20대와 30대의 초등교사는 업무의 효율성을 높일 수 있게 편안한 옷차림을, 40대 교사들은 활동과 교사의 정체성을 지킬 수 있게 다소 격식이 있는 캐주얼한 스타일의 옷차림을, 50대 이상의 교사들은 클래식한 스타일의 정숙한 옷차림을 하고 후배교사들의 모범이 되는 옷차림을 하고자 하였다.

이제 특수교사들도 수업시간에 학생들 앞에 서기 위한 옷차림에 대해서 고민해 볼 필요가 있다.

생각해 봅시다

특수교육 교사의 옷차림에 대한 선생님의 생각은 어떻습니까?

제 3장

수업계획 및 수업 지도과정

교사들의 수업연구

1. 수업계획

모든 일에서 계획의 중요성은 아무리 강조해도 부족함이 없다. 마찬가지로 수업계획이 잘 수립되어 있어야 좋은 수업이 가능하다. 물론 계획을 실행에 옮기는 과정에서 문제가 발생할 수는 있지만 탄탄한 수업계획은 교사로 하여금 수업의 분명한 방향, 목표와 내용 그리고 방법을 안내하는 기초가 된다. 수업계획의 필요성은 다음과 같다(변영계, 김영환, 손미, 2007).

① 수업계획 없이는 수업의 효과성, 효율성, 매력성, 안전성을 보장하기 힘들다.

수업은 이루어야 하는 일정한 목표를 갖고 있기에 그 목표를 효과적으로, 그리고 효율적으로 달성하는 것이 중요하다. 또한 아동들에게 흥미진진해야 하고, 윤리적 · 법적으로 문제가 없는, 즉 안전성을 보장할 수 있어야 한다. 이러한 다양한 변수를 충분히 고려하고 반영하기 위해서는 사전에 철저한 수업계획이 필요한 것이다.

② 교직은 전문성을 가지고 있으므로 수업은 교사의 책임이며 교사는 전문인으로서 자신의 활동을 미리 계획하여야 한다.

무용수나 연주가들이 무대에 올라가기 전까지 여러 번에 걸친 리허설이 이루어진다. 전문성이 높을수록 사전준비에 많은 시간을 투자하는 것이 일반적이다. 수업은 하나의 공연과 같다. 차이가 있다면 아동들이 수동적으로 공연을 지켜보는 관객이 아니라 주체로서 참여한다는 것이다. 따라서 교사들은 더 세심하게 사전계획을 수립하고 리허설을 해야 한다.

③ 최근 수업에 대한 교사의 재량권이 증가하고 있는데 이런 재량권을 적절히 활용하기 위해서 교사는 미리 수업을 준비해야 한다.

'수업 재량권'은 양날의 칼과 같다. 잘 활용하면 교사의 창의적 아이디어로 풍요로운 수업이 이루어지겠지만 그렇지 않으면 수업은 부실해질 수밖에 없기 때문이다. "수업의 질은 교사의 질을 뛰어넘지 못한다."는 말을 자주 듣게 되는데, 교사가 수업에 대한 사전준비를 하지 않는다면 수업의 질을 보장하기 어려울 것이다.

④ 최근 수업에 활용되는 매체나 체제 등은 갈수록 복잡해지고 있으며 수업의 목표 역시 질과 양이 변화하고 있다. 또한 학습자의 요구나 개인차도 크게 벌어지고 있는 실정이다. 이런 수업환경에 맞는 수업을 위해서는 반드시 수업계획이 필요하다.

언젠가 강의 시간에 스마트폰 앱 중에서 장애아동에게 유용할 것 같은 앱을 찾아서 발표하게 한 적이 있다. 재미있었던 것은 그간 학교 현장에서 장애아동에게 필요할 것 같다고 생각했던 대부분의 교재나 교구의 역할이 스마트폰이나 태블릿 등을 통해서 구현되고 있었다는 점이다. 수업 내내 학생들이 찾아낸 다양한 앱을 보면서 '스마트폰이 수업 장면에서 중요한 교재교구의 역할을 해낼 수 있겠다.'는 생각이 들었다. 이처럼 하루가 다르게 세상이 변화하고 있다. 교사들은 변화하는 세상에 아동들이 잘 적응해서 주체적으로 적응하면서 살아갈 수 있도록 돕는 전문가들이다. 따라서 교사들은 사회의 변화를 읽고 체계적인 계획을 통해서 그 내용을 적절히 수업과정에 반영할 수 있어야 할 것이다.

1) 학습과제의 유형

수업계획을 위해서는 우선적으로 수업을 통해 이루어지는 학습과제의 특성을 이해하는 것이 필요하다. 학습과제에는 여러 유형이 있는데, 다음 여섯 가지 준거로 학습과제의 유형을 생각해 볼 수 있다(신명희, 2002).

① 장소에 따른 학습과제

학습과제가 교실에서 이루어지는 것인지, 운동장이나 외부에서 이루어지는 것인지 혹은 통합교육을 위해 인근의 다른 학교에서 이루어지는 것인지 등을 고려해야 한다. 장애아동들에게 학습이 이루어지는 장소는 중요한 의미를 갖는다. 예를 들어, 상황변화에 대해서 민감하게 반응하는 장애아동에게 새로운 환경에서의 수업은 많은 부담을 줄 수 있으며, 새로운 공간에 대한 탐색과 적응에 지나치게 많은 주의와 심리적 에너지를 쏟게 함으로써 수업참여를 어렵게 할 수 있다. 어떤 활동은 학습장소에 따라 제약을 받기도 한다. 따라서 학습과제는 그것이 최적으로 실현될 장소에서 이루어질 필요가 있다.

② 수행시간에 따른 학습과제

활동에 따라서 짧은 시간의 활동이 여러 번에 걸쳐 이루어지는 경우도 있고, 한 번에 장시간의 활동이 요구되는 경우도 있다. 활동시간 역시 아동의 주의집중 및 학습 참여와 밀접하게 연관되어 있기에 해당 학습과제가 어느 정도의 시간을 요구하는지 파악한 후 수업계획이 이루어져야 한다.

③ 수행인원에 따른 학습과제

학습활동이 개별적으로 이루어지는지 혹은 소집단이나 대집단 형태로 이루어지는지를 고려해야 한다. 장애아동들의 경우 개별적인 욕구가 다양하기 때문에 학생들 간 상호작용의 역동성을 고려하여 집단화하는 것은 매우 중요하다. 특히 통합교육과 같은 상황이라면 이러한 집단화는 더욱더 교사의 세심한 배려와 전문성을 요구하는 부분이라고 할 수 있다.

④ 수업목적에 따른 학습과제

수업은 새로운 내용을 가르치기 위한 것일 수도 있고, 이미 가르친 것을 복습하기 위한 것일 수도 있다. 혹은 이미 배운 내용을 기초로 내용을 심화 확장하기 위한 수업도 있다. 새로운 기술 습득, 습득한 기술의 연습 및 숙달, 일반화 등 수업의 목적이 다양할 수 있는데, 수업목적에 따라 그 내용과 방법은 달라질 것이다.

⑤ 필수 활동에 따른 학습과제

수업활동에 요구되는 핵심적인 활동이 무엇인지에 따라서 수업계획의 방향이 달라질 수 있다. 예를 들면, 미술활동에서 오리기, 붙이기, 찢기 같은 조작활동이 중심이 되는 경우도 있고, 역할놀이처럼 사회적 상호작용이 핵심적인 활동으로 작용하는 경우도 있다. 이러한 핵심적인 활동요소에 따라 수업은 다양한 방법으로 계획될 수 있을 것이다.

이처럼 학습과제는 다양한 요소에 기초하여 생각해 볼 수 있다. 물론 위에서 제시하지 않았지만 가장 기본적으로 고려되어야 할 부분이 '학생의 특성과 요구'이어야 함은 두말할 필요가 없을 것이다.

2) 수업계획의 원리

수업계획을 수립하기 위해서는 어떤 조건에서 어떤 요인들이 학습에 영향을 미칠 수 있는지 종합적으로 이해하는 것이 필요하다. 그러한 요인들을 적절히 통제함으로써 수업의 효율성과 효과성을 높일 수 있기 때문이다. 이를 위해 교사는 학습자의 특성뿐 아니라 교과의 내용, 교수방법 및 전략, 교수환경 등 수업과 관련한 요소들에 대해 충분한 이해를 갖추고 있어야 한다.

수업목표를 효과적으로 성취하기 위한 수업설계를 하고자 할 때, 고려되어야 할 몇 가지 원리들이 〈표 3-1〉에 나와 있다.

〈표 3-1〉 수업과 수업계획을 위한 원리

수업단계		수업계획의 원리
1	명확한 학습 목표의 제시	• 도입단계에서 학습자에게 학습목표를 명확히 알려 준다. • 학습자에게 학습목표를 획득하는 절차를 알려 준다. • 학습목표가 성취되었을 때 만들어지는 작품 또는 우수과제를 학습자에게 보여 주고 장단점을 설명해 준다.
2	학습동기의 유발	• 학습자가 학습자극에 주의를 기울이게 한 후 그 주의를 유지하게 한다. • 학습자가 학습목표와 자신과의 관련성을 깨닫게 한다. • 학습자가 학습목표에 대해 자신감을 갖도록 지도한다. • 학습자가 본인의 노력의 결과에 만족할 경우 학습동기는 유지되며 다음 학습에도 긍정적인 영향을 준다.
3	학습결손의 발견과 처치	• 학습자가 선수학습능력에 대한 자신의 결손을 명확히 알 수 있을 때, 보충학습이 효율적으로 이루어진다.

4	학습활동과 수업내용의 제시	• 학습자의 학습능력수준에 알맞게 학습활동을 개별화시켜 주면 학습 목표의 달성은 촉진된다. • 학습자가 학습활동에 적극적으로 참여하게 되면 학습자의 학습은 촉진된다. • 학습목표의 하위구성요소를 계열적으로 순서화하여 그 순서대로 가르치면, 학습자는 좀 더 용이하게 학습을 하게 된다. • 새로운 개념이나 원리의 학습에서 학습자에게 선행조직자를 형성시켜 주면 더욱 유의미한 학습이 될 수 있다.
5	연습 및 응용	• 연습은 학습을 확고하게 해 주고 망각을 방지시켜 준다. • 학습자의 개인차를 고려하여 개인의 능력에 알맞은 연습량을 제공하면 연습의 효과는 높아진다. • 동일과제를 여러 번 반복하여 연습할 수 있는 기회를 제공하면 연습의 효과는 높아진다.
6	형성평가와 피드백	• 학습결과에 대한 정보가 즉각적으로 학습자에게 주어지고 그에 따른 강화가 있을 때 학습은 효율적으로 이루어진다. • 학습자 자신이 학습결과를 평가할 수 있는 기회가 많으면 학습효과는 높아진다.
7	전이와 일반화	• 단순한 암기나 공식에 의한 학습보다 이해가 확실하게 되는 학습을 할 때 학습의 파지와 전이는 높아진다. • 학습한 행동을 익숙한 생활 주변의 문제에 적용해 보는 경험이 많을수록 학습의 전이와 일반화는 높아진다. • 학습 직후에 학습한 내용을 정리하면 학습의 파지 · 전이 및 일반화 수준은 높아진다.

* 출처: 변영계, 김영환, 손미(2007). 교육방법 및 교육공학(3판). 서울: 학지사. pp. 67-73의 내용을 요약하여 표로 제시함.

〈표 3-1〉에 제시된 내용을 보면 수업의 전체 흐름에 기초한 수업계획 수립 시 유의해야 할 원리 및 내용이 잘 나와 있다. 수업설계는 수업의 전체 과정을 이해하고 지속적으로 그 과정을 개선해 나감으로써 수업의 효과성과 효율성을 증대시키기 위한 것이기에 학습자의 요구를 포함하여,

교사 자신의 특성, 교과의 특성, 물리적 · 심리적 환경, 교수방법 등 다양한 요소가 유기적인 관계 속에서 상호작용할 수 있도록 배려해야 하는 것이다.

2. 수업모형의 선택 및 적용

교실에서 이루어지는 수업은 각각 추구하는 목표와 철학이 있다. 수업모형은 이를 구현하기 위해 교수 · 학습의 절차와 전략, 활동, 방법 등을 체계화 · 단순화한 것으로 수업의 기본적인 방향과 틀을 제시하는 것이라 볼 수 있다. 따라서 교사들은 수업에서 전달하려는 내용과 목표에 따라 적절한 모형들을 선정 · 적용할 수 있어야 한다. 하지만 수업모형이 교사나 아동을 일정한 형식과 틀에 가두기 위한 것은 결코 아니다. 오히려 교육의 효율성과 효과성을 위해 안내자의 역할을 한다고 보면 된다. 또한 각 수업모형을 장애아동의 특성과 요구, 학습 환경 및 여건 등에 맞게 적절히 수정 · 보완하여 적용하기 위한 창의적 노력은 특수교육 교사의 역할이자 중요한 과제(정해동 외, 2016)라 할 수 있다. 물론 수업모형이 자동적으로 수업의 질을 보장하지는 않는다. 수업을 얼마나 열정적으로, 효과적으로 끌어가느냐 하는 것은 결국 교사 개인의 역량에 달려 있다고 할 수 있다.

1) 수업모형의 유형

특정한 수업모형을 염두에 두고 수업계획을 수립할 수도 있고, 아니면 특정한 모형을 적용하지 않고 일반적인 수업의 절차에 따라 수업계획을 수립할 수도 있다. 하지만 계획한 수업의 주된 목표가 무엇인가에 따라 그에 합당한 수업모형을 적용해 보는 것은 의미 있는 일이다. 이는 해당 수업의 목적과 방향을 명확히 해 주기 때문이다.

몇 가지 수업모형과 각 수업모형의 성격을 간단히 제시하면 다음과 같다(정해동 외, 2016).

(1) 직접교수 모형

지도해야 할 내용을 여러 부분으로 나눈 후, 이를 순서대로 가르침으로써 아동이 전체 내용을 학습할 수 있다는 가정을 전제로 하며, 교사의 설명, 시범이 주가 된다. 직접교수 모형의 단계 및 단계별 활동은 다음과 같다.

① 문제 설명하기

- 동기를 유발한다.
- 학습문제를 제시한다.
- 학습의 필요성과 중요성을 안내한다.
- 학습의 방법 또는 절차를 안내한다.

② 시범 보이기

- 적용 사례 또는 예시를 제시한다.
- 방법 또는 절차에 대한 시범을 보인다.

③ 질문하기

- 세부 단계별 내용을 질문한다.
- 학습 내용 및 방법을 재확인한다.

④ **활동하기**

- 적용 및 반복연습을 실시한다.

(2) 문제해결학습 모형

아동이 중심이 되어 문제의 해석, 해결방법의 선택, 문제해결을 이루며 이를 통해 문제해결 능력과 창의적 사고능력을 증진시키고자 하는 모형이다. 문제해결학습 모형의 단계 및 단계별 활동은 다음과 같다.

① **도입**

- 수업을 소개하고 수업의 분위기를 조성한다.

② **문제 제시**

- 문제를 제시하고 학생들이 문제를 내면화할 수 있도록 한다.
- 최종 수업결과물에 대해 설명한다.

③ **문제 해결**

- 팀 구성을 통해 문제해결을 위한 하위 목표를 검토한다.
- 하위 목표 해결을 위한 과제를 규명하고 분담한다.
- 학습자료의 선정, 수정, 검토를 실시한다.
- 주어진 문제를 재검토한다.
- 가능한 해결방안을 모색한다(브레인스토밍 및 정교화).
- 해결안 결정 및 보고서를 작성한다.

④ **발표 및 토의**

- 팀별로 결과물을 발표한다.

• 팀별 결과에 대한 집단 토의를 실시한다.

⑤ 정리

• 결과에 대한 일반화와 정리를 한다.
• 자기성찰을 할 수 있도록 한다.

(3) 협동학습모형

능력이나 흥미 등에서 이질적인 아동들로 집단을 구성한 후, 각 구성원들이 개별적인 책무성을 갖고 서로 협력하는 과정을 통해서 문제를 해결해 나가도록 하는 모형이다. 특수학급 혹은 기타 통합교육 현장에서 적용하기 좋은 모형이다.

(4) 반응중심모형

이는 특히 국어과에서 문학작품을 가르칠 때에 작품에 대한 개인의 반응(느낌, 생각 등)을 강조하며, 이를 통해 문학작품에 대해 다양한 해석, 창의적 반응을 할 수 있도록 유도하고 문학적 즐거움을 경험하도록 하기에 유용한 모형이다. 반응중심모형의 단계 및 단계별 활동은 다음과 같다.

① 반응의 형성

작품을 읽는다.

② 반응의 명료화

반응을 기록하고, 반응에 대한 질문 및 토의(혹은 역할놀이)를 실시하며, 반응에 대한 반성적 쓰기를 한다.

③ 반응의 심화

두 작품을 연결하여 생각해 보는 등 텍스트의 상호성을 확대한다.

(5) 창의성 계발학습모형

유창성, 융통성, 독창성 등 수업을 통해 아동의 창의적 능력을 이끌어내는 것에 초점을 맞춘 수업모형이다. 창의성 계발학습 모형의 단계 및 단계별 활동은 다음과 같다.

① 문제발견하기

- 문제를 확인한다.
- 문제를 분석한다.
- 문제를 재진술한다.

② 아이디어를 생성하기

- 문제를 다른 각도에서 검토해 본다.
- 문제해결을 위한 다양한 아이디어를 생성한다.

③ 아이디어 평가하기

- 집단토의 등을 거쳐 아이디어를 평가하고 최선의 아이디어를 선택한다.

④ 아이디어의 적용

- 문제해결을 위해 아이디어를 적용한다.
- 아이디어의 적용결과에 대한 평가를 한다.

이외에도 ICT를 기반으로 한 수업모형을 포함해서 다양한 형태의 수업모형이 있다.

2) 수업모형 적용의 유의점들

앞에서도 밝힌 바와 같이, 수업모형은 수업을 특정한 틀에 가두려는 것이 아니라 각 수업이 목표로 하는 것을 좀 더 명확히 구현할 수 있도록 방향을 제시하는 것이다. 또한 장애아동들을 대상으로 한 수업에서 특정한 하나의 수업모형을 적용할 수도 있지만 한 수업시간에 여러 가지 유형의 모형을 혼합하여 사용할 수도 있다. 수업모형의 일반적 절차나 내용 역시 아동의 수준이나 요구 등에 따라서 수정하여 적용해야 한다. 다른 모든 영역과 마찬가지로 수업모형의 적용 역시 특수교사의 창의적 해석과 적용이 필요한 것이다.

3. 수업지도안

1) 수업지도안의 요소와 내용

수업계획은 수업지도안(교수 · 학습 과정안)이라는 구체적인 계획서를 통해서 그려지게 된다. 수업지도안의 틀과 내용은 교재마다 차이가 있고, 실제 학교현장의 상황에 따라서도 다른 형태를 취하고 있다. 하지만 수업지도안에 포함되는 기본적인 요소들은 유사하다고 할 수 있다. 수업지도안에는 크게 총론적 성격인 '단원의 지도계획'과 각론에 해당하는 '차시별 수업계획'이 포함된다. 수업지도안 중 단원의 지도계획은 해당 단원이 어떤 성격을 갖고 있는지, 왜 가르쳐야 하며 무엇을 어떻게 가르쳐야 하는지에 대한 개괄적인 안내를 하는 부분이다.

(1) 단원의 지도계획

① 단원명

교과서에 제시된 단원명을 기재한다. 단원명은 여러 가지 형태로 제시될 수 있다. 예를 들면, '얼음과 물'과 같이 주 활동의 제목을 제시하기도 하고 '얼음이 녹는 과정을 관찰해 봅시다.'와 같이 활동 방법으로 제시하기도 하며, '얼음이 녹으면 어떻게 될까?'처럼 문제형식으로 제시할 수도 있다.

② 단원의 성격

교사는 다음과 같이 단원의 의미와 성격, 아동의 특성, 단원의 지도방법 측면에서 단원의 성격을 제시할 수 있다.

- 단원의 의미와 성격: 해당 단원이 갖는 의미, 즉 무엇 때문에 이 단원을 지도해야 하는지, 단원 설정에 대한 이유와 단원이 갖는 성격, 특성에 대해서 기술한다.
- 아동의 특성: 장애아동의 특성, 교육적 요구 등과 연관 지어 단원을 소개한다. 예를 들어, 지적장애학교에서 '교통기관 이용하기'라는 단원을 설정했다면, 일반적으로 지적장애아동이 적응행동기술의 제한이 있을 수 있으며, 성장함에 따라 교통기관을 통한 지역사회 기관 이용하기 등 독립적인 생활기술이 필요하다는 점을 제시함으로써 이 단원이 갖는 의미와 필요성 등을 제시할 수 있다.

- 단원의 지도방법: 이는 해당 단원의 특성을 고려하여 실제 단원의 내용을 어떻게 지도하면 좋을지에 대해서 구체적으로 제시하는 것이다. 예를 들면, 앞의 '교통기관 이용하기' 단원이라면, 교실 안에서의 모의수업 형태의 교통기관 이용하기뿐 아니라 지역사회 안에서 실제 교통기관을 이용해 보고 가정과 연계하여 일반화를 유도하는 수업방법에 대해서 제시할 수 있다.

③ 단원의 목표

해당 단원의 지도를 통해서 학습자가 이루어야 할 내용을 지식, 기능, 태도 등의 관점에서 기술한다. 지도안 작성 시 교사는 아동의 특성, 학교의 실정 등 여러 요소를 고려하여 단원의 목표를 설정하여 제시할 수 있다. 이때 기본적으로는 교사용 지도서에 제시된 단원의 목표를 참고로 한다.

④ 지도상의 유의점

단원의 내용을 지도함에 있어서 특별히 유의해야 할 점에 대해서 제시한다. 예를 들어, '교통기관 이용하기'라면 실제 현장에서의 지도 시, 안전사고에 유념해야 한다는 내용이 포함될 수 있다. 이 밖에도 해당 단원을 지도함에 있어서 특별히 고려해야 할 점이나 자칫 간과하거나 소홀히 다루기 쉬운 부분들, 지도상의 일반적인 유의점에 대해서 제시한다.

⑤ 단원의 구조

단원의 구조는 해당 단원이 단원 내에서 혹은 다른 단원, 다른 교과 등과 어떤 관계에 있는지, 선수학습과의 관계가 어떻게 되는지 등을 전체적으로 이해하기 쉽게 제시하는 것이다. 단원의 구조는 도표나 구조도 등으로 흔히 제시하는데, 이는 단원의 전체 구조를 한눈에 쉽게 파악할 수 있기 때문이다.

⑥ 단원의 전개계획

단원에 대한 과제분석을 통해 학습자가 학습할 내용 요소들이 나오게 된다. 그러면 해당 요소들을 토대로 어떤 순서대로 나누어서 제시할 것인지에 대한 시간계획을 수립하게 된다. 이때 학습할 내용은 차시별로 지도할 내용을 요약하여 제시하게 된다.

(2) 차시별 수업지도안(교수 · 학습 과정안)

앞의 과정을 통해서 단원의 지도계획이 수립되고 나면 이제 단원의 전개계획에서 제시한 차시별 수업계획안을 작성하게 된다. 단원의 지도계획이 총론이라면 차시별 수업계획은 각론에 해당한다고 볼 수 있다.

수업지도안은 그 형태와 내용에서 다양한 차이가 있지만 일반적으로 도입, 전개, 정리, 형성평가, 판서계획, 자료활용계획, 좌석 배치 등의 요소들이 포함된다. 현재는 특수교육 실무원이 학급에 들어가는 일이 일반화되었기에 실무원의 역할에 대해서 명시하는 것이 일반적이다.

한편, 수업계획의 수준별 유형을 보면 [그림 3-1]과 같다.

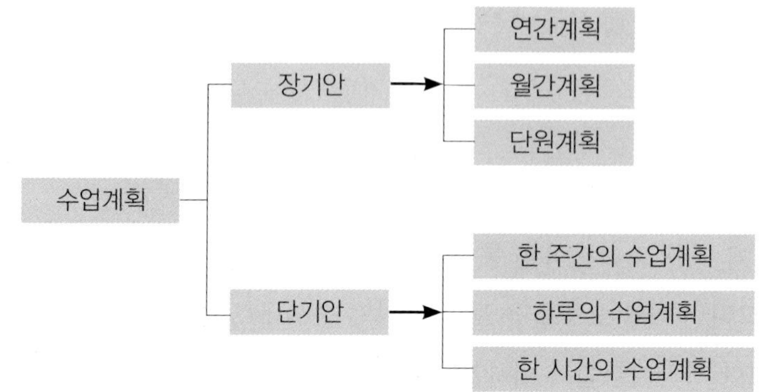

[그림 3-1] **수업계획의 수준별 유형**

* 출처: 윤광보, 김용욱, 최병옥(2011). 교육방법과 교육공학의 이해(3판). 경기: 양서원. p. 260.

2) 수업지도안의 내용

수업지도안은 각 교육기관에 따라 조금씩 양식이 다르다. 따라서 각 교육기관에서 사용하고 있는 수업지도안의 틀에 따라 작성하게 된다. 〈표 3-2〉는 수업지도안에 어떤 내용이 포함되는지 간단한 예시를 보여 준다. 수업지도안에 대한 좀 더 자세한 내용은 이 책의 부록으로 제시하고 있는 여러 학교 및 교과별 수업지도안을 참고할 수 있다.

〈표 3-2〉 수업지도안의 예

<table>
<tr><td>일시</td><td colspan="3"></td><td>장소</td><td></td></tr>
<tr><td>대상</td><td colspan="3"></td><td>수업교사</td><td></td></tr>
<tr><td>단원</td><td colspan="3"></td><td>학생수</td><td></td></tr>
<tr><td>학습주제</td><td colspan="3"></td><td>차시</td><td></td></tr>
<tr><td>학습모형
수업형태</td><td colspan="3"></td><td>교과서</td><td></td></tr>
<tr><td>중심활동</td><td colspan="3"></td><td>관련 교과</td><td></td></tr>
<tr><td rowspan="4">학습목표</td><td colspan="5"></td></tr>
<tr><td>가</td><td colspan="4"></td></tr>
<tr><td>나</td><td colspan="4"></td></tr>
<tr><td>다</td><td colspan="4"></td></tr>
<tr><td rowspan="2">수준별
개별화
학습목표</td><td colspan="2">보충학습목표</td><td colspan="2">기본학습목표</td><td>심화학습목표</td></tr>
<tr><td colspan="2"></td><td colspan="2"></td><td></td></tr>
<tr><td>학업성취
기대수준</td><td colspan="2"></td><td colspan="2"></td><td></td></tr>
<tr><td>수업참고
사이트</td><td colspan="5"></td></tr>
</table>

<table>
<tr><th colspan="2" rowspan="3">학습 단계</th><th rowspan="3">학습 과정</th><th colspan="4">교수 · 학습활동</th><th rowspan="3">시량</th><th rowspan="3">자료 및
유의점</th><th rowspan="3">실무원
역할</th></tr>
<tr><th rowspan="2">교사
활동</th><th colspan="3">아동 활동</th></tr>
<tr><th>가</th><th>나</th><th>다</th></tr>
<tr><td colspan="2" rowspan="2">문제 확인</td><td>마음열기</td><td></td><td></td><td></td><td></td><td></td><td></td><td></td></tr>
<tr><td>전시학습
상기 및 동기
유발</td><td></td><td></td><td></td><td></td><td></td><td></td><td></td></tr>
<tr><td colspan="2" rowspan="2">문제 탐색</td><td>공부할 문제</td><td></td><td></td><td></td><td></td><td></td><td></td><td></td></tr>
<tr><td>학습활동 안내</td><td></td><td></td><td></td><td></td><td></td><td></td><td></td></tr>
<tr><td rowspan="3">문제
해결</td><td rowspan="2">개념화</td><td>개념도입
개념형성</td><td></td><td></td><td></td><td></td><td></td><td></td><td></td></tr>
<tr><td>개념확인</td><td></td><td></td><td></td><td></td><td></td><td></td><td></td></tr>
<tr><td>적용
발전</td><td>개념적용
개념발전</td><td></td><td></td><td></td><td></td><td></td><td></td><td></td></tr>
<tr><td rowspan="2">정리
및
확인</td><td rowspan="2">일반화</td><td>도달확인
(평가) 및
학습정리</td><td></td><td></td><td></td><td></td><td></td><td></td><td></td></tr>
<tr><td>반성 및 차시
예고</td><td></td><td></td><td></td><td></td><td></td><td></td><td></td></tr>
</table>

평가목표	평가목표의 진술							
	가: 나: 다:							
학습단계 학습과정	평가내용	평가기준			평가척도			평가방법
		가 단계	나 단계	다 단계	우수	보통	부족	
문제해결 (개념화)								
문제해결 (개념적용 및 개념발전)								
정리 · 확인 (일반화)								

* 출처: 한국특수교육교과교육학회 편(2009). 특수교육 교과 교재연구 및 지도법. 경기: 교육과학사. pp. 478-482에서 지도안의 틀만을 제시함.

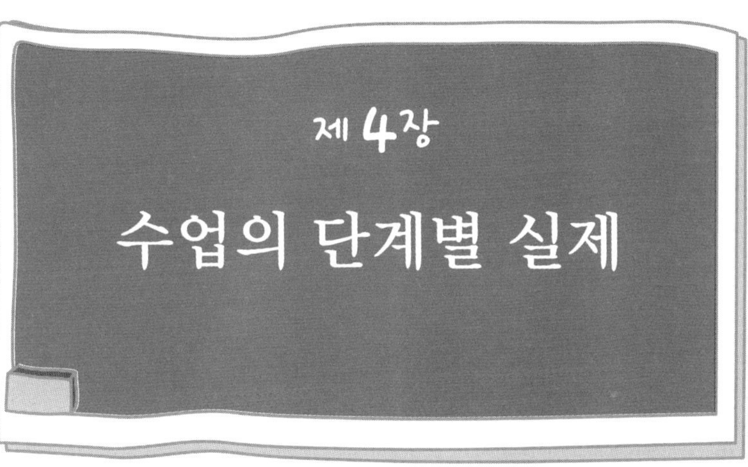

제 4장

수업의 단계별 실제

1. 수업의 단계

수업은 수업 전, 수업 중, 그리고 수업 후의 단계로 나누어 볼 수 있다. 수업 전 단계에서는 효과적이고 효율적으로 수업이 이루어질 수 있도록 수업을 계획해야 하고, 수업 단계에서는 계획한 내용을 효과적으로 전달해야 하며, 수업 후에는 수업에 대한 적절한 평가와 이를 기초로 좀 더 개선된 다음 수업 계획이 이루어져야 한다. 이러한 일련의 과정이 원활하게 이루어져야 하는 것이다. 이러한 수업의 전, 중, 후의 과정 중에 교사는 스스로 어떤 역할을 해야 하는지 숙지하고 그 역할을 효과적으로 수행해 나가기 위한 노력을 기울여야 하는데, 수업의 단계에 따른 교사의 기능은 다음과 같다(박아청 외, 2010).

〈표 4-1〉 수업 전에서 수업 후에 이르기까지 교사의 기능

구분	교사의 기능
수업 전	• 수업계획을 위한 질문들 –무슨 내용을 가르쳐야 하는가? –학습자에게 기대하는 결과는 무엇인가? –무슨 교수자료가 필요한가? –교과내용을 소개하는 가장 좋은 방법은 무엇인가? –목표달성을 위해 가장 좋은 수업 전략은 무엇인가? –수업을 어떻게 마무리 지을 것인가? –학습자를 어떻게 평가할 것인가?

	• 앞의 과정을 수행하기 위해 필요한 교사의 능력 –정확한 관찰 –목표진술 –수업자료 선정 –적절한 교수 전략 선정 –적절한 마무리 계획 –적절한 평가 도구 결정 및 개발
수업 중	• 적절한 의사소통 • 변화를 통한 주의집중 • 효과적인 강화활동 • 질문기법활용 • 수업 분위기 관리 • 수업의 적절한 마무리 • 학습목표 달성 여부의 평가
수업 후	• 잘 계획되고 조직화된 평가의 실시(수업 시작 전에 계획되고 준비되어야 함) –어떻게 평가를 실시할 것인가 –평가 도구는 어떻게 구성하고 평가 데이터는 어떻게 분석할 것인가 등

* 출처: 박아청 외(2010). 교직실무. 경기: 공동체. pp. 93-95의 내용을 요약 정리함.

한편, 수업 중의 단계에 해당하는 교수·학습 과정은 도입, 전개, 정리의 세 단계로 구분할 수 있으며, 각 활동 단계별 주요 활동은 〈표 4-2〉와 같다.

〈표 4-2〉 교수 · 학습 과정의 단계별 주요 활동

지도 단계	도입	전개	정리
주요 활동	• 동기유발 • 목표인지 • 선수학습 관련짓기	• 학습내용의 제시 • 학습자료의 제시 • 학습자의 참여 • 다양한 수업기법이 활용 • 시간과 자료의 관리	• 요약정리 • 강화 • 일반화의 유도 • 보충 및 예고

* 출처: 변영계, 김영환, 손미(2007). 교육방법 및 교육공학(3판). 서울: 학지사. p. 76.

〈표 4-2〉에서 볼 수 있는 각 단계별 주요활동을 모르는 사람은 거의 없을 것이다. 하지만 수업을 진행하다 보면 각 단계에서 주요한 요소들을 빼놓고 지나가거나 각 요소별로 시간을 잘못 배정하거나 하는 등의 문제들을 범할 수 있다. 예를 들어, 도입부분에서 아동의 흥미를 끌기 위해 지나치게 많은 자료와 시간을 사용하는 것이다. 이로 인해서 정작 전개 단계에서 수업의 목표로 삼은 활동들이 제대로 이루어지지 못하는 경우가 있다. 수업은 일정한 목표를 갖고 있는데, 지나치게 흥미 위주의 활동을 끌어들임으로써 수업의 주 목표에 도달하지 못하는 것이다. 이는 특히 주의집중 등 수업과정에서 많은 어려움을 보이는 장애아동을 대상으로 하는 경우에 더 자주 나타나는 것 같다.

교사는 수업을 거시적 측면에서 그리고 동시에 미시적 측면에서 바라보면서 교사에게 요구되는 구체적인 역할과 기능을 확인하고 실천할 수 있어야 한다.

2. 수업 단계별 지도의 실제

1) 수업 전 점검사항

실제 수업이 이루어지기 전에 교사들은 수업과 관련한 여러 요소들을 꼼꼼하게 점검할 필요가 있다. 수업을 위한 준비가 되어 있지 않은 상태에서 이루어지는 수업은 예기치 않은 문제들을 야기할 수 있을 뿐 아니라 수업의 효과성을 기대하기 어렵기 때문이다. 따라서 수업 전에 다음과 같은 내용을 점검해 보아야 한다.

① 아동들은 심리적 · 정서적으로 수업에 참여할 준비가 되어 있는가?

현장 수업을 들여다보면 아동들이 전혀 수업준비가 되어 있지 않음에도 수업이 이루어지는 경우가 적지 않다. 많은 경우, 장애아동들이 자신의 심리적 · 신체적 상태에 대해서 스스로 설명하기 힘들기 때문에 교사의 수업 전 아동에 대한 관심과 세심한 관찰에 의지하는 수밖에 없다. 유능한 교사라면 아동이 등교하는 순간부터 세심히 아동을 살피고 아동의 행동이나 정서 상태가 평소와 다르지 않은지 건강상에 이상은 없는지 등을 살피고 수업 전에 이에 대한 조치를 취할 것이다.

아동들의 심리적 · 정서적 상황을 살펴보는 것은 일과를 시작하기 전에 이루어져야 함과 동시에 매 수업 시간이 시작되기 직전에도 이루어져야 한다. 교육실습생들이나 현장교사들의 연구수업을 참관해 보면, 수업이 이루어지기 직전에 실습생이나 담임교사가 학급의 아동들과 이야기를 나누며 다양한 조율을 하는 것을 볼 수 있다. 아동들에게 교사 여러 명이 참관을 위해 들어온다는 것을 알리고 아동들의 협조를 구하는 경우도 있고, 감정상태가 불안정한 아동의 경우 수업이 시작되기 전에 진정시키려고 노력하는 모습을 보게 된다. 이러한 행동 모두가 본 수업에 들어갔을 때에 아동들이 좀 더 수업에 집중하고 참여할 수 있도록 준비시키는 것이라 하겠다. 수업 직전에 아동의 문제가 발견된다면, 일단 그 문제를 해결하도록 노력해야 한다. 그래야 나머지 시간 동안의 활동에 아동들이 좀 더 안정적으로 참여할 수 있기 때문이다. 이러한 노력이 매일 그리고 매 수업시간 전에 이루어져야 하는 것이다.

② 수업 중 문제가 될 수 있는 환경요소는 없는가?

수업 중 아동의 집중을 방해하는 요소들이 방치되어 수업활동이 제대로 이루어지지 못하는 경우를 종종 보게 된다. 더 큰 문제는 이러한 문제들이 매 수업시간 동안에 빈번하게 반복된다는 것이다. 예를 들면, 아동의 주의를 분산시킬 수 있는 물건이 교실에 놓여 있을 수 있다. 혹은 수업을 위한 자리배치, 교사의 위치, 교재교구의 위치 등이 문제가 될 수도 있다. 물리적 환경을 조금 수정하는 것만으로도 때때로 아동들의 학습행동에 적지 않은 변화를 이끌어 낼 수 있다.

③ 수업 중 활용할 기자재들은 문제가 없는가?

수업 중에 컴퓨터를 포함한 디지털 교수매체를 활용하는 빈도가 매우 높다. 하지만 이러한 매체를 활용하기 전에 반드시 사전점검을 실시해야 한다. 디지털 교수매체는 풍부한 정보와 자극을 제공함으로써 장애아동들에게 극적인 경험을 제공할 수 있다. 하지만 사전에 철저히 점검을 하지 않으면, 전원중단, 인터넷 네트워크 끊김, 프로그램 실행의 오류, 스피커 오작동, 화면 깨짐 등 여러 가지 문제들이 발생할 수 있다. 이렇게 되면 교사는 교수매체를 다루는 데 시간을 빼앗기게 되고 아동들 역시 수업에 집중할 수 없게 된다. 디지털 교수매체를 활용하는 수업의 경우 매체의 비중이 상당히 큰 경우가 많기 때문에 수업의 주 활동을 제대로 진행하지 못할 수도 있다.

이러한 돌발적 상황은 일종의 '방송사고'인 셈이다. 따라서 수업 전에 교수매체, 특히 디지털 매체 사용을 위한 상황을 반드시 점검하고 확인해 놓아야 한다.

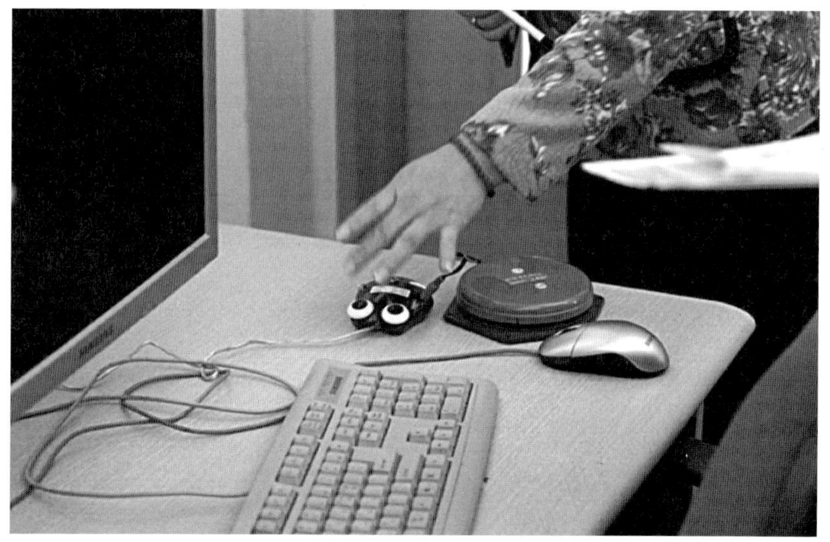

[그림 4-1] 수업 전 멀티미디어 기기의 점검

* 수업 중 사용하게 될 멀티미디어 기기들은 수업 전에 반드시 작동 확인을 해야 한다. 프로그램의 오작동, 인터넷 끊김, 전원불량 등으로 수업이 중단되는 경우가 발생할 수도 있기 때문이다.

④ 교사는 수업을 할 준비가 되어 있는가?

수업 전에 여러 가지 상황을 고려해야 하지만 가장 중요한 것은 교사가 수업에 열과 성을 다해서 참여할 준비가 되어 있는가 하는 것이다. 앞부분에서 수업 전 아동들의 정서 상태를 살펴보고 조치를 취하는 것과 마찬가지로 교사 스스로도 수업 전에 자신의 정서 상태를 점검해 보고 최적의 상태로 수업에 임할 수 있도록 준비해야 한다고 강조한 바 있다. 현직 교사들은 직무에서 오는 스트레스를 잘 고려해야 하는데, 스트레스는 결국 아동-교사 간 관계를 부정적으로 만들 수 있다. 즉, 특수교사가 직면하는 스트레스 상황은 자신에게서 끝나지 않고 학생, 조직 구성원에게도 영향을 미친다(이근용, 김금숙, 2010)는 점을 기억해야 한다. 교사 자신이 지쳐 있다면 수업준비를 위해 에너지를 쏟는 것이 쉽지 않을 것이다.

2) 도입단계

씨름 경기에서 두 선수가 샅바를 잡는 순간 이미 승패가 갈린다는 말이 있다. 필자가 외부에서 강의할 때를 떠올려 보면, 강의마다 느낌이 많이 다르다. 강의가 끝난 후에, 어떤 강의는 스스로 뿌듯하고 보람이 느껴지는 반면, 어떤 강의는 얼굴을 들지 못할 정도로 부끄럽고 아쉬움이 남기도 한다. 재미있는 것은 강의의 첫 시작 인사 때 이미 어느 정도 분위기를 느끼게 된다는 사실이다. 강의를 듣는 분들과의 첫 인사에서 교감이 느껴지면 강의 내내 에너지가 느껴지고 강의 자체도 즐겁게 이어진다. 하지만 첫 인사에서부터 알 수 없는 단절감이 느껴지면 강의 내내 고전을 면치 못하게 된다. 이러한 상황은 수업시간에서도 자주 일어난다.

도입단계는 수업의 시작부분이다. 도입부분은 전체 수업 중 상대적으로 짧은 시간을 차지하고 있지만 수업의 성패를 가늠할 정도로 중요한 부분이기도 하다. 교사들이 수업의 도입부분에서 마술, 음악, 영상 등을 활용하거나 온갖 흥미로운 요소들을 동원하면서 아동들의 시선을 붙들기 위해 많은 공을 들이는 것도 수업의 첫 시작부분인 도입이 수업의 나머지

시간에 미치는 영향이 크기 때문일 것이다.

(1) 수업의 동기 부여

행동을 일으키는 동기의 원인이 개인의 내부에서 비롯하는가, 외부 환경으로부터 비롯하는가에 따라 내재적 동기와 외재적 동기로 구분할 수 있다(정동영 외, 2015). 수업장면에서 범할 수 있는 오류의 하나는 내적 동기보다는 외적 동기를 위한 강화물을 무의식적으로 사용하는 것이다. 또한 학습과제에 아동이 이미 동기화되어 있다면 구태여 외적강화물을 제공하는 것은 바람직하지 않다. 자칫 내적 동기를 떨어뜨릴 위험이 있기 때문이다. 따라서 아동에게 의미 있고, 재미있는 수업을 계획하고 이를 통해 내적 동기를 유발하는 것이 바람직하다고 볼 수 있다.

매력적인 수업설계를 주장한 Keller의 ARCS모델(정찬기오 외, 2011에서 재인용)은 다음과 같이 동기요인들을 제시하고 있다.

〈표 4-3〉 Keller의 ARCS 모델

학습동기 4요인	주요 개념	교사의 질문사항
주의집중(A)	학습자의 흥미	아동의 흥미를 어떻게 유발할까?
관련성(R)	학습자의 필요와 목적	아동을 어떻게 관련시킬까?
자신감(C)	학습자의 성공에 대한 신념	아동에게 할 수 있다는 신념을 어떻게 줄까?
만족감(S)	학습자 성취의 보상	아동에게 성취를 어떻게 강화해 줄까?

결국 수업 중 동기의 문제는 학습할 내용 및 활동을 어떻게 학습자와 연관시킬 것인가가 최대의 과제이다. 즉, 과제를 학습자의 흥미와 연관시키고, 욕구와 연계시키고, 성공경험과 연계시키고 보상과 연계시키는 것이

다. 또 한 가지 중요한 점은 불안 요인들을 줄이라는 것이다. 아동들의 불안은 특정한 물건, 활동, 시간, 혹은 그 외 여러 가지 요인과 관련되어 있다. 불안요소가 있으면 아동들은 그것에 모든 에너지를 쏟게 되고 학습에 집중할 에너지가 보자라게 된다. 따라서 수업활동에 대한 동기를 갖거나 유지하기 어렵게 된다.

한편, 수업 중 동기유발 활동과 관련해서 유의할 점이 있는데, 아동의 흥미에 지나치게 집착한 나머지 수업에서 가르쳐야 할 핵심 내용을 간과하게 되는 경우이다. 예를 들어, 도입부분에서 지나치게 많은 시간을 흥미유발에 투자한다거나 혹은 아동들의 흥미유발 활동이 오히려 수업의 본 활동을 방해하는 정도가 된다면 문제가 될 수 있다. 그런데 의외로 이런 상황들이 종종 발생한다. 언젠가 한 학생이 특수학교에서의 자원봉사 후에, "특수학교에서 수업을 잘하기 위해서는 교과나 학문적 지식보다는 아이들을 재미있게 할 수 있는 끼를 갖추는 것이 제일 중요한 것 같다."라고 소감을 말하는 것을 들었다. 우리가 자칫 범하기 쉬운 오류의 하나가 바로 이런 것이다. 장애아동의 경우, 과제에 대한 집중, 학습활동에 대한 동기가 부족하다고 할지라도 교사를 통해서 이루어지는 수업은 분명한 교육적 목표와 내용을 담아야 하고 이를 성취시켜야 하는 것이다. 이 학생의 생각대로라면, 특수학교에서의 수업은 교사가 아니라 레크리에이션 강사가 진행해야 할 것이다. 수업의 동기를 이끌어 내는 것은 교사가 설정한 수업목표를 성취하기 위한 것임을 기억해야 한다.

(2) 수업의 목표인지

필자는 이 글을 쓰면서, 지난 2년간 교육실습을 다녀온 40여 명의 학생이 현장 지도교사로부터 실습기간 중 수업진행과 관련하여 받은 도움말을 분석해 본 바 있다. 그런데 가장 많이 지적을 받은 부분이 바로 '아동에게 맞는 목표설정'이었다. 목표가 잘못 설정되면, 그에 따라 수업내용이나 방법 등이 잘못 선정되게 되고 부적절한 기대를 갖게 된다. 결과적으로 수업에 실패할 가능성이 커진다. 그런데 적절한 목표설정 못지 않게 중요한 것이 바로 "설정된 수업의 목표를 어떻게 아동들에게 인지시킬 것인가?" 하는 것이다.

필자가 교직에 있을 때와 지금을 비교해 보면, 수업 중 아동들에게 목표를 제시하는 방법은 거의 변하지 않았다. 단지 바뀐 것이 있다면, 칠판이나 종이에 목표를 써 붙이던 것이 파워포인트나 영상으로 바뀐 정도이다. 많은 수업에서 수업목표는 형식적으로 제시되고 있고 아동들은 영문도 모른 채 수업을 시작하곤 한다.

아동들에게 수업목표를 정확히 인식시키기 위해서는 일차적으로 수업목표가 적절한 수준에서 설정되어야 하며, 도입부분에서의 목표 제시는 아동들이 이해할 수 있는 다양한 방법으로 제시되어야 한다. 파워포인트 등 익숙한 방법에 집착할 것이 아니라 아동들의 눈높이에서 동영상, 그림, 필요하면 짧은 시연, 실물 제시, 직접적인 조작 등 가능한 한 아동들이 이해할 수 있는 방법과 매체 및 활동들을 활용해야 한다. 목표 진술을 위한 문장이나 어휘 또한 아동들이 이해할 수 있는 수준에서 이루어져야 한다.

수업목표를 안내하기 위한 방법들을 제시하면 다음과 같다.

① 다양한 방법을 통해서 목표를 제시한다.

파워포인트뿐 아니라 손인형을 이용해서 목표를 제시할 수도 있고, 혹은 목표를 담은 짧은 영상, 이야기 카드, 실물 등을 활용할 수도 있다. 혹은 수업을 통해서 도달해야 할 것을 미리 시범보이거나 요리 프로그램에서 요리과정의 주요 부분을 압축해서 보여 주듯 전체 활동을 축약해서 보여 줄 수도 있다.

② **교실환경, 상황 등을 최대한 활용한다.**

교실의 칠판이나 컴퓨터 혹은 스크린뿐만 아니라 사물함이나 기타 다양한 환경을 목표제시를 위한 방법으로 활용할 수 있다. 자연스럽게 현재의 상황과 목표를 연결 짓는 것이다. 예를 들어, '여러 가지 색'에 대해서 공부한다면, 학생들 이름을 부를 때에 학생의 이름 대신 각 학생이 입고 있는 옷 색깔을 말해 주면서 출석을 확인하고 배울 주제가 색임을 알려 줄 수 있다.

③ **신기한 방법들을 활용한다.**

예를 들어, 현장에서는 '교육마술'이라는 이름으로 수업 중에 활용할 수 있는 마술을 배우는 교사들이 있다. 마술뿐 아니라 노래나 간단한 게임 등을 통해서 수업목표를 제시할 수도 있다. 물론 이때 마술, 노래, 게임 등은 목표활동과 맥락을 같이해야 한다.

④ **아동의 입장이 반영된 간략하고 활동적인 문장으로 수업목표를 기술해도 좋다.**

예를 들어, "여러 모양 중에서 동그라미 모양을 찾는다."라는 목표를 "동그라미 모양을 찾아라!"라고 할 수 있다. 아주 작은 차이지만 아동 입장에서 수행해야 할 구체적 활동 형태로 목표를 진술함으로써 명확하게 전달할 수 있을 것이다.

⑤ **다양한 사람을 활용한다.**

수업목표를 교사가 제시할 수도 있지만 경우에 따라서는 아동, 실무원 등을 참여시켜서 목표 제시를 이끌어 낼 수도 있는데, 목표를 단순히 읽도록 하는 것뿐 아니라 수행해야 할 핵심활동을 간단한 행동으로 시범을 보여 줄 수도 있다.

⑥ 학습목표를 제시할 때에는 이야기의 수준을 고려해야 한다.

최근에 문제중심학습(PBL)을 도입하여 사용하는 경우가 많다. 문제중심학습은 구성주의 학습원칙을 반영한 교수·학습모형으로 학습자들에게 실질적인 문제 혹은 문제상황을 제시하고 이를 해결하기 위해 학습자가 주체가 되어 서로 협력해 나가는 과정에서 문제를 해결하도록 하는 총체적인 교수·학습방법이다. 예를 들어, 인형이 나와서 문제상황이나 과제(미션)를 제시하고 학생들은 수업을 통해 그 문제를 해결해 가는 방식이다. 그런데 이야기의 구조가 너무 복잡하거나 문제상황 자체가 아동들의 일상적 경험과 차이가 있어서 아동들이 문제 자체를 이해하지 못하는 경우가 적지 않다. 따라서 문제중심학습을 활용하는 경우 문제를 간략하고 명확하게 그리고 아동의 생활경험과 연관 지어 적절한 이야기의 수준을 정하여 제시하는 것이 중요하다. 또한 단기기억, 주의집중에 어려움을 경험하는 아동들이 많기 때문에 교사가 제시해 준 문제상황을 기억하면서 활동에 접근하는 것 자체가 매우 어려울 수 있다. 따라서 문제상황을 이야기로 끝내는 것이 아니라 글, 그림, 영상, 구체물 등으로 제시해 놓고 아동들이 해결해야 할 문제(상황)를 계속 확인하면서 활동에 참여하도록 배려해야 한다.

(3) 이전 학습과의 연결

이전 학습에 대한 내용을 떠올리고 이를 본시 수업과 연관시킬 수 있다면 수업은 훨씬 효과적으로 이루어질 것이다. 아동들에게 지난 시간에 이루어졌던 활동영상을 보여 주거나 혹은 간단한 퀴즈를 낼 수도 있다. 이때 이전 학습과정에서 특히 아동들이 관심을 보였던 부분이 있었다면 이를 단서로 활용하여 선수학습을 상기시킬 수도 있을 것이다. 이전 수업의 전체과정을 재연할 필요가 있을 때에는 스마트폰 앱을 통해 제공되는 '타임랩스' 등의 기능을 활용하면 전시의 수업 전체과정을 매우 짧은 시간 안에 보여 줄 수도 있다. 혹은 수업의 주요 장면만 스틸 컷으로 촬영해서 활용할 수도 있다.

• 타임랩스(time lapse) 기능

타임랩스는 쉽게 말해 영상을 빨리 돌리는 기법이라고 할 수 있다. 실제로는 대상을 일정하게 정해진 시간 간격으로 움직임을 촬영한 후, 정상 속도로 재생을 하는 것이다. 그렇게 되면 촬영한 내용이 빠른 움직임으로 표현이 된다. 예를 들어, 꽃이 피는 장면은 육안으로 확인하기 어렵지만 타임랩스 기능을 활용하면 장시간 촬영한 장면을 빨리 돌려 줌으로써 꽃이 피는 장면을 확인할 수 있는 것이다.

수업의 전체 장면을 리얼타임으로 재생하면 많은 시간이 소요되지만 타임랩스를 활용하면 수분 만에 전체 수업내용을 확인할 수 있는 것이다. 이 기능을 활용하면 시간이 오래 걸려서 아동들이 전체 과정을 쉽게 확인하기 어려운 활동들을 짧게 축약해 보여 줄 수 있다.

한편, 자세히 살펴보아야 하거나 중요한 장면은 타임랩스와 반대로 슬로모션(slow motion) 형태로 보여 줄 수도 있다. 이 역시 여러 가지 관련 앱들을 쉽게 활용할 수 있다.

3) 전개단계

전개단계는 말 그대로 수업의 주된 목표를 이루는 단계이다. 도입부분에서와 마찬가지로 전개과정에서도 지속적으로 동기를 유발하는 것이 필요하다. 또한 활동의 순서, 제시방법, 시간 등을 적절히 고려하여 역동적으로 수업이 이루어지도록 해야 한다. 무엇보다 학생들이 참여할 수 있는 여지를 많이 만들어 주는 것이 중요한데, 이를 위해 아동을 격려하는 시간, 기다리는 시간, 피드백을 제공하는 데 필요한 시간 등을 미리 염두에 두고 수업계획을 수립해야 한다.

(1) 활동 중심의 수업

수업활동 중에 아동의 참여를 높이기 위한 수많은 방법과 전략들이 있다. 여기에서는 그중에서 몇 가지 예를 제시하고자 한다.

① 활동할 기회를 제공하여 참여를 유도한다.

'교사가 수업을 주도하지 말고 아동들을 참여시켜라.'는 말을 귀에 못이 박히도록 들어 왔을 것이다. 하지만 수업상황에서는 의외로 이를 간과하기 쉽다. 어느 순간 돌아보면 교사가 수업을 일방적으로 끌고 가고 있음을 깨닫게 된다. 여기에는 몇 가지 원인이 있다.

첫째, 해당 시간에 이루어야 할 목표나 활동이 지나치게 많을 경우 오히려 아동들이 참여할 수 있는 시간이 줄어들게 된다. 따라서 수업계획 시 아동들이 참여하는 시간, 예를 들면 활동을 수행하기 위해 움직이는 시간, 직접적으로 활동에 소요되는 시간, 새로운 과제에 주의를 집중하는 데 걸리는 시간 등을 충분히 고려하여 적절한 양의 목표와 활동을 선정하여야 한다.

둘째, '활동참여'의 범위를 수업내용과 직접적인 관계를 갖는 것으로 한정하는 경우 아동들의 참여가 줄어들 수 있다. 퍼즐을 맞추거나 나와서 문제를 푸는 등 수업내용과 직접적으로 관련된 활동뿐 아니라 학습자료 옮기기, 디지털 기기를 켜기 등 수업내용과 직접적으로 관련되지 않는 활동에서도 아동들을 참여시키는 것이 가능하다. 이는 특히 수행수준이 낮아 수업내용에 참여하기 어려운 아동들을 수업에 참여시킬 수 있다는 측면에서 중요하다. 또한 장애아동의 경우 이런 부수적인 활동 자체가 기능적 측면에서 중요한 의미를 갖기도 한다. 물론 지나친 활동참여로 인해 교실 장면이 너무 혼란스러워지는 것은 경계해야 한다.

② 성취기회를 제공하고 강화한다.

아동이 활동을 통해서 성취기회를 자주 접하는 것은 수업 중 주의집중을 지속적으로 유지하도록 하고 동기를 부여하는 측면에서 중요하다. 따라서 과제는 아동들에게 약간의 도전이 되면서도 성취 가능한 것들로 구성될 필요가 있다. 유의할 점은 성취 후 강화 과정에서 습관적인 칭찬, 과잉 칭찬이 아니라 구체적인 활동의 과정과 그 결과에 대한 칭찬이 주어져야 한다는 것이다.

③ 아동의 학습상황에 대해서 수시로 알려 준다.

자기 주도적 학습력이 부족한 아동들에게 자신의 학습상황에 대해서 수시로 알려 주고 피드백을 제공하는 것은 아동들로 하여금 자신의 학습과정을 돌아보고 스스로를 통제하는 것을 배우는 기회가 될 수 있다. 학습 과정에서 잘하고 있는 부분과 수정해야 하는 부분에 대해서 지속적으로 피드백을 받음으로써 좀 더 나은 학습방법, 절차를 찾을 수 있도록 해야 한다. 물론 아동의 수준을 고려하여 언어적인 피드백뿐 아니라 신체적 촉구, 그림안내 등 다양한 방법을 활용할 수도 있을 것이다.

④ 또래들과의 긍정적 관계를 유도한다.

특수교육 현장에서는 개별 아동 간의 차가 크다 보니 일반학급에서 자주 사용되는 토론수업 등 또래와의 적극적인 관계를 통한 학습참여기회가 많이 주어지지는 않는다. 하지만 또래와의 긍정적 관계를 통해 학습해 나가는 것은 그 자체로 장애아동들에게 매우 중요하고 의미 있는 활동이자 목표가 될 수 있다. 따라서 또래 간에 적절한 수준의 협동 혹은 경쟁이 발생할 수 있도록 활동을 계획하고 실행하는 것이 필요하다.

⑤ 특수교육 실무원의 역할을 적절히 설정한다.

수업 중 아동들의 참여를 최대한 이끌어 내기 위해 수업계획의 단계에서부터 실무원의 참여수준과 역할을 적절히 설정할 필요가 있다. 실무원의 지원 방법 및 수준에 따라 아동의 독립적 수행을 촉진할 수도 있고 방해할 수도 있기 때문이다. 예를 들어, 통합장면에서 실무원의 지나친 개입은 아동들 간의 상호작용 기회를 막고 독립적인 수행을 방해하며 아동을 의존적으로 만들 수도 있다.

[그림 4-2] 수업을 보조하고 있는 특수교육 실무원

(2) 수업의 흐름

수업은 '연극'과 비슷한 점들이 많다. 교실이라는 무대, 교사와 학생이라는 배우, 교수 · 학습 과정안이라는 대본이 있는 것이다. 처음에는 그 무대가 교실에 한정되어 있지만 점차 교실 밖으로 무대가 확장되어 결국 사회라는 큰 무대로 나아가도록 하는 것이 교육일 것이다. 연극에서 전체 이야기의 구성과 흐름이 자연스럽지 않으면 이해되지 않거나 재미가 없는 것처럼 수업도 마찬가지로 전체 흐름이 중요하다.

수업은 이루어야 하는 수업목표가 있기에 전개과정에서 이루어지는 여러 활동은 그 목표를 향해서 하나의 재미있는 이야기로 엮을 필요가 있다. 이러한 과정은 장애아동들이 배운 내용을 분절적인 것이 아닌 통합적으로 의미 있게 이해하는 데 도움이 될 것이다. 또한 그 이야기에 일정한 리듬을 부여함으로써 아동들이 지루하지 않게 수업에 참여할 수 있을 것이다. 예를 들어, '동물이 사는 곳 알아보기' 활동을 수행한다면, 먼저 길 잃은 동물들이 나타나 아동들에게 도움을 청하는 이야기로 시작하여, 아동들이 해당 동물들의 집을 찾아 주기 위해 그림카드를 보고 학습한 후, 이를 토대로 길 잃은 동물들에게 집을 찾아 주는 이야기로 활동을 이끌어 나갈 수 있을 것이다.

한편, 수업의 흐름을 이끄는 것은 이야기의 내용과 구조뿐 아니라 그것을 전개해 나가는 방법이다. 교사는 수업의 활동내용, 활동의 양, 활동 시간, 속도 등을 조정하거나 활동의 배치를 달리함으로써 역동적이고 흥미로운 수업을 만들어 갈 수 있을 것이다.

(3) 수업을 위한 교재교구

특수교육 현장에서 교재교구는 매우 중요한 역할을 한다. 교재교구는 노테크(no-tech), 로우테크(low-tech), 하이테크(high-tech) 등 기술적 수준에 따라 그 내용과 형태가 다양하게 분류될 수 있다. 최근에는 하이테크놀로지를 기반으로 한 다양한 멀티미디어 자료들이 많이 개발되고 있기에 교사들은 수업과 관련하여 적절한 멀티미디어들을 선택하여 사용할 수 있다. 하지만 하이테크놀로지에 기반을 둔 교재교구 못지않게 낮은 수준의 기술을 요하는 교재교구도 중요한 역할을 수행할 수 있다. 더욱이 다양한 감각 · 운동적 경험이 필요한 장애아동의 경우 구체적으로 만져 보고, 느껴 보고, 조작해 보는 것은 그 자체로서 중요한 교육적 의미를 갖는다고 하겠다. 따라서 다양한 수준의 교재교구를 제작 혹은 응용하여 활용할 필요가 있다. 예를 들어, 공을 굴릴 수 없는 아동의 경우 미끄럼틀을 이용하여 공을 굴리는 방법을 사용할 수 있다.

한편, 앞부분에서 교재교구 제작의 유의점을 제시한 바 있는데, 교사가 수업 중에 교재교구를 활용하는 과정에서도 다음과 같은 몇 가지 유의점을 기억해야 한다.

① 수업의 핵심을 정확히 이해하고 활용한다.

교재교구를 활용하기 위해서는 수업의 목표와 그것을 이루기 위한 핵심적 내용이 무엇인지 인지하고 있어야 한다. 그렇지 않으면 교재교구가 수업의 내용을 안내하거나 심화시키는 것이 아니라 오히려 초점을 분산시킬 수도 있기 때문이다. 이 경우 아동들은 교재교구에 흥미를 갖지만 이를 통해서 가르치려는 핵심에는 관심이 없을 수 있으며, 결국 교재교구가 수업을 촉진하는 것이 아니라 방해할 수도 있다.

② 아동들의 시선에서 최대한 정확하고 안정적으로 제시한다.

예를 들어, 반원형으로 앉아 있는 아동들에게 그림 자료를 보여 줄 경우 그림 자료를 제대로 확인하기 어려운 각도가 생길 수 있다. 교사는 이를 잘 고려하여 모든 아동이 교사가 제시하는 교재교구를 확인할 수 있도록 배려해야 한다.

③ 제시하는 교재교구의 양과 수를 통제한다.

한번에 너무 많은 교재교구를 제시하면 아동들은 혼란에 빠질 수 있다. 따라서 교재교구는 수업의 진행에 따라 아동이 주의를 기울일 수 있는 정도의 수준에서 단계적으로 제시되어야 한다.

④ 교재교구를 충분히 탐색할 수 있도록 시간을 할애한다.

교사들은 특별한 의도를 갖고 교재교구를 제작하거나 준비하였기에 교재교구의 사용목적에 대해 명확히 알고 있지만 아동의 입장에서는 이를 인지하지 못할 수 있다. 따라서 교재교구를 통해서 수행해야 할 것이 무엇인지를 명확히 함과 동시에 아동이 교재교구를 충분히 탐색할 수 있는 기회를 제공해야 한다.

⑤ 교재교구 사용 환경, 조건 등을 사전에 검토한다.

최근 많이 사용하고 있는 멀티미디어 자료의 경우 수업상황에서 갑자기 동작을 하지 않는다거나 하는 문제가 자주 발생한다. 따라서 교재교구의 경우 예행연습을 통해 실제 제시할 때에 문제가 발생하지 않도록 사전 점검을 철저히 해야 한다.

⑥ 교재교구가 필요한 타이밍을 고려한다.

교재교구를 정성껏 만든 경우, 어떻게든 교재교구를 활용하려고 하는 것은 당연하다. 하지만 어떤 경우에는 교재교구 없이도 아동이 적극적으로 수업에 참여하고 수업목표에 다가서는 경우가 있다. 어떤 경우에는 아동이 이미 충분히 수행할 수 있는 과제를 수행하는 과정에서 교재교구를 사용하는 경우도 있다. 수업활동 중에 교재교구를 무조건 사용하기보다는 아동이 교재교구의 도움을 필요로 하는 타이밍에 맞추어 적절한 수준으로 활용할 필요가 있다.

(4) 수업 시간관리

단위 수업은 시간의 통제를 받는다. 시간은 다양한 형태로 아동의 수업 참여에 영향을 미친다. 예를 들어, 과제의 양과 난이도나 아동의 관심 정도, 과제 수행속도 등 여러 요인이 수업시간에 영향을 미치는 것이다. 과제의 난이도가 너무 높거나 낮음으로 인해 시간적 공백이 생기거나 시간이 모자라지 않도록 조정해야 한다. 또한 아동의 특성에 따라 어떤 아동은 다른 아동보다 훨씬 빠르게 과제를 수행해 버리기도 하는데, 이를 위해 아동별로 난이도를 달리하거나 혹은 동일한 학습목표를 달성하기 위한 여분의 활동과제를 준비할 필요가 있다.

미술수업처럼 많은 조작활동을 요하는 경우 시간이 부족해서 결국 교사가 모든 활동을 대신하는 경우를 막기 위해서 활동 시간을 통합하여 운영하는 등의 조정이 필요하다.

한편, 활동이 바뀌는 전환과정 역시 중요하게 고려되어야 한다. 활동 장면이 바뀌는 경우 아동들의 주의가 흐트러지기 쉽다. 특히 활동에 대한 예측성이 부족한 아동의 경우 활동 전환과정에 제대로 대응하지 못할 수도 있다. 따라서 다양한 안내 및 단서들을 통해 활동이 바뀐다는 것을 알려 주어야 한다.

(5) 수업 중 강화

대부분의 교사들은 아동들의 수업참여를 이끌기 위해 효과적인 강화를 제공해야 한다는 것을 알고 있다. 그런데 의외로 의자에 바르게 앉아 있기, 교사 쳐다보기, 활동에 참여하기와 같이 아동들이 수업 중에 보이는 좋은 행동들, 바람직한 행동들에 대해서는 크게 주의를 기울이지 않고 아동이 어떤 부적응 행동을 보일 경우에 이에 집중하는 경향이 있다. 부적절한 행동에 좀 더 민감하게 주의를 기울이는 것은 잘못된 강화를 제공하는 일이 될 수 있다.

다음의 내용은 효과적으로 강화를 사용하기 위한 방법들(유재연, 임경원, 김은경, 이병혁, 박경옥 공역, 2008)을 간단히 정리한 것이다.

① 강화의 즉시성: 강화는 표적행동의 발생 즉시 제공한다.
② 강화와 언어적 칭찬과의 연합: 바람직한 행동과 강화물 간의 관련성을 알 수 있도록 학생에게 강화물을 받는 행동이 무엇인지 분명하게 설명한다.
③ 강화계획: 초기에는 연속적으로 강화를 제공하다가 점차 간헐 강화계획으로 변화시켜 나간다.
④ 강화유형: 아동의 개별적인 선호도에 따라서 효과적인 강화 목록을 만든다.
⑤ 강화의 질과 양: 행동에 대한 효과성을 보장하고, 아동의 관심을 끌 수 있도록 강화의 질과 양을 고려한다.
⑥ 강화 제공자: 학생이 좋아하거나 존경하는 사람 혹은 의미 있는 사람이 강화물을 제공할 때에 강화물은 좀 더 효과적일 수 있다.
⑦ 일관성: 학생과 관련이 있는 모든 교사들이 강화프로그램을 일관성 있게 시행한다.

4) 정리단계

정리단계는 수업을 마무리하는 단계이다. 교사는 수업 진행 중에 수시로 아동들의 참여와 이해 정도를 파악했을 것이다. 정리단계에서는 다시 한번 아동들이 수업내용을 어느 정도 이해했는지 파악하고 학습한 내용의 전이를 촉진하기 위해서 연습의 기회를 주어야 한다.

(1) 수업의 요약

수업을 정리하면서, 수업시간에 배운 내용을 요약하여 학생들에게 제시하여야 한다. 수업의 정리는 수업의 목표제시와 마찬가지로 모호한 언어로 장황하게 제시하는 것이 아니라 학생들이 이해할 수 있도록 쉬운 언어로 간결하게 안내해야 한다. 질문의 형태로 활동 내용을 정리할 수도 있고, 학생들로 하여금 수업 중 중요한 활동을 한 번 더 수행해 볼 수 있는 기회를 제공할 수도 있다. 여건이 되는 경우에는 수업 중간중간 활동장면을 사진으로 찍어 이를 보여 줄 수도 있고 아니면 타임랩스 기능을 이용해서 수업활동의 전 과정을 영상으로 보여 줄 수도 있는데, 타임랩스 기능에 대해서는 앞에서 소개하였다. 이런 방법은 수업활동에 대한 요약뿐 아니라 아동의 수업참여, 교사의 수업행동들도 함께 점검해 볼 수 있다는 점에서 사용해 볼 만하다.

(2) 수업의 정리 및 강화

매 수업이 끝나고 학생들은 강화를 받을 필요가 있다. 이는 한 수업을 끝낸 것에 대한 것임과 동시에 다음 수업에 대한 기대를 갖도록 하기 위한 것이다. 강화는 가벼운 칭찬이나 학급 학생 간의 파이팅을 외치는 것도 가능하고 해당 시간의 활동을 끝냈다는 것을 스티커, 그림이나 글자카드와 같은 시각적 자료 등을 제공함으로써 강화할 수도 있다. 학습활동의 결과 자체가 아동에게 강화가 되도록 강화계획을 세우거나 다양한 강화 목록을 제시하고 스스로 선택하게 하는 것도 좋은 방법일 것이다.

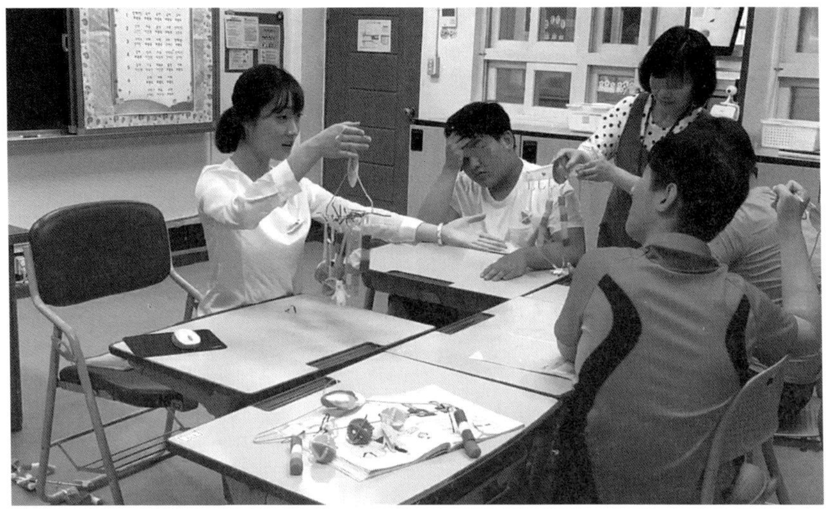

[그림 4-3] 수업활동의 결과물을 보여 주면서 수업내용을 정리하고 강화함

(3) 수업 내용의 전이와 일반화

수업 중 배운 내용을 오래 기억하고 일상생활 속에서 적용하는 것은 아동들에게 중요한 과제이다. 배운 내용은 일상생활 속에 적용할 수 있는 예를 보여 주는 것이 좋다. 예를 들어, 카드 만들기를 했다면 쉬는 시간에 만든 카드를 옆 반 친구나 교사에게 전달해 보는 활동으로 연결할 수 있을 것이다. 혹은 가정과 연계하여 가정에서 학교에서 배운 활동을 다시 한 번 연습할 수 있도록 하거나 가정 혹은 지역사회 안에서 직접 사용될 수 있도록 통신문 등을 통해 안내할 필요가 있다. 또한 수업 중에 배운 내용이 다른 수업활동을 수행하는 과정에 도움이 될 수 있도록 해야 한다.

세심한 교사라면 교과를 통합하여 앞 시간에 배웠던 내용을 다음 시간의 수업주제와 연관 지어 설명해 줄 수도 있다. 이 방법이 중요한 이유는 보통 '전시학습' 상기라고 할 때에 전시는 하루 전 혹은 며칠 전 수업일 수 있기 때문에 장애아동들이 이를 상기하는 데 어려움이 있을 수 있다. 따라서 바로 앞 시간의 활동내용, 활동결과물을 본 시간의 주제와 연관 지어 안내하는 것이 좋은 전략이 될 수 있다. 이를 위해서는 교사가 동일한, 혹은 각기 다른 교과의 수업을 하나의 이야기로 인지하고 이야기와 이야기를 연결해 주는 스토리텔러(storyteller)로서의 역량을 갖출 필요가 있다.

제5장

수업실연(연구수업)의 실제

예비교사 그리고 현장의 교사들은 정기적 · 비정기적으로 수업실연을 할 기회를 갖게 된다. 교사에게 수업전문성은 생명과도 같은 것이기에 좀 더 좋은 수업을 위해 교사들이 노력해야 하는 것은 당연한 일이고 그러한 노력의 하나가 수업실연이다. 수업실연은 실연자와 참관자 모두에게 수업개선을 위한 기회와 경험을 제공하며 수업실연을 통해 단지 교수법의 개선뿐 아니라 교육의 본질에 대한 영감을 공유하기도 한다.

이 책에서 다룬 많은 내용이 실제 수업실기 과정에 적용할 수 있지만 여기서는 예비교사들의 학교현장실습 중 수업실연이나 초임교사의 수업실연 과정에서 고려해야 할 점들을 제시하고자 한다.

1. 수업실연

1) 수업실연의 절차

수업실연, 특히 학교현장실습 등에서 이루어지는 수업실연은 다음과 같이 몇 가지 단계를 거치게 된다.

① 수업내용을 결정한다.

해당 시기에 계획되어 있는 단원과 활동주제를 선정한다. 수업실연을 위한 방법은 수업내용에 영향을 받는다. 어떤 수업내용은 활동적인 참여가 필요하고, 어떤 내용은 정적으로 이루어져야 하는 수업도 있다. 또 어떤 내용은 집단으로 혹은 개별로 참여하도록 계획될 때에 좀 더 효과적으로 전달될 수 있다. 특수교육의 경우에는 일반교육처럼 정해진 주제를 진도에 따라 다루는 것이 쉽지 않다. 따라서 단원 안에서 학급 아동들에게 기능적으로 혹은 학업적으로 가장 필요한 주제를 우선적으로 선택하는 일이 중요한 과제가 된다.

② 교과교재 연구를 실시한다.

수업주제가 정해진 후에는 해당 주제를 깊이 있게 분석하는 교과교재 연구를 실시하게 된다. 해당 주제가 교육과정의 어느 부분에서 도출된 것인지, 그 주제가 장애아동, 특히 현재 가르치고 있는 아동들에게 어떤 의미가 있는지, 해당 교과가 갖는 특성은 무엇이며 교수 · 학습 장면에서 무엇을 중시해야 하는지 등 세밀한 분석을 하게 된다. 교과교재 연구를 통해서 교사는 해당 주제에 대해 거시적 · 미시적 관점과 지식을 갖게 된다. 교사는 해당 주제에 대해서 아동들이 질문하는 것들에 답할 수 있어야 하며, 아동들의 사고를 확장시킬 수 있을 정도로 해당 주제 및 관련 내용을 파악하고 있어야 한다.

③ 다양한 수업방법을 모색하고 수업지도안을 작성한다.

교과교재 연구를 통해서 수업할 내용에 대해 충분히 분석이 이루어진 후에는 학급 아동의 특성에 기초하여 내용을 어떻게 전달할지 방법을 모색하게 된다. 특수교육은 일반교육에 비해 다양한 교수방법을 모색하고 적용하는 데에 전문적인 역량을 발휘하게 된다. 그런데 한 가지 주의할 점이 있다. 흔히 수업방법을 모색하는 과정에서 우리는 관성적으로 학급의 기존 물리적 공간에 수업활동을 맞추려는 경향이 강하다. 그렇다 보니 학급의 의자배열에 적합한 활동, 학급의 책상 크기에 적합한 활동 등으로 활동방법이 제한되는 경우가 많다. 그러나 수업에서 중요한 것은 아동 및 아동에게 전달할 내용이다. 아동과 내용에 따라서 환경을 얼마든지 수정할 수 있다고 생각할 때에 좀 더 다양한 수업방법이 모색될 수 있다. 예를 들어, 미술 시간에 곤충 그리기를 한다고 할 때에 책상 위에서 종이를 오려 곤충을 만들 수도 있지만 교실의 앞에서 끝 쪽까지 길게 끈들을 연결하고 그 위에 곤충그림들을 걸어 보는 좀 더 큰 스케일의 활동을 시도해 볼 수 있다. 이 밖에도 아동들의 눈높이를 바꾸어 누워서 수업하기, 서서 수업하기, 아래로 내려 보면서 수업하기 등 다양한 시도가 가능하다. 이러한 방법들에 대한 충분한 고민이 이루어진 후에는 이를 수업지도안(교수 · 학습 과정안)이라는 틀 안에 담게 되는데, 이때 처음 생각한 활동 프로그램의 70~80% 정도만 담는 것이 좋다. 나머지 여분 시간은 돌발적 상황에 대처하기, 활동 참여를 위해 기다려 주기, 활동 반복하기 등에 사용해야 하기 때문이다.

④ 수업내용을 전달하기 위한 교재교구를 제작한다.

교재교구는 직접 제작하거나 기존의 것을 그대로 혹은 수정하여 사용할 수 있다. 또한 장애아동을 위해 개발된 상업용 교재교구를 사용하거나 장애아동에게 적용할 수 있는 다양한 가용 제품들을 사용할 수도 있다.

⑤ 수업 주제에 맞게 환경을 구성한다.

수업과 연관한 교실의 환경구성은 단순히 교실을 아름답게 꾸미는 것과는 다르다. 교실 환경을 통해서도 수업 주제에 대한 학습이 이루어질 수 있도록 환경을 구성하는 것이다. 예를 들어, '교통기관'을 주제로 삼았다면 교실 안의 게시판 등을 통해서 교통기관과 관련한 다양한 자료들을 확인해 볼 수 있어야 한다. 그리고 실제 수업 중에는 교실환경을 하나의 교재교구처럼 활용하면 좋다.

[그림 5-1] 교실 환경구성의 예

⑥ **수업을 진행한다.**

앞의 준비과정을 통해 철저한 수업준비가 이루어진 후에는 수업을 실시하게 된다. 아마도 이러한 일련의 과정을 모르는 경우는 없을 것이라 생각한다. 단지 수업이 이루어지기까지의 과정을 다시 살펴보면서 교과 교재 연구가 충분히 이루어져 있는지, 관련 교재교구를 적절히 선택하였는지, 학습을 촉진할 수 있도록 환경을 구성해 보았는지 스스로 점검해 보아야 할 것이다. 수업에 익숙해지다 보면 이러한 당연한 과정을 쉽게 생각한다든지 건너뛸 수 있는 위험이 항상 있기 때문이다.

(2) 수업실연의 유의점 및 전략

① **수업지도안에는 처음 생각한 수업활동의 70~80% 정도만 담는다.**

수업실연을 위한 수업계획 시 흔히 범하는 오류는 활동을 촘촘하게 채워 넣는 것이다. 그래야 수업지도안이 그럴듯해 보이기 때문이다. 그러나 만약 교육실습생으로서, 혹은 초임교사로서 수업을 진행하는 경우라면 욕심을 버리고 생각한 활동의 70~80% 정도의 내용만 수업계획안에 넣으라고 조언하고 싶다. 20~30% 정도의 시간은 학생들을 대상으로 발문하기, 기다리기, 기회 주기, 활동 반복하기 등을 위해 사용할 수 있어야 하기 때문이다. 그렇게 하면 학생들은 더 많은 참여의 기회를 가질 수 있을 뿐 아니라 좀 더 확실하게 학습을 할 수 있기 때문이다.

단위 수업시간을 통해 무엇인가를 좀 더 많이 전달하려고 욕심을 내다 보면, 자칫 학생들 입장에서는 활동을 선택하고 활동에 직접 참여할 수 있는 시간이 그만큼 줄어들 수 있음을 기억해야 한다.

또한 계획한 수업이 끊기는 돌발적 상황들이 자주 발생할 수 있기 때문에 이러한 시간 역시 염두에 두어야 한다. 이런 여유의 시간을 두지 않게 되면 교사는 학생들의 반응과 상관없이 서둘러 수업을 진행해야 하는 상황에 직면할 수 있다. 수업지도안에 계획된 내용을 순서대로 진행하고 끝내기 위해 학생들의 반응이나 참여를 돌아볼 수 있는 시간을 마련하지 못하는 것이다.

② 수업의 전체 흐름을 기억한다.

앞에서 수업은 '하나의 이야기'라고 밝힌 바 있다. 교사는 수업이 하나의 재미있는 이야기로 펼쳐질 수 있도록 전체 흐름을 확인하고 기억하는 것이 필요하다. 수업이 비록 여러 작은 활동들로 이루어진다고 할지라도 이야기의 큰 흐름과 주제를 놓치지 않을 때에 교사와 아동 모두에게 의미 있는 좋은 수업이 될 것이다. 이를 위해서는 수업 전체 내용을 하나의 이야기로 머릿속에 기억하고 그 이야기의 흐름을 떠올리면서 머릿속으로 시뮬레이션을 돌려 보는 것이 좋다. 이런 훈련이 되고 나면 문제행동을 포함해서 수업 중에 발생하는 상황들을 이야기의 큰 흐름 속에 포함시킬 수 있을 것이다.

③ 긴장완화를 위해 스스로 전략을 세운다.

이 글을 읽는 분들은 학교에서의 수업시연, 현장실습, 교육실습 혹은 수업발표 등을 통해서 수업을 진행해 본 경험이 있을 것이다. 하지만 여러 참관자들이 앞에 앉아 있다는 사실은 예비교사든, 초임 혹은 경력교사든 수업자에게 긴장요소가 되는 것이 사실이다. 이때 스스로 긴장을 풀기 위한 마인드 컨트롤이 필요하다. 머릿속으로 수업의 전 과정에 대한 시뮬레이션을 돌려 볼 수도 있고, 혹은 긴장완화를 위한 호흡을 할 수도 있을 것이다. 아니면 수업 중간에 적절히 노래나 음악을 배치해서 아동의 주의를 환기시킴과 동시에 교사 자신의 긴장을 줄이는 전략을 세울 수도 있다.

④ 호의적인 참관자와 가끔씩 눈을 마주친다.

수업을 진행하다 보면 어떤 참관자는 무표정하게, 어떤 참관자는 다소 호의적으로, 또 어떤 참관자는 냉정한 분석자의 얼굴로 수업을 참관하고 있을 것이다. 이때 비호의적인 시선을 보여 주는 참관자를 의식하게 되면 긴장수준은 더욱더 높아질 것이다. 따라서 가끔씩 호감을 보이는 참관자의 얼굴을 의도적으로 짧게 바라보고 눈을 맞추는 것은 심리적 긴장완화에 도움이 된다.

⑤ 교실 안의 모든 대상은 교사의 통제 안에 있음을 기억한다.

연구수업의 경우 실제 아동들을 대상으로 수업이 이루어지는 것이기 때문에 모의수업과는 다르다. 즉, 수업 장면에 들어온 참관자들 역시 학생들의 학습에 직·간접적으로 영향을 미칠 수 있기에 수업을 진행하는 수업자는 그러한 환경을 통제하면서 수업의 효과성을 이끌어야 할 책임과 권리가 있는 것이다. 따라서 참관자를 '내 수업을 평가하는 사람'이 아니라 내가 통제해야 할 수업환경의 일부로 인식하고 통제해 나가야 한다. 필요에 따라서는 수업을 위해 적극적으로 활용하는 것도 가능하다. 예를 들어, 색에 대해 공부를 하는 동안 수업자는 "뒤에 앉아 계신 선생님들 중에서 빨간색 넥타이를 맨 분을 찾아보세요."와 같은 활동을 실시할 수도 있다.

⑥ 가벼운 유머가 도움이 된다.

연구수업이든 수업실연이든 유머는 수업자 스스로에게 자신감을 부여하는 좋은 수단이 된다. 수업실연을 하는 중에 참관하는 사람들, 혹은 아동들이 기분 좋게 웃는 모습을 보이게 되면 수업에 대한 자신감이 상승하게 되고 한결 여유를 갖게 된다. 이때 유머는 수업과 관계없는 우스갯소리보다는 경직된 수업실연 장면을 수업의 주제와 연관시켜 가볍게 긴장을 풀어 주는 수준에서 이루어지면 좋다. 수업 중에 실연자를 보고 있는 사람들이 가볍게 웃는 모습을 본다면 그 순간부터 수업에 대한 부담이 한층 줄어들고 수업을 즐기게 된다는 것을 알게 될 것이다. '웃음'은 심리적인 방어막을 허물어 버리는 역할을 한다. 무엇보다 아동들이 행복하게 수업에 참여할 수 있는 환경이 된다. 평소에도 적절한 유머감각을 통해 수업분위기를 편안하게 유지할 수 있는 역량을 갖추는 것도 특수교사의 자질 중 하나라는 생각을 한다.

⑦ 호흡조절에 유의한다.

수업을 진행할 때 교사는 수업 내내 발문(이야기)을 하게 된다. 이때 자신이 하는 말에 문장부호를 넣어서 말하는 습관을 가져 보면 좋다. 마치 연극대본을 연습하듯 내용에 따라서 숨을 쉬거나, 목소리 끝을 높이거나, 혹은 침묵을 유지하는 등의 리듬을 부여하면 수업이 훨씬 자연스럽게 이어진다. 발문을 문장으로 표현했을 때, 쉼표(,)가 있는 경우 쉬었다가 이야기를 해야 한다. 느낌표(!)가 있는 경우 마지막 말에 힘을 줌으로써 느낌을 강하게 표현하고 마침표(.)가 있는 경우 한 박자 쉬었다가 다음 발문으로 이어 가는 식으로 말을 하면 좋다. 흔히 범하는 실수 중의 하나가 쉼표 없이 끊임없이 이야기를 내뱉는 경우이다. 적절히 끊고 적절히 리듬을 갖춘 발문은 실연자와 참관자 그리고 아동들의 수업 집중력을 높일 수 있다.

⑧ 배경음악을 적절히 사용한다.

수업 중 배경음악을 적절히 사용하는 것은 중요하다. 특히 미술교과와 같은 수업활동 중에 작은 배경음악을 활용하는 것은 수업실연자와 학생들에게 안정감을 주고 활동에 집중할 수 있게 한다. 수업 중 교실의 침묵은 수업실연자에게 엄청난 부담이 된다. 따라서 일반적으로 수업 중에 교사는 끊임없이 발문을 해야 할 것 같은 심리적 압박을 받는다. 배경음악을 활용하면 '끊임없는 발문'의 압박을 덜 받게 되고 교사는 일정 시간 동안 발문 없이 편안하게 아동을 지도할 수 있다.

⑨ 수업시간을 엄수한다.

수업실연을 하다 보면 시간이 남거나 반대로 시간이 모자라는 경우가 종종 발생한다. 두 경우 모두 바람직하지 않다. 현장교사들이 시간엄수를 강조하는 이유가 있다. 수업시간이 맞지 않는다는 것은 수업계획이 잘 못 수립되었다는 것을 의미하는 것이다. 즉, 아동의 수준, 과제의 양과 난이도, 과제에 요구되는 시간 등을 충분히 고려하지 못했기에 활동시간이 부족하거나 남는다고 보는 것이다.

⑩ 끝까지 포기하지 않는다.

여러 가지 요인으로 인해 수업이 계획대로 진행되지 않고 어느 순간 더 이상 학생들을 통제할 수 없을 것 같은 느낌이 오는 때가 있다. 이런 상황에 직면하게 되면 머릿속이 하얗게 변하고 순간적인 무기력감에 빠질 수도 있다. 이때는 스스로 마인드 컨트롤을 해서 빨리 벗어나야 한다. 그렇지 않으면 수업을 완전히 망칠 수도 있고, 스스로 깊은 자괴감에 빠질 수도 있기 때문이다. 스스로 "지금부터 다시 해 보는 거야."라는 마음으로 수업의 페이스를 되찾도록 해야 한다. 이때는 의도적으로 한 박자 쉬었다가 다시 수업을 진행하는 것이 좋다. 이를 위해 학급 구호를 외치거나 수업주제와 관련한 노래를 부르면서 전체 학급의 주의를 환기시킬 수도 있다.

(3) 수업실연 평가

수업실연이 이루어지고 난 후 평가가 이루어진다. 이때 평가의 목적과 내용은 당연히 수업실연의 목적과 내용에 따라서 달라질 수 있다. 수업실연이 초임교사의 수업경험과 능력을 향상시키기 위한 것인지, 새로운 교수법을 안내하기 위한 것이었는지, 특정한 부적응행동을 보이는 아동들에 대한 행동지도 사례를 보여 주려는 것인지, 개정된 교육과정 내용의 적용방법을 보여 주려는 것인지 등 여러 목적으로 이루어질 수 있기 때문이다.

수업실연을 참관하는 참관자 역시 이러한 목적에 따라 평가할 영역과 내용에 대해서 충분히 숙지하고 임하는 것이 필요하다.

일반적으로 수업의 평가영역은 수업과 관련하여 얼마나 체계적으로 사전 계획을 수립했는가와 관련된 '학습지도계획 영역', 교사가 얼마나 효과적이고 효율적으로 수업을 진행했는가와 관련된 '교사 수업활동 영역', 학생들이 얼마나 수업에 참여하였는가와 관련한 '학생활동 및 참여 영역', 수업의 효과성을 극대화하기 위해 얼마나 체계적으로 교수매체를 활용했는가와 관련한 '학습 매체활용 영역', 수업의 효과성과 효율성을 위해 환경구성을 계획하였는가와 관련한 '학습환경 영역'의 측면에서 이루어진다.

2. 수업실연 사례

이 절에서는 교육실습생이 실제 실연한 수업 장면을 따라가면서 수업 진행 과정에서 발생할 수 있는 다양한 문제점과 대안을 제시하려고 한다.

수업은 일종의 연극이며, 교사는 배우이다. 교사는 수업계획이라는 대본에 따라 학급이라는 무대에서 학생이라는 관객을 두고 연극 공연을 하는 것이다. 단, 배우가 일방적으로 공연을 펼치는 것이 아니라 관객인 학생과 함께 호흡하며 함께 진행하는 연극인 것이다. 또한 수업이라는 연극은 각본에 따라 오차 없이 진행되는 연극이 아니다. 기본적인 각본의 틀은 따르되 관객의 반응에 따라 자유로운 애드리브(ad-lib)가 요구되는 융통성을 지닌 연극이라고 할 수 있다.

수업을 진행하다 보면 각각의 교사가 갖는 개인적 버릇들이 나타나게 된다. 그리고 어떤 버릇들은 관객이 배우와 이야기 상황에 집중하는 것을 방해할 정도로 문제가 될 수 있다. 하지만 습관적으로 몸에 붙은 이런 버릇들은 쉽게 고쳐지지 않다. 따라서 자신의 수업을 보면서 문제가 되는 부분을 의식적으로 교정하는 과정이 필요하다. 각 대학의 '수업행동분석실'은 이러한 좋지 않은 습관들을 교정하고 효과적인 수업진행을 위한 기술들을 훈련하기 위한 곳이다. 물론 각 개인이 갖고 있는 강점들을 찾아 이를 발전시키기 위한 곳이기도 하다.

지금부터 한 수업을 따라가면서 제시하게 되는 피드백은 절대적으로 옳거나 그른 것은 아니다. 수업이 이루어지고 있는 상황과 맥락에 따라서 어떤 경우에는 장점으로 작용하는 것이 어떤 경우에는 부정적으로 작용할 수도 있기 때문이다.

사례로 제시한 수업은 다소 중증의 장애아동들을 대상으로 이루어진 좋은 수업이었음에도 불구하고 수업 중에 빈번하게 발생할 수 있는 문제들과 그 대안에 대한 사례를 보여 주기 위해서 의도적으로 몇몇 장면만을 담아 기술한 것이다. 즉, 수업이 이루어진 상황적 맥락을 충분히 반영하지 않았음을 미리 밝힌다. 실제 수업장면이므로 아동들의 초상권 문제로 인해 간단한 이미지 작업이 이루어졌다. 이 장에서 따라가 볼 수업의 전체적인 내용은 다음과 같다.

① 단원: 화폐 사용

② 주제: 동전으로 문구점에서 학용품 사기(3/5)

③ 대상: 지적장애학교 5학년(5명)

④ 본시학습 지도안

<table>
<tr><td>교과</td><td colspan="2">사회</td><td>일시</td><td>○년 ○월 ○일 ○교시</td><td>차시</td><td>3/5</td></tr>
<tr><td>단원</td><td colspan="2">2-15. 화폐사용</td><td>학반</td><td>5학년 ○반</td><td>지도교사</td><td>○○○</td></tr>
<tr><td>제재</td><td colspan="2">동전으로 문구점에서 물건 구입하기</td><td>장소</td><td>5학년 ○반 교실</td><td>보조교사</td><td>○○○</td></tr>
<tr><td rowspan="3">학습
목표</td><td>열매</td><td>김○○
이○○</td><td colspan="4">스스로 사고 싶은 물건 3개를 골라 동전으로 구입할 수 있다.</td></tr>
<tr><td>새싹</td><td>박○○</td><td colspan="4">교사의 언어적 도움을 받아 사고 싶은 물건 2개를 구입할 수 있다.</td></tr>
<tr><td>씨앗</td><td>최○○
한○○</td><td colspan="4">교사의 전반적 도움을 받아 사고 싶은 물건 1개를 구입할 수 있다.</td></tr>
</table>

<table>
<tr><td rowspan="2">단계</td><td rowspan="2">활동 과정</td><td colspan="3">교수 · 학습 활동</td><td rowspan="2">시량
(분)</td><td rowspan="2">자료([자]) 및
유의점([유])</td></tr>
<tr><td>열매</td><td>새싹</td><td>씨앗</td></tr>
<tr><td rowspan="5">도입</td><td>주의집중하기</td><td colspan="3">• 인사한다.</td><td rowspan="5">6</td><td rowspan="5">[자] 동영상(동전으로 무엇을 살까), 학습문제판</td></tr>
<tr><td rowspan="2">전시학습 상기</td><td colspan="3">• 지폐를 펼치면서 전시학습을 상기시킨다.</td></tr>
<tr><td>-1,000원이오.
-5,000원이오.
-10,000원이오.</td><td>-1,000원을 손으로 가리킨다.</td><td>-착석하여 교사를 본다.</td></tr>
<tr><td>학습동기 유발</td><td colspan="3">• 동전으로 무엇을 살까 동영상을 시청한다.</td></tr>
<tr><td>학습목표 제시</td><td colspan="3">• 동전으로 문구점에서 물건을 구입할 수 있다.</td></tr>
<tr><td rowspan="2">전개</td><td rowspan="2">활동 1:
물건 구입 순서 알아보기</td><td colspan="3">• 물건 구입 순서를 알아보기</td><td rowspan="2">30</td><td rowspan="2">[자] ‘사요송’ 동영상(물건 구입 순서를 노래로 개사한 것)</td></tr>
<tr><td>-스스로 물건 구입 과정이 담긴 그림 3개를 순서에 맞게 붙인다.</td><td>-교사의 언어적 촉구를 받아 물건 구입 과정이 담긴 그림 2개 이상을 순서에 맞게 붙인다.</td><td>-교사의 촉구를 받아 물건 구입 과정이 담긴 그림 1개를 붙인다.</td></tr>
</table>

<table>
<tr><td rowspan="4"></td><td rowspan="2">활동 2:
물건 구입 계획 세우기</td><td colspan="3">• 물건 구입 계획 세우기</td><td rowspan="4"></td><td rowspan="2">[자] 문구점 전단지, 화폐모음판, 물건 구입계획판
[유] 물건을 탐색할 시간을 충분히 준다.</td></tr>
<tr><td>–사고 싶은 물건을 3개 골라서 물건 구입계획판에 붙인다.</td><td>–사고 싶은 물건을 2개 골라서 물건 구입 계획판에 붙인다.</td><td>–사고 싶은 물건을 1개 골라서 물건 구입 계획판에 붙인다.</td></tr>
<tr><td rowspan="2">활동 3:
물건 구입하기</td><td colspan="3">• 물건 구입하기</td><td rowspan="2">[자] 실제 동전, 문구류, 계산대, 영수증, 사요송 동영상, 지갑</td></tr>
<tr><td>–스스로 줄을 서서 물건을 구입한다.</td><td>–언어적 지시를 듣고 줄을 서서 물건을 구입한다.</td><td>–교사와 함께 줄을 서서 물건을 구입한다.</td></tr>
<tr><td rowspan="4">정리</td><td rowspan="2">수업정리</td><td colspan="3">• 구입한 물건을 친구들에게 보여 주고 발표한다.</td><td rowspan="4">4</td><td rowspan="4">[유] 학생들에게 구체적인 피드백을 한다.</td></tr>
<tr><td>–어떤 물건을 샀는지 단어로 말한다.</td><td colspan="2">–물건을 꺼내서 친구들에게 보여 준다.</td></tr>
<tr><td>평가 및 강화</td><td colspan="3">• 서로에게 박수로 칭찬할 수 있도록 한다.</td></tr>
<tr><td>다음 시간 안내</td><td colspan="3">• 다음 시간에는 슈퍼마켓에서 물건 사기를 안내하기
–바른 자세로 끝까지 듣고 인사한다.</td></tr>
<tr><td rowspan="3">평가 계획</td><td>열매</td><td>김○○
임○○</td><td colspan="4">내가 사고 싶은 물건 3개를 골라 동전으로 구입할 수 있는가?</td></tr>
<tr><td>새싹</td><td>한○○</td><td colspan="4">교사의 언어적 도움을 받아 내가 사고 싶은 물건 두 가지를 구입할 수 있는가?</td></tr>
<tr><td>씨앗</td><td>안○○
이○○</td><td colspan="4">교사의 전반적 도움을 받아 내가 사고 싶은 물건 한 가지를 구입할 수 있는가?</td></tr>
</table>

1 수업 전 학생들의 주의집중을 유도한다

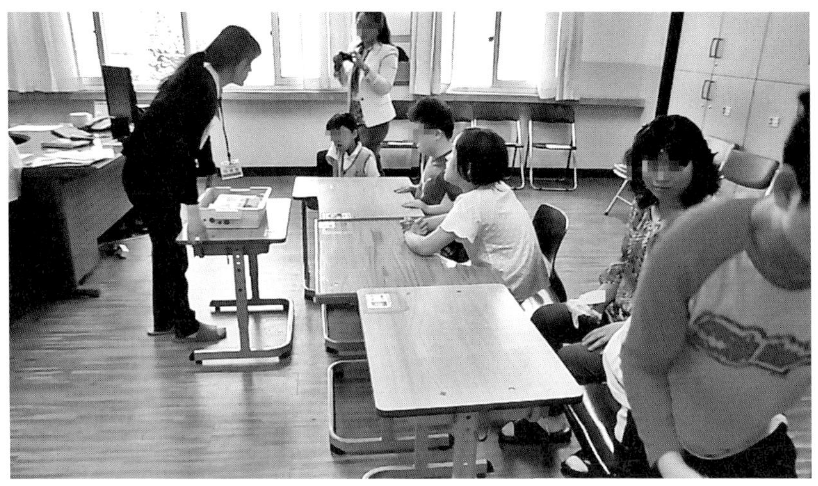

① 수업상황: 수업 시작 전에 교사가 학생들의 주의를 집중시키고 있는 장면이다. 교사는 학생에게 말을 걸면서 수업에 대해 소개를 하고 있다.

② 예상되는 문제: 교사의 오른쪽 끝에 있는 학생은 교사의 눈을 벗어났으며 자리를 이탈하고 있다.

③ 대안: 일자형 배열보다는 ㄷ자형 책상 배열 등을 통해 학생들을 최대한 교사의 시선 범위 안에 넣어 두는 것이 좋다. 또한 수업의 시작 부분이므로 자리를 일어난 아동에게 인사를 시킴으로써 아동의 움직임(자리이탈)을 의미 있게 전환해 주는 것도 방법이 될 수 있다.

④ 기타: 특수교육 실무원의 경우 활동에 따라 달라질 수는 있지만 학생 옆에 앉기보다는 뒤에 앉는 것이 좋다. 학생이 좀 더 주체적으로 수업에 참여할 수 있도록 최소한의 촉구와 도움을 제공할 수 있고 자

리이탈 행동의 조짐이 보일 때, 이를 통제하기에 좀 더 수월할 수 있다. 또한 의자 등받이 뒤에 실무원이 앉는 경우 아동이 실무원과 신체적으로 직접 접촉함으로써 자세가 흐트러지는 것을 어느 정도 막을 수 있다.

2 대표 학생에게 인사를 시킨다

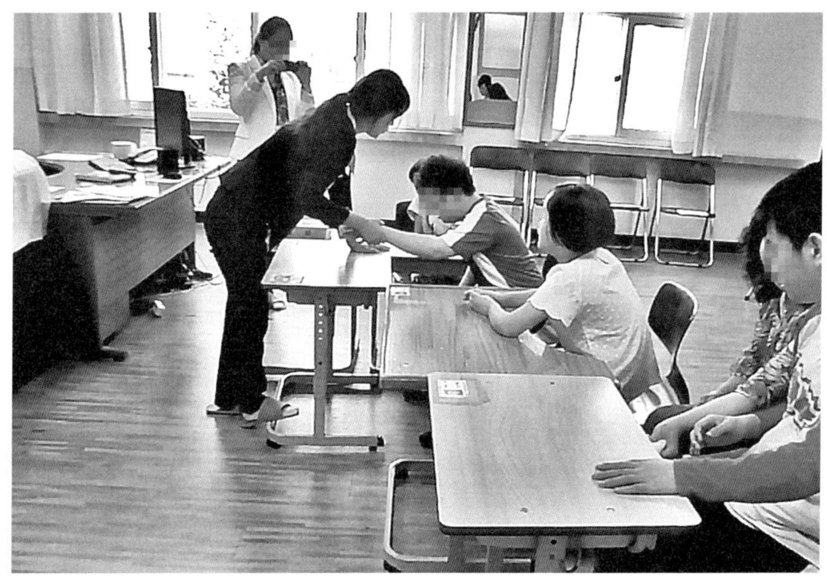

① 수업상황: 대표 학생에게 인사를 시키면서 아동이 일어설 공간을 확보하기 위해 책상을 앞으로 뺐다가 인사 후 다시 책상을 밀어 앉게 하고 있다.

② 예상되는 문제: 수업 중 책상, 의자 등의 과도한 이동과 움직임은 소음을 일으키고 이러한 소음은 주변을 산만하게 하거나 아동의 주의

를 흐트러뜨릴 수 있다.

③ 대안: 가능한 한 책상을 움직이지 않도록 사전에 충분한 공간을 마련한다. 또한 의자를 뒤로 미는 것에 익숙한 아동들에게 의자의 옆으로 일어서는 것을 가르칠 수 있다. 필요하다면 의자나 책상에 고무테이프 등을 감아 소음을 감소시킬 수도 있다.

3 아동들과 개별 인사를 나눈다

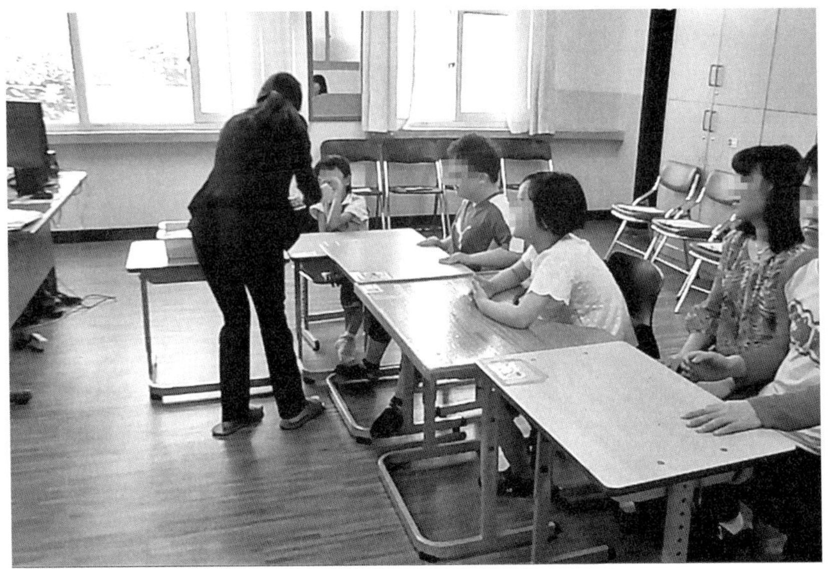

① 수업상황: 전체 인사를 끝낸 후, 한 아동씩 돌아가면서 개별 인사를 나누고 있다.

② 예상되는 문제: 교사가 한 아동과 인사를 나누는 동안 다른 아동들의 반응을 살피기 어렵다. 또한 이러한 상황에 아동들은 자리 이탈을

할 수도 있는데, 교사는 아동들과 등을 지고 있기 때문에 자리이탈 상황이 발생했을 때 빠르게 대응하기 어렵다.

③ 대안: 수업 전체 장면에서 가장 신경을 써야 하는 부분은 아동들에게 가능한 한 등을 보이지 않는 것이다. 달리 말하면 전체 아동들을 교사의 시선 안에 두는 것이 중요하다. 교사는 개별 아동과 눈을 마주치거나 손뼉을 마주친 후 바로 전체 아동에게 시선을 돌릴 수 있는 위치에 있어야 한다. 그림에서처럼 왼쪽 아동에게 다가설 때에는 아동들의 중앙 지점에 서서 오른쪽 발을 고정한 상태에서 왼쪽 발을 아동 쪽으로 옮기며 파이팅을 한 후 다시 원위치할 수 있다. 마찬가지로 오른쪽 아동에게 다가설 때에는 왼발을 고정시킨 상태에서 오른쪽 발을 아동 쪽으로 옮기며 파이팅을 한 후 다시 원위치하는 것이다.

4 학생의 관심 끌기 행동에 교사가 반응한다

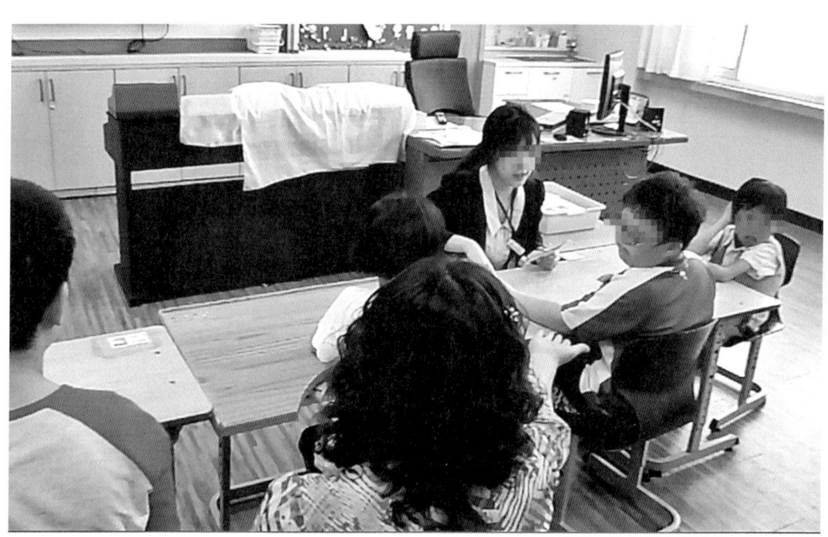

① 수업상황: 교사가 지폐를 보여 주면서 전시학습을 상기시키고 있는데, 아동은 자신이 좋아하는 장난감을 주머니에서 꺼내 교사에게 보여 준다. 그러자 교사는 수업이 끝나면 돌려주겠다고 말하면서 장난감을 달라고 요구한다. 동시에 뒤에 앉아 있던 실무원도 장난감을 내놓으라고 손을 내밀고 있다.

② 예상되는 문제: 수업 시작부터 이 아동은 주머니에 있는 장난감 때문에 제대로 집중하지 못하고 있다. 교사가 장난감을 맡아 두었다가 수업 끝나고 주겠다고 말할 때, 실무원이 동시에 손을 내밀자 아동은 실무원을 쳐다보고 있다. 이러한 상황은 수업장면에서 두 성인 중 누구의 지시에 집중해야 하는지 명확하지 않아 아동의 주의를 더 흐트러뜨릴 수 있다.

③ 대안: 교사는 아동이 수업 중 주의를 빼앗길 수 있는 여지가 있는 점들을 사전에 점검해야 한다. 한편, 수업장면에서 아동의 행동에 대한 지시는 교사가 내려야 하며, 필요한 경우에는 "실무원 선생님께서 맡아 주실 거야." 정도로 말한 후, 실무원이 장난감을 회수하도록 할 수도 있다. 어떤 상황에 대해 성인 2명이 동시에 어떤 행동을 요구하는 일은 없어야 한다.

④ 기타: 아동이 좋아하는 장난감이 있다는 것은 이를 매개로 수업참여를 높일 수 있음을 의미한다. 이 수업의 주제가 물건 구입하기인 만큼, 아동이 좋아하는 장난감을 구입해야 할 물건 목록에 넣어 활동을 제시한다면 아동의 수업 참여도를 높일 수 있다.

5 아동에게 회수한 장난감을 교탁 위에 치운다

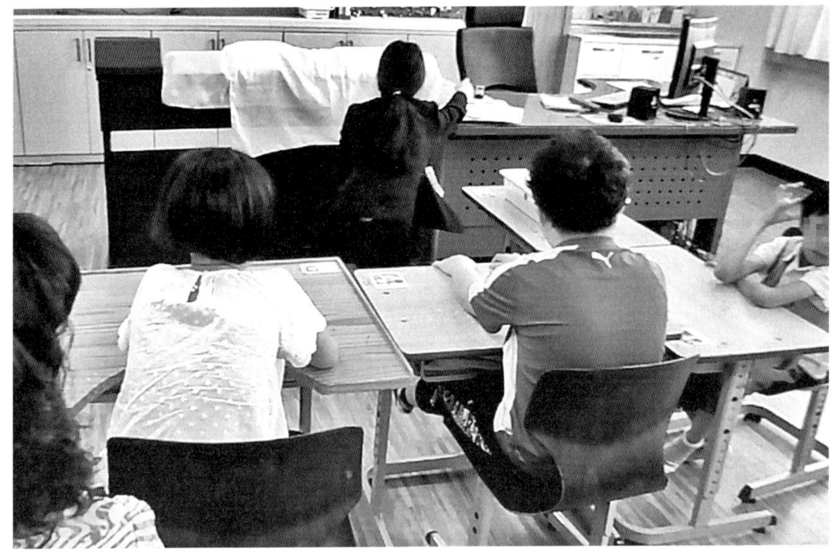

① 수업상황: 교사는 장난감을 회수하여 나중에 돌려줄 것이라고 말한 후, 교탁 위에 올려놓는다.

② 예상되는 문제: 교사는 아동이 좋아하는 장난감을 아동이 바로 볼 수 있는 교탁 위에 올려놓는다. 이는 수업 중에 지속적으로 아동의 주의를 분산시킬 수 있으며 활동에 집중하는 데 방해가 될 수도 있다.

③ 대안: 회수한 장난감을 보이지 않는 곳에 둔다. 혹은 아동과 과제수행 결과에 따라 장난감을 가질 수 있다고 약속을 함으로써 수업에 대한 동기를 이끄는 수단으로 활용할 수도 있을 것이다.

6 교사가 지폐를 보여 주면서 전시학습을 상기시킨다

① 수업상황: 전시학습 내용을 소개하기 위해 아동들에게 지폐를 보여 주면서 지난 시간에 화폐에 대해서 배웠음을 상기시키고 있다.

② 예상되는 문제: 교사는 아동들과의 눈높이를 맞추기 위해 앉은 자세에서 지폐를 보여 주고 있다. 하지만 엉거주춤 앉아서 지폐를 보여 주다 보니 한 아동에서 다른 아동에게로 이동하는 데에 어려움을 보인다. 이러한 상황은 아동과의 눈높이를 맞추려는 본래의 시도와 달리 교사 자신이 움직이는 데에 매우 부자연스러울 수 있고, 자료를 세심하기 보여 주기도 어렵다.

③ 대안: 교사가 완전히 바닥에 앉기보다는 허리를 숙여 아동에게 향하는 것처럼 움직임에 어려움이 없을 정도로 자세를 취하는 것이 좋다.

또한 작은 지폐를 아동들에게 보여 주고 설명하는 것보다는 아동들이 직접 만져 볼 수 있도록 허락하는 것이 전시학습을 상기시키는 데에 효과적일 것으로 보인다. 더욱이 일상생활과 직접적으로 관련이 되는 수업이기에 아동별로 실제 지폐, 동전 등을 나누어 만져 보게 하고 이후 바꾸어서 만져 보도록 하는 것도 방법일 것이다.

7 수업의 목표를 확인하는 활동에 아동을 참여시킨다

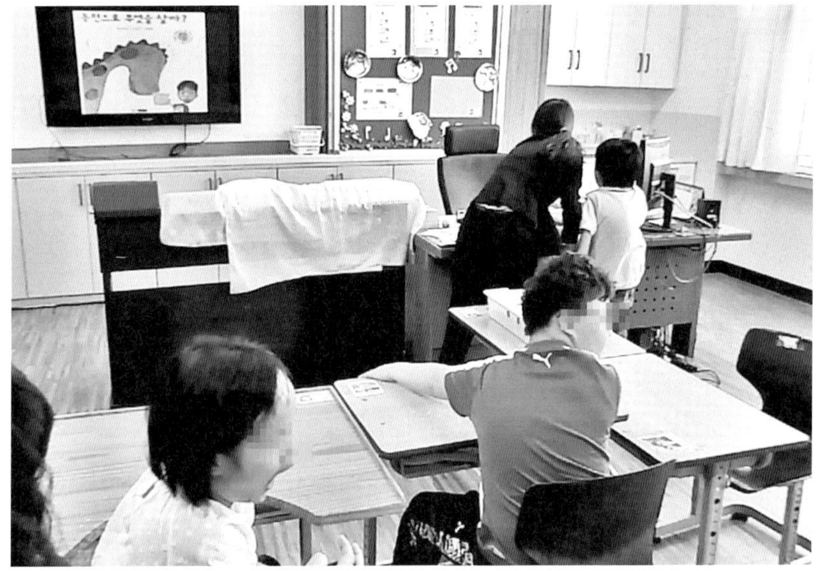

① 수업상황: 영상을 활용해서 수업목표를 제시하는 장면에서 활동참여를 위해 교사가 아동을 불러낸다. 그리고 교사는 마우스로 파워포인트 창을 열어 보도록 지도하고 있다.

② 예상되는 문제: 교사가 아동을 참여시키는 것은 매우 바람직하다. 그

러나 이 장면에서도 교사는 아동들에게 등을 보임으로써 학급 아동들을 시선에서 놓치고 있다. 이내 아동들의 주의는 흐트러지게 된다.

③ 대안: 파워포인트 조작을 위해 마우스를 사용하기보다는 무선 포인터 등을 사용할 수 있다. 학생들은 자기 자리에 앉아서 화면을 조정하는 기회를 가질 수 있다.

8 수업목표 제시를 위한 영상 프로그램에 문제가 발생한다

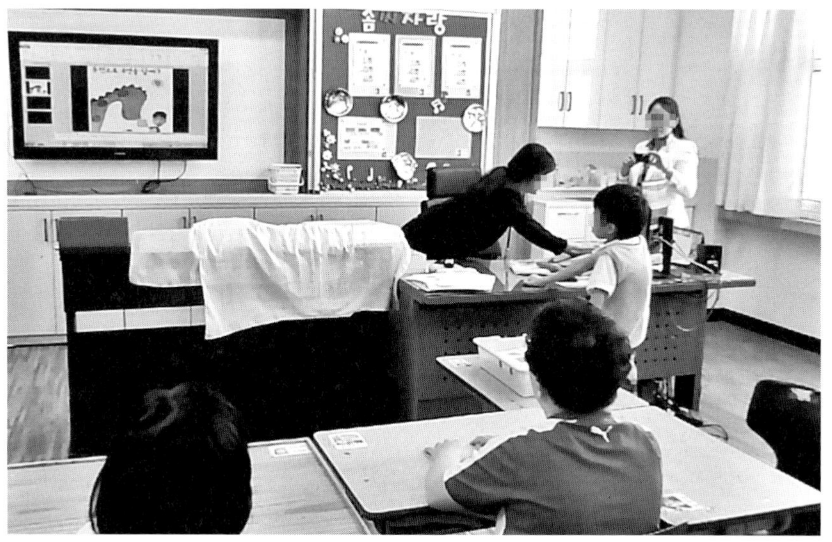

① 수업상황: 아동으로 하여금 수업목표를 담은 영상을 열도록 했지만 영상이 움직이지 않는다. 아동을 세워 둔 채로 교사는 급히 교탁으로 돌아가 컴퓨터를 확인하고 있다.

② 예상되는 문제: ICT매체를 활용하는 경우 인터넷 끊김, 프로그램 문제 등 여러 요인들로 인해 수업이 중단되는 경우가 있다. 이렇게 되

면 수업은 정지가 되고, 아동들은 순간적으로 방치되게 된다.

③ 대안: ICT 자료 등을 활용할 때에는 반드시 사전에 점검을 해야 한다. 특히 멀티미디어를 통해 보여 주는 내용이 수업의 중요한 부분을 차지하는 경우에는 더욱더 사전 점검이 필요하다고 하겠다. 또한 가능하면 인터넷을 연결하여 프로그램을 열기보다는 컴퓨터에 자료를 저장하여 사용하는 것이 좀 더 안정적일 수 있다.

9 아동에게 다가가 수업목표에 대해서 확인한다

① 수업상황: 영상을 통해 수업목표를 확인한 후, 아동에게 다가가 자세한 수업목표를 확인하고 있다. 전체 수업을 통해서 교사는 주로 이 아동 앞에서 발문을 하게 되는데, 이는 활동참여의 수준이 가장 높은

아동이기 때문이다.

② 예상되는 문제: 수업 과정에서 염두에 두어야 할 것은 교사가 한두 아동에게만 주의를 집중하지 않아야 한다는 것이다. 그러함에도 적지 않은 교사들은 수업참여도가 높은 아동 혹은 부적응 행동을 많이 보이는 아동에게 집중을 하는 경향이 있다. 이렇게 되면 나머지 아동들은 수업에서 소외되게 되는데, 문제는 이러한 상황을 교사 자신이 잘 인지하지 못한다는 것이다.

③ 대안: 설명은 전체 아동에게 짧게, 간단하게 하고 그 내용 중 일부를 각 아동에게 물어보는 방식으로 발문을 한다. 또한 발문은 반드시 말로 대답하도록 할 것이 아니라 그림 선택하기, 손 들기, 하이파이브하기 등 다양한 방법으로 반응할 수 있도록 한다. 앞 사진의 경우 교사는 교사의 질문에 짧지만 언어적으로 답변을 할 수 있는 아동에게만 맞추어 발문을 하다 보니 다른 아동들은 소외되고 있다. 따라서 나머지 아동들에게는 언어가 아닌 다른 형태로 답변이 가능하도록 의사소통의 통로(예: AAC 등)를 만들어 줄 필요가 있다.

10 아동이 책상에 엎드리자, 옆 아동에게 대신 설명한다

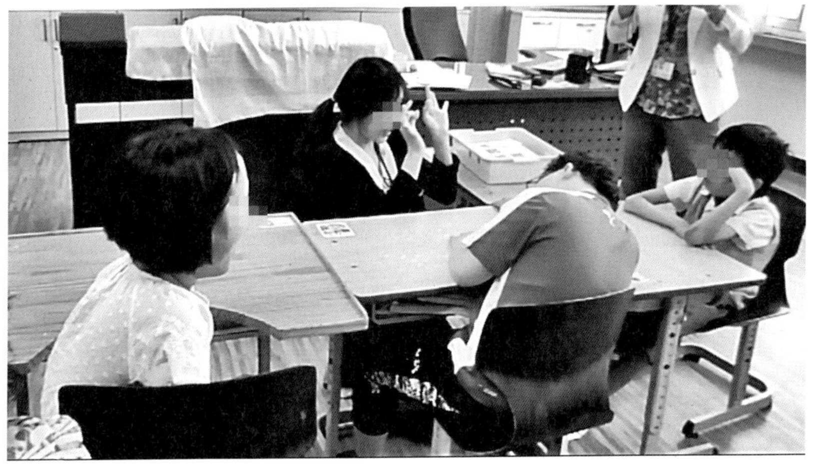

① 수업상황: 교사는 아동에게 다가가 수업목표에 대해서 질문을 한다. 하지만 아동이 듣지 않고 엎드리는 행동을 보이자 고개를 돌려 옆 아동을 바라보면서 설명을 하고 있다.

② 예상되는 문제: 교사는 정면의 아동이 집중을 하지 않자 고개를 돌려 왼쪽의 아동에게 이야기를 하고 있다. 교사는 쪼그리고 앉아 있는 상황이라 고개만 돌려서 이야기를 하고 있다. 이러한 상황들은 교사가 구체적으로 누구와 이야기를 하는지 알려 주지 않는다. 즉, 몸은 정면 아동을 향해 있으면서 얼굴은 왼쪽 아동을 바라보는 어정쩡한 상황이 된 것이다. 또한 오른쪽에 있는 아동과는 상대적으로 거리가 멀리 떨어져 있어서 몸을 돌려 설명하기 어려운 상황이다. 교사는 다시 일어나서 오른쪽 아동에게 걸어가야만 하는 상황인데, 이러한 동작들이 많아질수록 아동들의 주의를 산만하게 할 수 있다.

③ 대안: 교사는 가능한 한 전체 아동을 시야에 넣을 수 있는 자리에 위치한 상태에서 가볍게 몸과 시선을 돌리며 아동별 발문을 유도한다.

11 학습목표를 알아보기 위해 아동을 앞으로 불러낸다

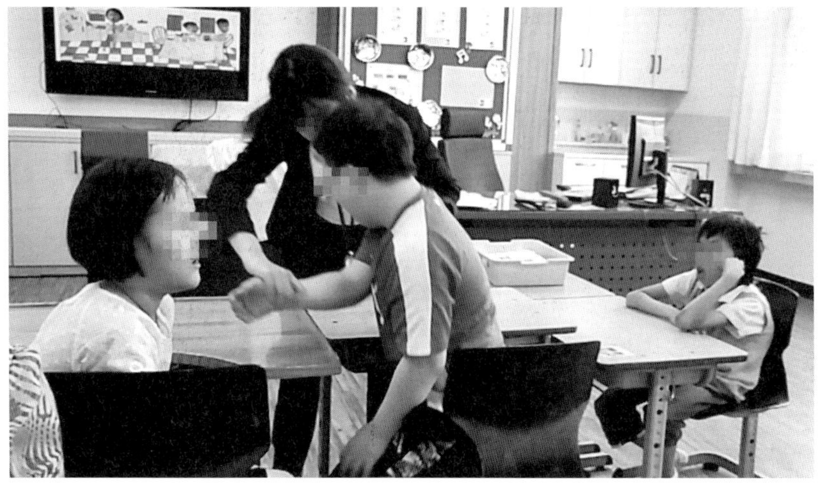

① 수업상황: 교사는 학습목표를 알아보기 위한 활동(목표를 가려 놓은 스티커를 떼어 내기)을 위해 나가려고 하지 않는 아동의 팔을 이끌며 불러내고 있다.

② 예상되는 문제: 교사는 아동의 손을 잡고 교탁 앞으로 불러내고 있다. 이 아동은 수업 초부터 계속 책상에 엎드리거나 주의를 기울이지 않는 행동을 보였으며 교사가 다가가 이야기를 하거나 신체적으로 안내를 하면 활동에 참여를 하는 특성을 보여 주었다. 따라서 이 아동의 경우 교사의 신체적 접촉은 관심 끌기에 대한 강화인으로 작용하고 있다.

③ 대안: 이 경우 교사는 신체적인 접촉을 최소로 하는 대신 신체적 · 언어적 촉구를 통해서 아동의 행동을 유도하는 것이 필요하다. 특히 아동과 실랑이를 벌이면서 시간을 끌기보다는 짧은 신체적 · 언어적 촉구와 함께 한 번 제안을 하고 반응이 없으면 바로 다른 아동에게 기회를 준 후 다시 활동을 권해 보기를 반복하는 방식으로 접근할 필요가 있다. 즉, 활동참여를 위해 길게 씨름하고 잡아끄는 방식 대신에 짧게 제안하기 → 반응이 없을 시 곧바로 다른 아동을 참여시키기 → 다시 짧게 제안하기를 반복하는 것이 좋다. 한 아동과의 씨름은 교사 스스로 심리적인 소진을 불러일으킬 뿐 아니라 수업 전체의 리듬을 깰 수 있기 때문이다.

12 아동의 박수치는 행동에 관심을 보인다

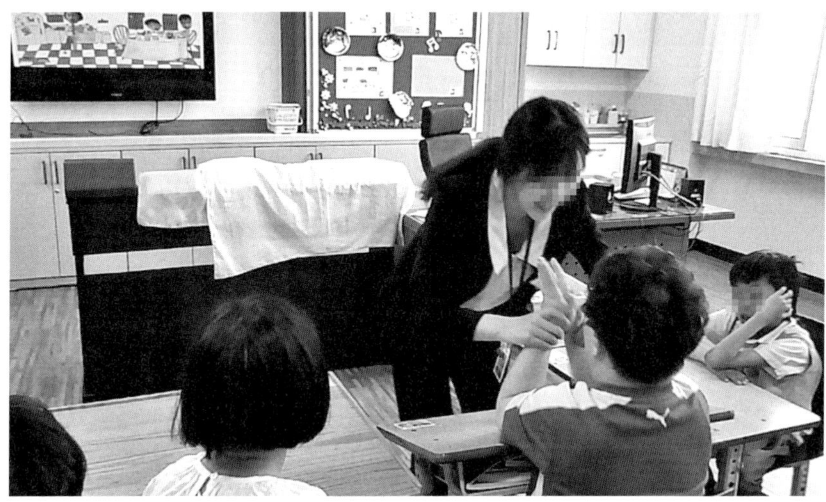

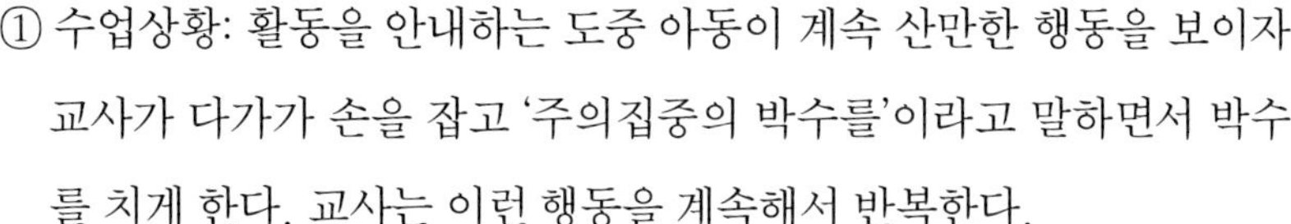

① 수업상황: 활동을 안내하는 도중 아동이 계속 산만한 행동을 보이자 교사가 다가가 손을 잡고 '주의집중의 박수를'이라고 말하면서 박수를 치게 한다. 교사는 이런 행동을 계속해서 반복한다.

② 예상되는 문제: 아동의 손을 잡고 박수를 치는 것은 실질적인 주의집중을 이끌 수 없으며, 오히려 교사의 관심을 받기 위한 활동으로 이어질 가능성이 크다.

③ 대안: 수업 중 계속 아동에게 다가와 신체적 접촉을 하면서 주의를 집중시키기보다는 잠시 동안 침묵을 하면서 눈을 마주친다거나 간단한 촉구 혹은 신체적으로 접촉이 없는 제스처를 통해 집중할 것을 요구할 수도 있다. 또한 집중을 위한 박수를 아동 개인이 아니라 학급 전체 아동들을 대상으로 요구함으로써 중간중간 학급의 분위기를 점검하는 것이 좋다.

13 활동순서 안내를 위해 컴퓨터를 조작한다

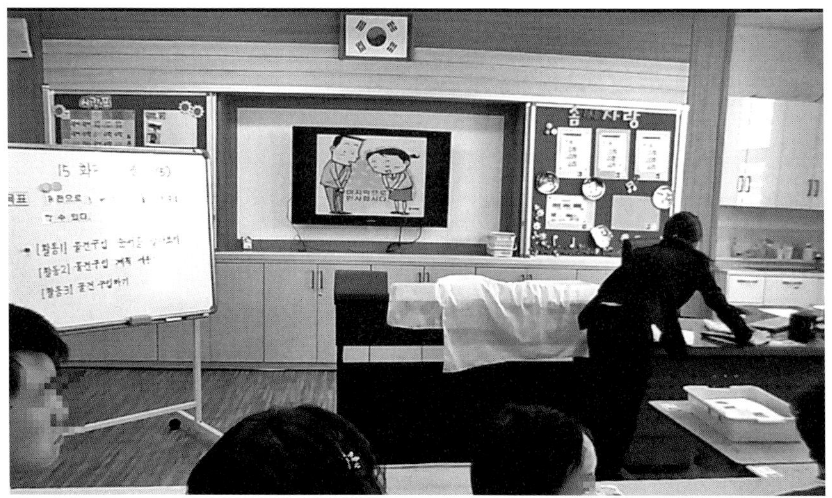

① 수업상황: 교사는 물건을 구입하는 방법에 대한 영상이 담긴 자료를 제시하기 위해 교탁 위의 컴퓨터를 다루고 있다.

② 예상되는 문제: 교사는 아동들과 완전히 등을 돌리고 컴퓨터를 조작하고 있다. 이런 경우 아동들의 움직임이나 반응 등을 확인할 수 없다. 아주 짧은 시간 안에도 교실 전체의 분위기는 흐트러질 수 있다.

③ 대안: 앞에서 여러 장면에서 계속 제시한 것처럼 교사의 시선은 항상 아동 전체를 바라보면서 기기를 조작할 필요가 있다. 따라서 기기는 교사가 아동을 바라보면서 조작할 수 있는 위치에서 쉽게 접근하고 조작할 수 있도록 사전에 세팅되어 있어야 한다. 또한 무선마우스나 프리젠터 등을 통해서 무선으로 컴퓨터 자료를 통제하는 것도 좋은 방법이다.

14 물건 사는 방법이 담긴 영상을 보여 준다

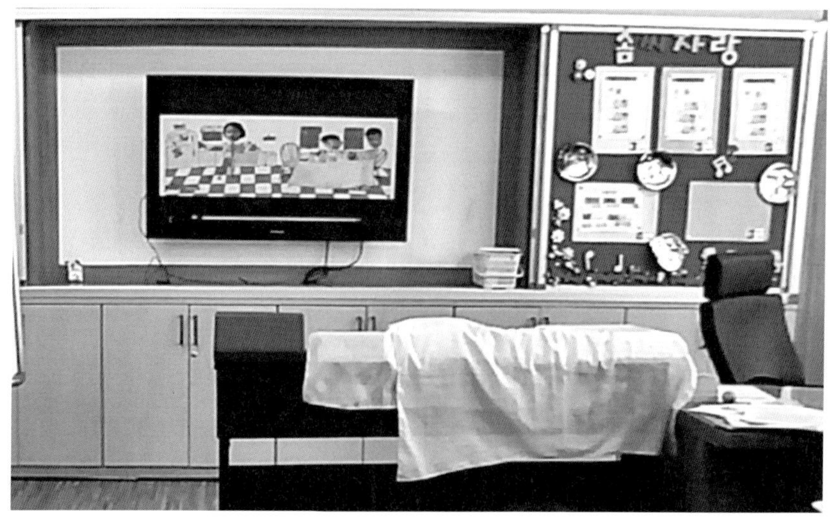

① 수업상황: 교사는 마트에서 물건을 구입하는 과정을 교사 자신이 출연한 영상(영상에 대사한 노래를 붙임)을 통해 제시하고 있다. 그리고 영상에는 각 장면에 대한 사진과 자막이 붙어 있다.

② 예상되는 문제: 음악이나 노래에 전달하려는 내용을 담아 제시하는 것은 아동의 주의집중을 끌 수 있다는 점에서 긍정적이다. 하지만 아동들은 연속적인 활동단계를 담은 음악영상을 시청하면서 전체 이야기(물건 구입 과정)를 이해하는 것이 쉽지 않다. 특히 컴퓨터를 통한 음악영상은 한 번 플레이할 때마다 아동들의 주의집중 여부와 상관없이 처음부터 끝까지 재생이 되는 관계로 더욱더 전체 이야기를 이해하기 어렵다.

한편, 전면을 보면 화면과 학생들이 앉아 있는 공간 사이에 교재교구들이 쌓여 있어서 선택적인 주의집중에 어려움이 있는 아동들에게 시각적 장애물로 작용할 수 있다. 이러한 부분들은 수업 전 전체 학급의 공간배치를 확인하면서 점검해야 하는 부분이다.

③ 대안: 물건을 구입하는 전체 과정을 중요한 몇 단계로 나눈 후 이를 보여 주되 각 단계에서의 핵심내용을 2~3회 정도 반복해서 들려주는 것이 좋다. 이를 위해서는 기존의 노래를 그대로 사용하기보다는 교사가 직접 노래를 부르되, 아동의 반응을 살펴 가면서 전달할 내용 부분에서 크게, 혹은 느리게 변화를 주면서 불러 줄 수 있다. 기존의 멀티미디어 자료를 활용한다면 한 소절씩 잘라서 반복하여 들려주고 나중에 전체를 이어서 들려주는 것도 좋다.

15 수업 실물자료를 보여 준다

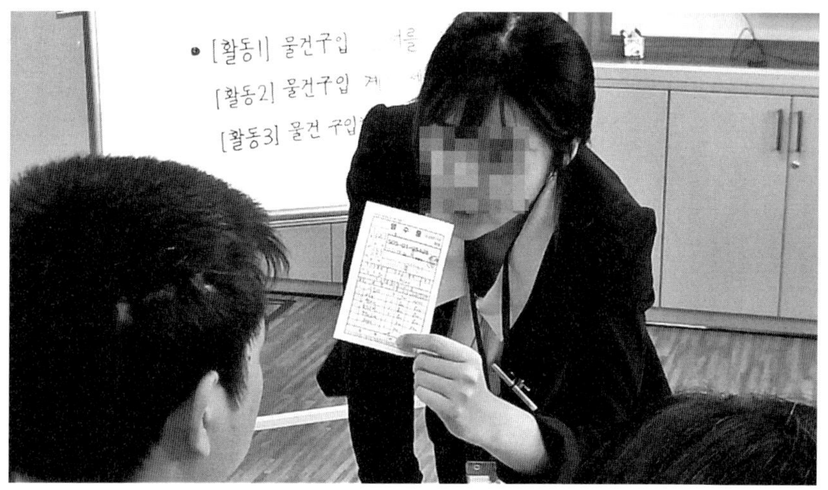

① 수업상황: 물건 구입 순서를 알아보는 과정에서 실제 영수증을 보여 주고 있다.

② 예상되는 문제: 교사는 아동에게 아주 짧은 시간 동안 영수증을 보여 주면서 물건을 사고 나면 받게 되는 것이라고 설명한다. 하지만 이렇게 시각과 언어적 설명만으로 이루어지는 자료 제시는 아동의 관심을 끌거나 그 의미를 이해시키는 데에 어려움이 있다.

③ 대안: 아주 짧게라도 실제 물건 구입 과정을 시범 보이면서 영수증을 건네주는 모습을 보여 줄 수 있다. 즉, 상황으로 의미를 알려 주는 것이다. 이런 짧은 시범은 아동이 직접 할 수도 있고, 특수교육 실무원을 활용할 수도 있다. 또한 자료를 보여 주는 것뿐 아니라 직접 만져 보면서 감각적으로 그 느낌을 느껴 보도록 하는 것도 중요하다.

16 아동의 뒤에서 활동과 관련한 영상을 함께 시청한다

① 수업상황: 수업활동과 관련한 영상을 틀어 놓고 영상이 나오는 동안 교사가 아동의 뒤에서 손을 잡아 박수를 치게 한다.

② 예상되는 문제: 교사가 아동의 뒤에서 손을 잡고 함께 노래를 부르는 까닭에 일부 아동의 주의가 영상에서 뒤에 서 있는 교사로 옮겨갈 수 있다.

③ 대안: 교사가 이야기를 하거나, 영상을 보여 주거나 할 경우 아동들이 집중해야 하는 대상에 집중할 수 있도록 주변 자극들은 제시하지 않는 것이 좋다. 교사가 뒤에 서 있을 경우 아동의 고개를 가볍게 영상 쪽으로 돌려 주어 영상에 주의를 집중하도록 안내하는 선에서 역할을 해야 한다. 특히 아동과 신체적인 접촉은 최소로 하는 것이 필요하다. 사진에서처럼 아동의 손을 잡아 주는 것과 같은 신체적 접촉은 아동을 의존적으로 만들고, 주의를 흐트러뜨릴 가능성이 크기 때문이다.

17 활동을 위해 실무원이 직접적인 도움을 제공한다

① 수업상황: 활동지에 스티커를 붙이는 상황이다. 사진의 맨 앞쪽(우측) 아동은 손사용이 어려워 스티커를 집지 못한다. 이에 실무원은 아동의 손을 잡은 채로 자신이 모든 활동을 수행한다.

② 예상되는 문제: 이런 상황은 실제 수업장면에서 자주 발생한다. 아동은 실무원의 도움에 전적으로 의존하게 되며, 결국 매우 수동적으로 수업에 참여하게 된다.

③ 대안: 실무원의 도움은 교사와 마찬가지로 최소한의 촉구를 통해서 아동의 자발적 참여를 유도해야 한다. 아동이 소근육 협응의 문제로 스티커를 집어 들기 힘들다면 손가락이나 손바닥에 양면테이프를 붙여 줄 수 있다. 손가락으로 스티커를 집어 드는 대신에 손가락이나 손바닥으로 스티커를 눌러 양면테이프에 스티커가 붙도록 하는 것

이다. 이러한 활동은 손가락으로 작은 스티커를 집어 드는 활동을 대신할 수 있다. 이때 유의할 것은 양면테이프로 책상 위를 몇 번 눌렀다 떼어서 접착력을 떨어뜨려야 양면테이프에 스티커가 너무 단단하게 붙는 것을 방지할 수 있다. 이러한 교수적 수정은 교사에 의해 사전에 계획되어야 하며, 실무원은 최소한의 촉구를 통해서 아동의 독립적인 수행을 높일 수 있도록 해야 한다.

18 과제에 대해서 학생들의 반응 속도가 다르다

① 수업상황: 수업활동을 하는 도중에 한 아동에게 조금 오랜 시간 동안 주의를 기울이고 있다. 그동안 한 아동은 실무원의 도움을 받아 활동을 끝낸 후 기다리고 있고, 다른 아동은 아직 활동을 시작하지 않았다.

② 예상되는 문제: 수업 중 아동들의 수행능력이나 관심이 다른 관계로

활동수행의 시간차가 발생한다. 이때 너무 빨리 끝내거나 너무 늦게 끝난 아동 간의 시간차가 클수록 아동은 그냥 방치되는 상황이 발생한다. 따라서 과제는 아동의 수행능력에 따라 과제의 난이도나 수를 달리해야 한다.

③ 대안: 활동의 수를 아동별로 달리한다. 혹은 같은 활동이라도 활동판의 크기나 재질, 참여방법을 달리함으로써 시간적 차이를 줄여 준다.

19 그림을 판에 붙이는 활동을 한다

① 수업상황: 사고 싶은 물건을 3개 골라 물건 구입판에 붙이는 상황이다. 교사는 아동들에게 각각 교구를 제시하고, 해당 방법에 대해서 설명하고 있다.

② 예상되는 문제: 이 학급의 경우 아동들 대부분 혼자서 과제를 수행

하는 것에 어려움이 있다. 그러함에도 각 아동별로 교재교구들을 제시한 후 아동에게 교재교구에 대해 설명하고 있다. 따라서 책상 위에는 여러 가지 교재교구들이 섞여 있다. 이 경우 아동들은 활동에도, 교재교구에도 집중하기 어려운 문제가 발생한다.

③ 대안: 교재교구를 전체 아동에게 나누어 줄 수도 있지만 하나의 큰 활동을 중심으로 각각의 아동이 개별적으로 참여하는 방법을 적용할 수도 있다. 또한 몇 단계의 과정을 거치거나 여러 가지 교재교구를 사용하는 경우에는 교재교구의 수를 최소한으로 제한하여 아동들에게 제공함으로써 교재교구로 인해 산만해지지 않도록 하고, 각 단계에서 어떤 활동을 해야 하는지 명확히 알려 주어야 한다.

20 역할놀이 형태로 물건 구입하기 활동을 수행시킨다

① 수업상황: 아동이 교탁 앞으로 나와 원하는 물건을 직접 구입해 보는 장면이다. 이 아동의 경우 소근육 발달이 잘 되어 있지 않아 지갑 열기, 동전 세기 등의 활동에 대해 교사가 직접적인 도움을 주고 있다. 그렇다 보니 아동의 곁에 붙어서 함께 활동을 수행하고 있다.

② 예상되는 문제: 교사와 호명되어 나온 아동의 활동을 의자에 앉아 있는 나머지 아동들이 관찰할 수 없는 상황이다. 따라서 아동들은 교사의 시야에서 완전히 벗어날 뿐 아니라 관찰을 통한 간접적 활동참여에서도 배제될 수 있다.

③ 대안: 아동이 1명씩 나와 활동을 할 경우, 두 가지를 고려해야 한다. 첫 번째는 호명된 아동이 활동에 참여하는 것이고, 두 번째는 앉아 있는 아동들이 호명되어 활동을 수행하고 있는 아동의 활동을 관찰하도록 하는 것이다. 따라서 1명씩 나와 활동을 수행하는 경우 앉아 있는 학생들이 활동내용을 확인할 수 있도록 위치와 방향을 고려해야 한다. 특히 돈을 내면서 물건을 사는 경우 동전이 작아서 보이지 않기 때문에 물건을 구입하는 곳을 아동들 앞쪽이나 대각선 쪽으로 배치하여 아동들이 확인할 수 있게 한다. 이 아동처럼 지퍼가 달린 지갑을 사용하기 어려운 경우 고무지갑처럼 다루기 쉬운 지갑을 활용하는 방법을 사용함으로써 교사의 지원을 최소화할 수 있다.

21 일어서려 하지 않는 아동을 일으켜 세운다

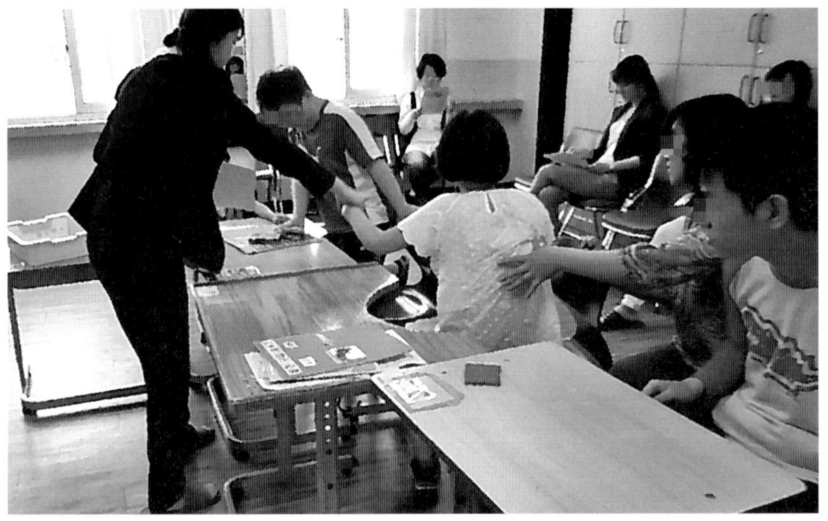

① 수업상황: 교사가 활동을 위해 아동을 부르지만 움직이지 않는다. 그러자 교사는 아동의 손을 잡고 활동에 참여시키려고 한다. 아동은 중간에 다시 의자에 앉아서 움직이려고 하지 않는다.

② 예상되는 문제: 이 아동은 자리에서 일어나려고 하지 않는 특성을 갖고 있음에도 자리 배치상 중간 자리에 앉아 있다. 그렇다 보니 교탁까지 나오려면 왼쪽이든 오른쪽이든 옆 아동을 거쳐서 교실 앞으로 나와야 하는 상황이다. 이 과정에서 옆 아동들의 주의를 흐트러뜨릴 수 있다.

③ 대안: 자리에서 자주 일어나려는 아동만큼이나 자리에서 일어나려고 하지 않는 아동 역시 수업참여에 어려움이 있다. 따라서 이 아동의 경우 전체 책상배열 시 가장 끝 쪽에 앉게 함으로써 다른 아동들

을 방해하지 않고 교탁으로 나올 수 있도록 배치해야 한다. 즉, 활동을 위해 앞으로 나오기 위한 동선을 가능한 한 짧게 잡는 것이다.

22 아동을 시야에서 놓친다

① 수업상황: 아동에게 활동을 시키기 위해 교재교구를 준비하는 동안 아동은 의자로 돌아가려고 한다.

② 예상되는 문제: 교사가 아동을 시야에서 놓치게 되면 활동의 리듬이 다시 깨지게 된다. 위 상황에서처럼 교사는 어렵게 아동을 교탁 앞까지 데리고 나왔지만 잠시 시선을 빼앗기는 사이에 아동은 다시 자리로 돌아가려고 한다. 이렇게 되면 교사는 처음 단계로 돌아와 아동을 참여시키기 위해 행동을 취해야 하고 그 과정에서 수업장면은 다시 산만해질 수 있다.

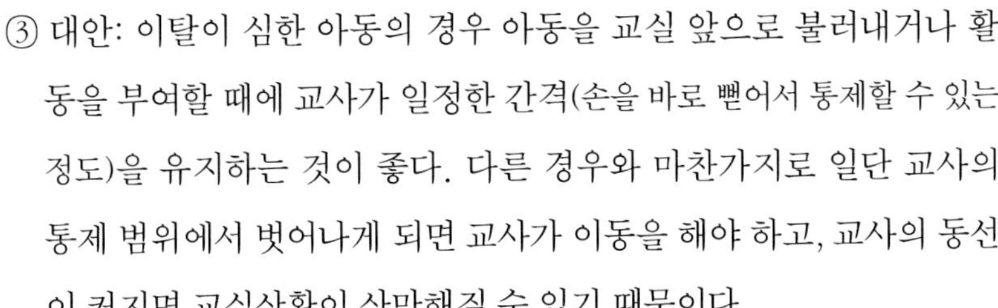

③ 대안: 이탈이 심한 아동의 경우 아동을 교실 앞으로 불러내거나 활동을 부여할 때에 교사가 일정한 간격(손을 바로 뻗어서 통제할 수 있는 정도)을 유지하는 것이 좋다. 다른 경우와 마찬가지로 일단 교사의 통제 범위에서 벗어나게 되면 교사가 이동을 해야 하고, 교사의 동선이 커지면 교실상황이 산만해질 수 있기 때문이다.
또한 교재교구는 항상 전체 아동들을 확인하면서도 쉽게 접근할 수 있는 위치와 거리에 두어야 한다.

23 마치는 인사를 한다

① 수업상황: 활동을 종료하고 인사를 나눈다. 교사는 대표로 인사를 하는 아동의 앞에서 인사를 시키고 있다.

② 예상되는 문제: 현재 수업을 마치고 전체 아동이 인사를 나누는 시간임에도 교사는 인사 나누기가 가능한 한 아동과 인사를 나누고 있다. 전체 아동을 대상으로 하는 활동과 개별아동을 대상으로 하는 활동이 구분되지 못한 상황이다.

③ 대안: 대표 아동에게 인사를 시킬 수도 있지만 전체적으로 반응이 매우 부족한 학급의 경우 전체 인사 후, 개별인사를 하거나 혹은 마침 인사를 개별적으로 하는 것도 고려해 보아야 한다. 마침인사는 수업과 관련하여 서로에게 격려하는 측면도 있고 수업활동이 종결되었음을 알려 주는 것으로서 여러 교시의 수업에 참여해야 하는 아동들에게 일과에 대한 일종의 규칙을 제공하는 것이기도 하다. 따라서 명확히 알려 주는 것이 필요하다.

제6장

자기 수업개선을 위한 수업분석

서두에서 밝힌 바와 같이 '좋은 수업'에 대한 생각과 관점은 서로 다를 수 있다. 또한 객관적으로 평가할 수 없는 수업의 영역도 적지 않다. 그러함에도 교사들은 장애아동을 교육하는 전문가로서 끊임없이 자신의 수업을 반성해 보고 부족한 부분들을 채워 나가야 하는 것은 분명하다. 자기 수업의 문제를 찾고 개선해 나가기 위해서는 우선적으로 자신의 수업을 객관적으로 분석해 보는 것이 필요하다.

수업분석은 수업관찰 및 기록에서부터 수업기록의 분석, 수업반성 및 비평에 이르기까지 수업과 관련하여 일어나는 모든 사실과 현상을 가능한 한 상세하게 관찰, 기록하여 이를 토대로 구체적으로 분석하는 수업에 관한 종합적인 연구활동을 말한다(백영균 외, 2015).

물론 수업을 완전히 객관적으로 분석한다는 것은 어려움이 있다. 또한 개인이 자신의 수업을 이토록 체계적으로 분석해 본다는 것도 어렵다. 하지만 수업을 바라보는 일정한 틀을 통해 자신의 수업을 분석해 보면 수업의 문제 혹은 장점을 조금은 객관화시켜서 바라볼 수 있게 될 것이다.

1. 반성적 수업분석

수업분석에는 두 가지 측면이 있다. 첫 번째는 수업의 내용을 분석하는 것으로, 이는 수업이 교과, 해당 단원, 제재의 목표나 내용요소 등을 잘 반영하고 있는지를 살펴보는 것이다. 또 다른 측면은 수업의 형식적인 면을 분석하는 것으로서, 교사가 사용하는 수업지도방법이나 전략, 교재교구의 활용, 수업테크닉과 같은 것들을 대상으로 한다. 좋은 수업을 위한 수업분석에는 이 두 가지 요소들이 모두 포함될 필요가 있다.

한편, 최근에는 교사 스스로 자신의 수업을 개선하려는 반성적 수업분석이 중요하게 고려되고 있다. 반성적 수업분석이란 '교사가 수업을 진행한 후 자신의 수업행동을 되돌아보고 수업과정에서 일어난 상황에 대한 이유와 원인을 스스로 평가하여 보다 나은 수업개선을 위해 노력하는 일련의 자기반성과 발전의 과정'을 의미한다(김태석, 2009). 교사로서 좋은 수업을 진행하기 위해서는 모범이 될 만한 좋은 수업을 관찰하는 기회를 자주 갖는 것과 함께 자신의 수업을 되돌아보고 이를 통해 지속적으로 수업을 개선해 나가야 하겠다.

2. 수업분석의 절차

수업실연이 이루어지고 이에 대한 분석을 하기 위해서는 일반적으로 다음의 단계와 내용을 생각해 볼 수 있다.

① 수업 전 단계: 준비 및 설계 단계

- 수업관찰을 위한 수업분석의 목적 및 준거확인
- 수업참관에 따른 수업분석의 기획 및 설계

② 수업 중 단계: 수업 참관에 따른 판단 근거 수집단계

- 수업분석 준거의 설정
- 수업분석 자료의 수집
- 수업분석 기준의 결정

③ 수업 후 단계: 수업참관 후 판단 및 정리 단계

- 분석적 판단의 실시
- 수업분석 결과의 보고 및 활용

3. 수업분석의 영역 및 내용

〈표 6-1〉은 특수학교 교사의 수업능력 평가항목의 예로서 지식, 계획, 실천적 전문성 개발이라는 큰 영역과 그에 따른 세부 요소들을 제시한 것이다. 이러한 요소와 내용은 수업을 평가하기 위한 아이디어를 제공할 수 있다.

〈표 6-1〉 수업 능력 평가요소 및 평가기준

평가영역		평가요소	평가기준
I 지식	1. 교과내용 및 교수법 이해	1-1 교과내용의 이해	특수학교 교육과정의 교과와 관련하여 교과 내용의 구조, 내용 간의 선수관계 및 인접 학문과의 연계성을 파악하고 있다.
		1-2 교수법 이해	특수학교 교육과정 내용을 의미 있는 학습 경험으로 변환하는 방법과 아동들이 지닌 오개념 및 그에 대한 대처 방안을 알고 있다.
	2. 아동이해	2-1 발달·학습 특성이해	아동들의 발달적 특성과 학습과정, 선행지식을 이해하고 있다.
		2-2 행동특성 이해	아동들의 행동특성을 이해하고, 아동 개개인에게 적절한 학습 기회를 주고 있다.
II 계획	3. 수업설계	3-1 학습목표 설정	아동들의 다양한 특성과 요구에 따라 학습목표를 타당하게 설정하고, 평가 가능하도록 명료하게 진술하고 있다.
		3-2 교수·학습과정 구조화	학습 목표에 따라 내용을 진술하고 아동들이 학습경험을 할 수 있도록 수업지도안을 구안하며, 집단 구성 및 자료, 매체 활동에 대한 계획 등을 적절하게 수립하고 있다.
		3-3 평가계획	학습결과를 확인하기 위해 학습 목표와 일관된 평가기준과 방법을 마련하고, 아동의 수행을 구체적으로 확인할 수 있는 평가계획을 수립하고 있다.
III 실천	4. 장애의 다양성을 고려한 학습환경 조성	4-1 심리적 환경조성	교사와 아동, 아동과 아동 사이의 상호작용이 활발하고 원만하게 이루어지도록 하며, 서로 협력하는 학습분위기를 조성한다.
		4-2 물리적 환경조성	모든 아동이 학습 활동에 적극적으로 참여하고 아동들 간에 상호작용이 활발하게 일어나도록 물리적 환경을 안전하고 효율적으로 배치하고 있다.
		4-3 학급운영 및 생활지도	수업이 효율적으로 이루어지도록 학급일과와 규칙을 수립·적용하고, 일정한 행동 기준에 의해 아동들을 공평하게 지도한다.
		4-4 장애 유형의 다양성 고려	장애 특성에 따른 다양한 행동 및 언어장애가 있는 아동의 독특한 요구를 고려하여 학습환경을 조성하고 수업을 실행한다.
		4-5 중증장애 아동의 학습 참여지원	중증장애로 인하여 교육적으로 소외되는 아동들의 요구와 상황을 고려하여 평등하고 공정하게 대하며 수업을 실행한다.

III 실 천	5. 수업실행	5-1 동기유발	아동들의 선행지식을 점검하고 활성화하며 생활 속에서의 경험과 흥미를 학습목표와 관련시켜 학습활동의 방향을 적절한 방향으로 안내한다.
		5-2 수업전략 적용	학습목표 및 내용과 아동의 수준 및 요구 등을 고려하여 수업전략을 적용하며, 예상하지 못한 상황에 적절히 대응하여 지도한다.
		5-3 학습참여 활성화	아동들이 의미 있는 경험을 통해 기초학습을 충실히 하고 능동적으로 지식을 구성하여 사고를 확장시킬 수 있도록 다양한 학습활동과 과제 수행에 적극 참여를 유도한다.
		5-4 언어사용	말의 빠르기, 명료성, 수준에 맞는 적절한 어휘사용, 그리고 얼굴표정, 시선, 몸짓 등이 아동들과 의사소통하는 데 적절하다.
		5-5 질문하기	아동의 특성과 수준을 고려한 질문을 사용하여 아동들의 이해와 사고를 촉진하고 아동들의 상호작용을 활성화한다.
		5-6 피드백 사용	아동들의 이해 정도를 점검하고 학습효과를 증진시키기 위하여 아동의 활동이나 응답에 대해 적시에 정확하고 구체적이며 상황에 적절하게 피드백을 제공한다.
		5-7 매체활용	아동들에게 효율적이고 의미 있는 학습기회를 제공하기 위해 적절한 수업자료, 교수매체, 그리고 자원을 활용한다.
		5-8 아동평가	학습목표 및 내용과 아동의 특성에 알맞은 평가기준, 방법, 도구를 적절히 활용하여 평가하고 보상하며, 평가결과를 향후 수업개선에 활용한다.
IV 전 문 성	6. 전문성 개발	6-1 수업반성	자신이 실행한 수업을 체계적으로 성찰하여, 그 결과를 교수활동 개선의 기초 자료로 활용한다.
		6-2 협력체제 활용	전문성 개발을 위해 관리자 및 동료 교사와 협력하여 수업개선에 힘쓰며 학부모, 실무원, 지역사회와 협력하여 아동들의 발달과 학습을 위해 노력한다.
		6-3 전문성 개발노력	수업의 전문성 개발을 위해 사회변화에 따른 교육 동향에 민감하며, 자신의 수업과 관련하여 연구하는 자세를 가지고 지속적으로 노력한다.

* 출처: 전병운(2008). 특수학교교사 수업능력 평가 기준. 한국특수교육학회 춘계학술대회 자료집. pp. 111-113.

4. 수업분석 및 개선을 위한 마이크로티칭

마이크로티칭(microteaching)은 수업행동개선을 위한 한 방법이라고 할 수 있다. 마이크로티칭은 학급규모와 수업시간을 축약한 수업경험(Allen & Ryan, 1969)을 의미한다. 학급의 규모나 시간, 과제복잡성 등을 단순화한 환경 속에서 수업을 연습해 보는 것을 말하는데, 예비교사와 현직교사들을 대상으로 교실 크기와 수업시간을 비롯하여 수업내용과 수업기법, 아동 수 등 여러 차원에서 실제 수업장면을 압축한 모의수업장면을 녹화하고 이를 재생하여 분석한 다음, 피드백을 통해 재수업하는 과정을 통해 수업을 개선하고 교사로서의 전문성을 개발하는 교사교육 방법을 의미한다(조영남, 2011). 특수교육 분야에서는 이미 오래전부터 장애아동들의 부적응 행동이나 교사행동을 개선하기 위한 비디오 활용 등이 널리 활용되어 왔다. 특수교육 교사 양성 기관에는 수업행동분석실이 설치되어 있기 때문에 마이크로티칭의 과정이 그리 낯설지 않을 것이라 생각한다.

1) 마이크로티칭의 과정

마이크로티칭은 크게 수업계획, 수업실행, 평가, 재수업의 과정으로 이루어진다(조영남, 1993).

① 수업계획하기

마이크로티칭을 위한 제반 준비과정이 포함된다. 여기에는 수업의 대상, 목적, 형태, 영역, 장소, 공간, 기자재 등에 대한 계획이 이루어진다.

② 수업실행하기

사전계획에 따른 수업을 실행한다.

③ 피드백 및 평가

수업에 대한 다양한 피드백이 이루어진다. 피드백은 마이크로티칭을 계획하는 단계에서 설정한 구체적인 목표들에 따라 이루어질 수 있다.

④ 피드백 및 평가에 따른 재수업

피드백을 근거로 수업의 강점과 약점들을 파악하고 필요한 부분에 대해서 재수업을 실시할 수 있다. 재수업은 피드백을 통해 발견된 문제들을 교정하고 강점을 강화한 형태로 이루어진다.

[그림 6-1] 마이크로티칭을 위한 모의수업

* 마이크로티칭은 수업과 관련한 개인의 장 · 단점을 찾아 집중적으로 신장 혹은 개선하기 위해 사용할 수 있다.

2) 마이크로티칭의 규칙

마이크로티칭은 수업시연자의 수업을 분석하고 피드백을 제공하는 과정을 거치는 관계로 피드백이 자칫 시연자에 대한 비판으로 오해될 수도 있다. 이에 따라 마이크로티칭과 관련하여 참가자와 수업자가 지켜야 하는 규칙들이 있다(조벽, 2012).

〈표 6-2〉 마이크로티칭 시 지켜야 하는 규칙

참가자가 지켜야 하는 규칙
① 자존심을 버릴 수 있도록 간단히 절차 의식을 치른다. • "우리 모두 문밖에 나갔다가 다시 들어옵시다. 들어오실 때에는 우리가 두껍게 껴입고 있는 '자존심'이란 외투를 옷걸이에 걸어 두십시오." ② 의미 없는 코멘트로 시간을 낭비하지 않는다. • "앞에 다른 분들이 이미 제가 하고 싶은 말을 다 하셨기 때문에……"라는 말을 하지 않는다. ③ 단점을 먼저 말하고 장점을 말한다. ④ 단점을 지적할 때에는 미안해하거나 돌려서 말하지 않고 직설적으로 한다. ⑤ 단점을 하나 말하면 반드시 장점도 하나 말한다. ⑥ 장점을 구체적으로 지적한다. ⑦ 단점을 지적하면 가급적 동시에 해결할 수 있는 방안을 제시한다. ⑧ 남의 발표를 듣는 동안 참가자는 아동의 입장이 되어 참여한다.
수업자가 지켜야 하는 규칙
① 발표자는 코멘트에 대한 코멘트를 하지 않아야 한다. • 코멘트에 대해 방어와 반박을 하다 보면 쉽게 논쟁이 되어 버린다. • 코멘트의 수용 여부는 발표자에게 달려 있다.

* 출처: 조벽(2012). 조벽 교수의 수업 컨설팅. 서울: 해냄. pp. 110-116의 내용을 요약하여 표로 재구성.

3) 언어 상호작용 분석

수업은 거의 대부분이 이야기를 통해서 진행이 된다. 따라서 교사로서 학생들과 어떻게 언어적 상호작용을 하는가를 통해 수업을 분석할 수 있는데, Flanders(1970)는 〈표 6-3〉과 같이 수업상황에서 교사와 학생과의 상호작용을 10개의 범주로 나누어서 관찰할 수 있도록 하였다.

〈표 6-3〉 언어 상호작용 분석법의 10개 범주

<table>
<tr><td rowspan="4">교사의 발언</td><td rowspan="4">비지시적 발언</td><td>1</td><td>감정의 수용</td><td>학습 분위기를 긍정적으로 조성하고 긴장을 완화시키기 위한 교사의 발언. 주로 비위협적인 방법으로 학생의 감정을 수용하거나 명료화하는 형태로 나타나며, 감정을 예측하거나 회상하는 것도 포함한다. 수업 전에 학습태세를 갖추기 위한 동기유발 전략 발언과 수업 중 수업내용과 직접적 관련성 없는 발언도 포함한다.</td></tr>
<tr><td>2</td><td>칭찬이나 격려</td><td>학생을 칭찬하거나 격려. 직접적인 칭찬과 격려뿐만 아니라 '네' '맞아요' '으흠' '그렇지'와 같이 학생의 말에 대응해 주는 형태로도 나타난다.</td></tr>
<tr><td>3</td><td>학생의 생각을 수용하거나 사용하기</td><td>학생이 어떤 말을 하였으나 표현방법의 불명확성으로 인해 다른 학생들이 그 내용을 잘 이해하지 못하면 교사가 이를 논리적으로 다시 말해 준다. 또한 학생이 길게 이야기한 것을 교사가 요점을 간추려 말하는 경우, 학생이 말한 것을 교사가 받아들여 학생의 말을 되풀이하여 강의를 계속하는 경우가 있다.</td></tr>
<tr><td>4</td><td>질문하기</td><td>교사는 학생이 대답할 것을 기대하고 묻는다. 다른 항목과 중복되는 범주가 있더라도 질문을 우선순위로 본다.</td></tr>
</table>

	지시적 발언	5	강의	수업목표에 도달하기 위한 내용이나 절차에 대해 설명하고 제시한다. 학습내용과 관련하여 교사 자신의 아이디어를 표현하고 내용을 설명한다.
		6	지시	학생에게 행동을 요구하거나 변화시키려는 의도로 하는 수업자의 언어다. 특히 주의집중이나 벌을 주기 위한 의도로 사용된다.
		7	비평 또는 권위적 발언	교사가 학생을 비난하거나 꾸짖는 말이다. 왜 그렇게 해야만 하는가에 대한 이유를 설명하는 것이나 극단적인 자기 자랑도 포함한다. 대개의 경우 수업 내용과 관련성이 없다.
학생의 발언	반응	8	학생의 언어적 반응	교사가 유도한 질문에 대하여 학생이 반응적으로 답변한다. 교사가 지명하여 하는 답변이나 학생들이 함께 대답하는 경우가 포함된다.
	주도	9	학생의 언어적 주도	학생이 주도적으로 대답하기 때문에 자발성이 높다. 학생이 적극적으로 질문을 하거나 자진해서 대답하는 경우, 학생은 주로 자신의 아이디어를 중심으로 표현한다.
침묵		10	침묵 또는 혼란	교사가 학생 간 언어적 상호작용이 나타나지 않을 때는 기타로 분류한다. 예를 들어, 실험, 실습, 토론, 책 읽기, 동영상 시청, 머뭇거리는 것, 잠시 동안의 침묵과 수업에 무관한 발언 등이 이에 포함된다.

* 출처: 백영균 외(2015). 스마트 시대의 교육방법 및 교육공학(4판). 서울: 학지사. pp. 336-337.

Flanders의 언어 상호작용 분석은 매 3초마다 범주숫자를 기록하여 분석에 사용하게 된다. 관찰자의 도움을 받을 수도 있고 여의치 않을 경우, 자신의 수업을 비디오로 촬영한 후, 자신이 어떤 방식으로 언어적 상호작용을 하고 있는지 확인해 볼 수 있을 것이다.

좀 더 쉬운 방법은 스마트폰의 녹음기를 사용해서 자신의 수업내용을 녹음해 보는 것이다. 이는 아주 쉽고 간단한 방법이지만 자신의 수업 중 언어적 상호작용 특성을 돌아보는 데 매우 효과적이다. 필자는 교사시절 수업내용을 녹음해서 들어 본 적이 있다. 놀랍게도 수업 중 가장 많이 사용하는 말이 '예쁘게 앉으세요.' '안 돼요.'와 같은 행동 통제적 용어였다. 나름대로 긍정적인 언어를 많이 사용한다고 생각했었는데, 실상은 완전히 달랐던 것이다.

4) 수업개선을 위한 노력

일반적으로 같은 교실 공간에서 같은 아동들을 대상으로 수업을 진행하다 보면 심리적 · 행동적인 매너리즘에 빠지기 쉽다. 이 때문에 동료 교사의 연구수업 참관, 본인의 수업에 대한 장학지도 등 여러 가지 기회를 통해 습득한 새로운 지식이나 아이디어, 조언들을 토대로 실제 자신의 수업을 개선해 나가는 것이 결코 쉽지는 않다. 아무리 수업을 철저히 분석하고 문제를 찾아냈다고 할지라도 수업분석의 결과가 실제 수업의 개선으로 이어지지 않는다면 의미가 없을 것이다. 서두에서 밝힌 바와 같이 교사는 수업의 전문가들이다. 수업에 대한 전문성을 갖지 못한다면 교육전문가로서의 역할을 수행하기 힘들 것이다. 따라서 자신의 수업에 대한 끊임없는 반성적 사고와 수업개선을 위한 실질적인 노력이 이루어져야 할 것이다.

부록

교과별 수업지도안 예시

이 책에서 제시한 지도안들은 초등과정의 수업지도안이며, 특수교육 전공학생들이 학교현장실습 기간에 각기 다른 학교에서 작성한 지도안이다. 각 교과별, 아동의 특성별, 학교별 수업지도안의 구성과 내용을 이해하는 측면에서 참고하길 바란다.

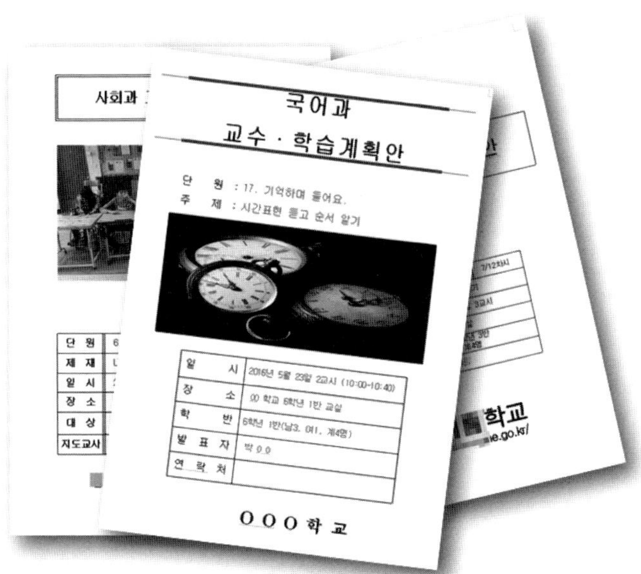

단원	14. 따라 말해요	차시	7/12
제재	그림을 보며 이름 따라 말하기		
일시	○년 ○월 ○일 목요일 3교시		
장소	초등학교 2학년 ○반 교실		
대상	○○학교 2학년 ○반 (남 3명, 여 1명, 계 4명)		
수업자	○○○ (인)		

Ⅰ. 단원 안내

1. 단원

1) 영역: 국어

2) 단원명: 14. 따라 말해요

3) 제재: 그림을 보며 이름 따라 말하기

2. 단원의 개관

이 단원은 생활 주변의 소리에서 말소리에 관심을 두고 주변 사물의 이름을 따라 말할 수 있도록 구성되어 있다. 말소리는 생활 주변의 소리와는 달리 자음과 모음이 합쳐져 각기 다른 의미가 있는 소리를 만들어 낸다. 말소리의 다름을 인식하고 그 차이를 구별할 수 있는 능력은 듣기의 기초가 된다.

말소리 내기는 학생의 조음 발달 특성에 따라 발음하기 쉬운 것부터 차츰 어려운 순으로 한다. 이때 사용하는 낱말은 학생이 좋아하고 관심 있는 것부터 접근하며, 학생의 가정, 학교 등 일상생활에서 자주 접하는 사람이나 사물의 이름으로 한다. 이 단원은 생활 주변의 여러 소리 중에서 말소리를 구별하고 입 모양을 모방하여 바른 소리로 발성하는 데 중점이 있다. 그리하여 이 단원에서는 듣고 말하는 활동에 적극적으로 참여하고 입 모양에 주의하여 발성하는지 평가하도록 한다.

3. 단원의 목표

1) 생활 주변의 소리와 말소리를 구별할 수 있다.

2) 내가 사용하는 물건의 이름을 따라 말할 수 있다.

3) 그림을 보며 이름을 따라 말할 수 있다.

4) 입 모양을 보고 다른 사람의 말을 따라 할 수 있다.

4. 단원의 지도계획

차시	제재	학습 내용	학습 자료
1	소리와 말소리 알아보기	여러 가지 소리 듣고 말소리 찾기	• 리듬악기, 건반악기 • 휴대전화, 전화기 • 학습 지도용 CD
2		그림에서 말소리가 나는 장면 찾기	
3		놀이터에서 친구들이 하는 말소리 찾기	
4	물건의 이름 따라 말하기	내 방에 있는 물건의 이름 따라 말하기	• 여러 가지 물건 사진 • 학습 자료용 CD • 학용품 • 교실에 있는 물건 사진
5		내가 사용하는 학용품 이름 따라 말하기	
6		교실에 있는 물건의 이름 따라 말하기	
7	그림을 보며 이름 따라 말하기	그림을 보며 따라 말하기	• 사물 그림 카드 • 붙임 딱지 • 그림카드, 낱말카드
8~9		그림을 보며 낱말 따라 말하기	
10	다른 사람의 말을 따라 말하기	입 모양 따라 말하기	• 학습 지도용 CD 자료 • 그림카드
11		입 모양을 보고, 낱말 따라 말하기	
12		그림을 보고, 따라 말하기	

5. 지도 및 평가상의 유의점

1) 사물을 구체물에서 그림으로 이해하는 데 어려움이 있다. 그림만 제시하기보다는 먼저 구체물을 제시한 뒤 그림을 제시하여 구체물과 그림을 연결하는 과정을 두어야 이해하기 쉽다.
2) 학생들의 경험과 연관 지어 우리나라의 전통음식들을 다양하게 이야기할 수 있도록 지도한다.

6. 실생활과의 연계 및 다문화 관련 지도방향

1) 학생들이 실생활에서 직접 먹어 본 전통음식에 대해 관심을 가지도록 한다.
2) 학생들이 좋아하는 전통음식의 이름을 말해 줌으로써 자연스럽게 문자학습과 연계되도록 한다.

3) 그림과 글자를 연결하는 활동은 학생이 일상생활 속에서도 반복적으로 습득 가능하고 경험할 수 있어야 한다. 이를 위하여 가정에서도 부모님이 학생에게 여러 가지 그림과 연관된 글자를 읽도록 하여 학생이 글과 그림을 연결해서 대답할 수 있도록 지도한다.

4) 여러 가지 한국의 전통음식에 대해 친구들과 함께 알아봄으로써 친구들과 소통할 수 있으며 다문화 학생을 포함한 모든 학생이 공존한다는 것을 알 수 있도록 한다. 여러 종류의 전통음식에 대해 접함으로써 문화의 다양성을 느끼고 나만의 밥상을 차려 봄으로써 표현의 다양성을 배우고, 학급의 모든 학생이 충분히 학습활동에 참여할 수 있다는 것을 알 수 있도록 지도하고자 한다.

Ⅱ. 학습 관련 실태

1. 학급 실태

본 학급은 남 3명, 여 1명, 총 4명으로 구성되어 있다. 자폐성 장애 2명, 지적장애 2명으로 각각 학습 성취수준편차가 큰 편이다.

2. 학생 실태

이름	성별	장애 유형	본시학습 관련 수행능력	행동특성 및 학습수준	수준
진○○	남	자폐성 장애 (2급)	• 그림카드에 관심을 가지고 바라볼 수 있음	• 수업시간에 자리에서 일어나 많이 돌아다니는 편이며 발화가 전혀 없음 • 수업 참여도가 낮으며 동영상을 보며 노래를 듣는 것 외의 다른 학습 활동에는 관심이 없으며 엎드려서 잠 • 손가락을 입에 가져가 빨거나 옷을 무는 행동을 함	나

채○○	남	지적 장애 (1급)	• 그림카드에 관심을 갖고, 그림카드를 잡을 수 있음	• 손과 발을 휘두르며 옆에 있는 친구를 때리거나 꼬집는 행동을 함 • 책상 위에 있는 물건을 집어 던지며, 칭찬을 해 주거나 관심을 가져 주면 밝게 웃음	나
강○○	남	자폐성 장애 (2급)	• 문장을 읽고, 쓸 수 있음 • 그림카드를 떼거나 붙일 수 있음	• 교사의 질문에 스스로 대답할 수 있으며 좋아하는 과목의 수업에는 적극적으로 참여함 • 글자를 읽고 쓸 수 있으며 기분이 좋거나 나쁠 때에 머리를 때리는 자해 행동이나 소리를 지름	가
김○○	여	지적 장애 (2급)	• 교사가 불러 주는 낱말을 비슷하게 흉내 낼 수 있음 • 그림카드를 떼거나 붙일 수 있음	• 교사의 질문에 "예."라고 대답할 수 있고 수업에 적극 참여함 • 친구들을 잘 챙겨 주고 상호작용이 가능함	가

Ⅲ. 지도의 실제

1. 본시 교수 · 학습 계획안

<table>
<tr><td>일시</td><td colspan="2">○년 ○월 ○일
목요일 3교시</td><td>장소</td><td>초 2-○ 교실</td><td>대상</td><td>초 2-○
(남 3, 여 1, 계 4)</td></tr>
<tr><td>영역</td><td>국어</td><td>단원</td><td colspan="2">14. 따라 말해요</td><td>차시</td><td>7/12</td></tr>
<tr><td>제재</td><td colspan="4">그림을 보며 이름 따라 말하기</td><td>수업자</td><td>○○○</td></tr>
<tr><td>교수
학습
자료</td><td colspan="6">직접교수모형, 동영상 자료, 빅 북, 그림카드, 여러 가지 한국 전통음식 퍼즐 자료, 밥상</td></tr>
<tr><td rowspan="2">수업
전략</td><td>수업형태</td><td colspan="5">개인차를 고려한 수준별 학습</td></tr>
<tr><td>학습조직</td><td colspan="5">전체 → 개별학습 → 전체</td></tr>
</table>

<table>
<tr><td rowspan="3">학습 목표</td><td colspan="3">다양한 한국 전통음식을 살펴보고, 자신이 좋아하는 음식의 이름을 말할 수 있다.</td></tr>
<tr><td>가</td><td>강○○
김○○</td><td>다양한 한국 전통음식을 살펴보고, 자신이 좋아하는 음식의 이름을 말할 수 있다.</td></tr>
<tr><td>나</td><td>진○○
채○○</td><td>자신이 좋아하는 한국 전통음식을 손으로 가리킬 수 있다.</td></tr>
</table>

<table>
<tr><td rowspan="3">학습 단계</td><td rowspan="3">학습 과정</td><td colspan="4">교수 · 학습활동</td><td rowspan="3">시량 (분)</td><td rowspan="3">자료(자)
유의점(유)
보조인력(보)</td></tr>
<tr><td rowspan="2">교사활동</td><td colspan="2">학생활동</td><td rowspan="2">다문화 지도 요소</td></tr>
<tr><td>가</td><td>나</td></tr>
<tr><td rowspan="7">문제 인식</td><td rowspan="2">학습 분위기 조성</td><td>• 학습 분위기 조성하기
-인사노래, 출석 노래 부르기</td><td>-인사노래, 출석 노래 부르기</td><td>-노래를 들으며 흥얼거리고 자신의 이름 소리 듣고 반응하기</td><td rowspan="7">-문화의 다양성(베트남 친구 띵의 모습을 보며 여러 나라 문화의 다양성을 안다.)</td><td rowspan="7">5</td><td rowspan="2">유 즐거운 분위기로 마음을 열도록 유도한다.

보 '나'수준 학생의 활동보조</td></tr>
<tr><td>• 전시학습 상기하기
-장난감의 이름 따라 말하기</td><td>-장난감의 이름 따라 말하기</td><td>-바른 자세로 앉아 있기</td></tr>
<tr><td>학습 동기 유발</td><td>• 학습동기 유발하기</td><td colspan="2">-동기유발 자료를 보며 학습에 흥미 가지기</td><td>자 동영상 자료
유 동기유발 자료를 통하여 본시학습 내용을 감지할 수 있도록 유도한다.</td></tr>
<tr><td rowspan="2">학습 목표 확인</td><td>• 공부할 문제 안내하기</td><td colspan="2">-공부할 문제 집중하여 바라보기</td><td rowspan="2">보 학생의 주의 집중 돕기

자 공부할 문제 제시</td></tr>
<tr><td colspan="3">• 공부할 문제: 다양한 한국 전통음식을 살펴보고, 자신이 좋아하는 음식의 이름을 말해 봅시다.
-다양한 한국 전통음식을 살펴보고, 자신이 좋아하는 음식의 이름을 말해 봅시다.
-자신이 좋아하는 한국 전통음식을 손으로 가리켜 봅시다.</td></tr>
<tr><td rowspan="2">학습 활동 안내</td><td>• 학습활동 안내하기</td><td colspan="2">-학습활동 순서 확인하기</td><td rowspan="2">자 학습활동 안내판
유 활동내용을 제시하며 학습활동 이해를 돕는다.</td></tr>
<tr><td colspan="3">-활동 1: 알아봅시다(한국의 전통음식 알아보기)
-활동 2: 맞추어 봅시다(한국 전통음식 퍼즐 맞추어 보기)
-활동 3: 만들어 봅시다(나만의 밥상 만들기)</td></tr>
</table>

<table>
<tr><th rowspan="3">학습 단계</th><th rowspan="3">학습 과정</th><th colspan="4">교수 · 학습활동</th><th rowspan="3">시량 (분)</th><th rowspan="3">자료([자])
유의점([유])
보조인력([보])</th></tr>
<tr><th rowspan="2">교사활동</th><th colspan="2">학생활동</th><th rowspan="2">다문화 지도 요소</th></tr>
<tr><th>가</th><th>나</th></tr>
<tr><td rowspan="2">학습 과제 추구</td><td rowspan="2">활동 1</td><td colspan="3">활동 1: 알아봅시다(한국의 전통음식 알아보기)</td><td rowspan="8">-공존(여러 가지 한국의 전통음식에 대해 친구들과 함께 알아봄으로써 친구들과 소통할 수 있다.)

-차별과 편견(학생들이 소외되지 않고 고른 기회를 제공하여 차별받지 않도록 한다.)</td><td rowspan="8">30</td><td rowspan="2">[자] 빅 북, 그림카드

[보] '나'수준 학생이 활동할 수 있도록 돕는다.</td></tr>
<tr><td>• 빅 북 보여주며 설명하기</td><td>-교사의 설명 듣고 한국의 전통음식 이름 말하기</td><td>-한국 전통음식 그림 카드 붙이기</td></tr>
<tr><td rowspan="6">학습 과제 해결</td><td rowspan="2">활동 2</td><td colspan="3">활동 2: 맞추어 봅시다(한국 전통음식 퍼즐 맞추어 보기)</td><td rowspan="2">[자] 여러 가지 한국 전통음식 퍼즐 자료

[유] 학생들이 각자의 수준에 맞게 퍼즐을 완성할 수 있도록 퍼즐 수를 조절한다.</td></tr>
<tr><td>• 한국의 전통음식 퍼즐 제시하기</td><td>-한국 전통음식 퍼즐 4조각 맞추기</td><td>-교사와 함께 한국 전통음식 퍼즐 2조각 맞추기</td></tr>
<tr><td rowspan="4">활동 3</td><td colspan="3">활동 3: 만들어 봅시다(나만의 밥상 만들기)</td><td rowspan="4">[자] 밥상, 그림카드

[유] 학생들이 자신이 좋아하는 음식을 밥상에 올려 완성할 수 있도록 한다.

[보] '나'수준 학생이 활동할 수 있도록 돕는다.</td></tr>
<tr><td>• 띵에게 보여줄 나만의 밥상 설명하고 시범 보이기</td><td colspan="2">-바른 자세로 교사의 설명 듣기
-교사의 시범 보이기</td></tr>
<tr><td>• 밥상을 차리는 방법 설명하기</td><td>-좋아하는 한국 전통음식 그림 카드로 밥상 차리기</td><td>-교사와 함께 좋아하는 한국 전통음식 그림 카드로 밥상 차리기</td></tr>
<tr><td>• 완성된 밥상 발표하도록 유도하기</td><td>-완성된 나만의 밥상 발표하기</td><td>-완성된 나만의 밥상 친구들에게 보여주기</td></tr>
</table>

학습 단계	학습 과정	교수 · 학습활동				시량 (분)	자료(자) 유의점(유) 보조인력(보)
		교사활동	학생활동		다문화 지도 요소		
			가	나			
적용 및 발전	정리 및 차시 예고	• 띵의 영상편지 보여 주기	-바른 자세로 영상편지 감상하기			5	자 동영상 자료 보 '나'수준 학생이 바른 자세로 앉아 교사의 설명을 들을 수 있도록 돕는다.
		• 학습 내용 정리하기	-본시 학습 내용 정리하기				
		• 차시 예고하기	-차시 예고 듣기				
		• 인사노래하기	-즐겁게 인사노래하기				

2. 좌석 배치도

3. 평가계획

수준	평가문항(관점)	평가척도				
		5	4	3	2	1
가	다양한 한국 전통음식을 살펴보고, 자신이 좋아하는 음식의 이름을 말할 수 있는가?					
나	자신이 좋아하는 한국 전통음식을 손으로 가리킬 수 있는가?					

* 평가척도-1: 하(전혀 안 됨), 2: 중하(도움 받아 할 수 있음), 3: 중(신체적인 도움 받아 할 수 있음), 4: 중상(언어적 도움 받아 할 수 있음), 5: 상(스스로 할 수 있음)

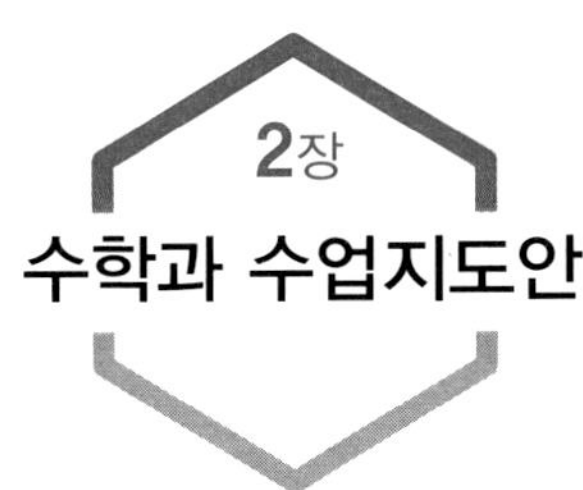

2장 수학과 수업지도안

단원	2. 여러 가지 모양
제재	칠교조각으로 여러 가지 모양 만들기
일시	○년 ○월 ○일 목요일 5교시
장소	초등학교 6학년 ○반 교실
대상	○○학교 6학년 ○반 (남 4명, 여 1명, 계 5명)
수업자	교육실습생 ○○○ (인)

Ⅰ. 단원 안내

1. 단원 및 제재

1) 대단원: 수학 3-4 ㉯ 2. 여러 가지 모양

2) 제재: 칠교조각으로 여러 가지 모양 만들기

2. 단원의 개관

우리는 다양한 모양을 가진 사물들을 접하며 살아가고 있다. 생활 주변에서 볼 수 있는 다양한 사물들을 기하학적으로 탐구하여 도형에 대한 기초적인 개념이나 관계, 직관적 통찰력을 길러 학생들의 공간 감각적 능력을 키울 수 있으며 이를 활용하여 일상생활에서 부딪히는 여러 가지 문제를 해결하는 데 도움이 된다. 이러한 기하학적인 학생들이 수학적 탐구과정에서 문제를 해결하고 추론하며 의사소통하는 과정에 참여할 수 있는 많은 기회를 줄 수 있다.

이 단원에서는 여러 가지 모양 요정나라를 살펴보면서 우리 주변의 물건들이 가지는 도형의 요소를 탐색하고 도형에 대한 흥미를 가질 수 있게 하였다. 그리고 일상생활에서 접할 수 있는 사물들 속에서 동그라미, 세모, 네모 모양을 찾아보고 각 모양을 구체적으로 만들어 보고 이름을 익히고 모양끼리 분류해 보는 활동을 통하여 동그라미, 세모, 네모 모양의 의미와 특징을 직관적으로 파악하게 한다. 또 여러 가지 모양을 만들어 보는 활동과 칠교 조각들을 이용하여 여러 가지 도형을 구성하는 활동을 통해 구체적인 경험과 조작활동을 해 봄으로써 평면도형에 대한 감각을 기르도록 구성하였다.

3. 단원의 목표

1) 교실 및 생활 주변의 사물에서 동그라미, 세모, 네모 모양을 찾을 수 있다.

2) 물건으로 동그라미, 세모, 네모 모양을 만들 수 있다.

3) 동그라미, 세모, 네모 모양을 그리고 이름을 따라 쓸 수 있다.

4) 동그라미, 세모, 네모 모양끼리 분류할 수 있다.

5) 같은 칠교조각을 찾을 수 있다.

6) 칠교조각으로 간단한 모양을 만들 수 있다.

4. 단원의 연계

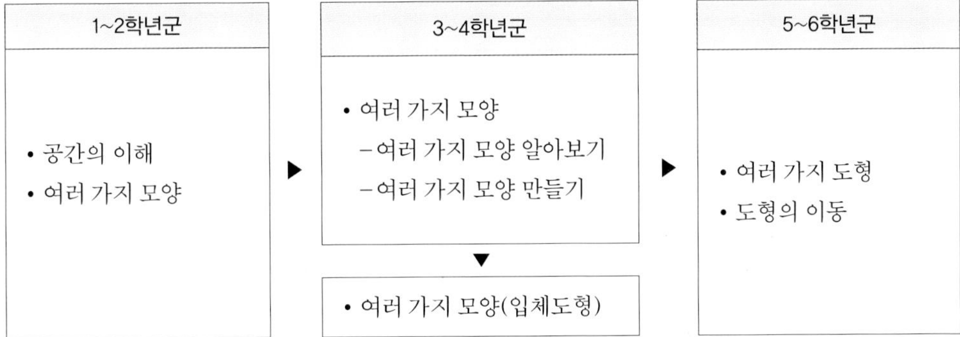

5. 단원의 지도계획

차시	주제	학습 내용	교과서 페이지
1/17	단원 소개 및 진단 평가	• 모양에 대해 관심 갖기 • 모양 구분의 필요성 알기 • 모양 분류 정도 평가	60~61쪽
2/17	여러 가지 모양 찾기	• 동그라미 모양 찾기	62~63쪽
		• 세모 모양 찾기	64~65쪽
		• 네모 모양 찾기	66~67쪽
		• 같은 모양 찾기	68~69쪽
3/17	여러 가지 모양 알아보기	• 세모 모양 알아보기	72~73쪽
		• 네모 모양 알아보기	74~75쪽
		• 모양 분류하기	76~77쪽

4/17	여러 가지 모양 만들기	• 동그라미 모양으로 만들기	78~79쪽
		• 세모 모양으로 만들기	80~81쪽
		• 네모 모양으로 만들기	82~83쪽
		• 여러 가지 모양으로 만들기	84~85쪽
		• 칠교놀이(1)	86~87쪽
		• 칠교놀이(2)	88~89쪽
5/17	평가	• 같은 모양 물건 찾기, 모양 구별하기 • 다른 모양 찾기, 모양 이름 알아보기 • 칠교놀이	90~91쪽
6/17	이야기 놀이마당	• 모양 나라 이야기	92쪽
		• 모양 징검다리 놀이 • 사방치기 놀이	93쪽

6. 단원 지도상의 유의점

1) 일상생활의 여러 가지 구체물을 수업의 소재로 삼아 동그라미 모양, 세모 모양, 네모 모양을 찾아보게 한다.
2) 단순히 찾아보는 활동만으로 끝나는 것이 아니라 찾는 물건의 모양이 동그라미 모양, 세모 모양, 네모 모양인 까닭을 생각해 보게 한다.
3) 도형에서 여러 가지 그리는 활동이나 만들기 활동은 미술학습보다는 모양 익히기 학습에 중점을 둔다.
4) 색종이를 가위로 자르거나 수수깡을 칼로 자를 때 안전에 유의한다. 가위 사용에 익숙해지도록 기능에 대한 지도를 병행한다.

Ⅱ. 본시 수업을 위한 교재 연구

1. 교재 및 자료 연구

순서	자료명	사진	본시 수업 시 활용방안
1	대형 칠교 조각		• 본시에서는 대형 칠교 조각을 이용하도록 한다. 자신의 차례가 되면 학생들이 직접 칠판의 모양판 도안에 붙여 볼 수 있도록 한다. • 활동 1에서는 교실 곳곳에 숨겨진 칠교 조각을 찾게 하고, 활동 2에서는 찾은 칠교조각을 테두리 색깔에 맞게 색칠하여 칠교조각을 완성하도록 한다.
2	대형 칠교판 그림		• 대형 칠교판 그림은 종이에 제작하여 칠판에 붙여 학생들에게 제시한다. • 전시활동 상기 시에 제시하여 활용한다. 그리고 활동 1에서 찾은 칠교조각을 활동 2에서 색칠해서 완성한 후에, 대형 칠교판 그림에 조각을 붙여 칠교판을 완성하도록 한다.
3	대형 칠교 모양판 도안	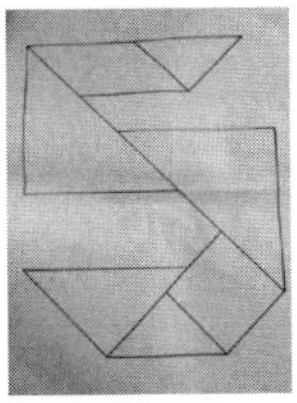 	• 활동 3에서 대형 칠교 모양판 도안을 수준별로 제시하여 활용하도록 한다. '가' 수준과 '나'수준의 학생의 경우는 구분선만 제시하고, '다'수준의 학생의 경우에는 색깔도 시각적 단서로 제공하여 최소한의 도움을 받아 활동하도록 한다.

2. 특수교육 실무원 활용

수준	지원 학생명	투입 시기	활용 방안
가	방○○	수업 시작 전	자세교정 및 휠체어 책상 확인
		활동 3	칠교 모양판 도안에 맞는 조각 찾기 활동 시 지원
나	권○○	수업 중	바른 자세 유지를 위한 언어적 지원
다	조○○	수업 중	바른 자세 유지를 위한 언어적 · 신체적 지원
		활동 1	교실에 숨겨져 있는 칠교조각 찾기 활동 시 지원
		활동 2	칠교 조각 색칠 및 칠교판에 색칠한 조각 붙이기 활동 시 언어적 · 신체적 지원
		활동 3	칠교 모양판 도안에 맞는 조각 찾기 활동 시 언어적 지원
수업 중 자료 제시 시 지원		활동 3	칠교 모양판 도안을 칠판에 부착함

Ⅲ. 학습 관련 실태

1. 학급 실태

본 학급은 초등학교 6학년 ○반으로 남학생 4명, 여학생 1명, 총 5명으로 구성되어 있다. 학급의 학생들은 비교적 교사의 지시에 잘 따르고, 흥미로운 교구나 음악적 요소가 첨가되는 수업에 적극적으로 참여한다. 그러나 '가'수준의 학습 집단에 포함된 1명의 학생은 인지 수준은 높은 편이나 뇌병변 장애의 특성상 교사의 전반적인 학습 보조가 필요하고, '다'수준의 학습 집단에 포함된 2명의 학생은 부분적인 학습 보조 및 올바른 학습자세 유지를 위해 실무원의 도움을 필요로 한다. 본 학급 학생들은 다양한 교구와 활동이 제시되는 학습에 많은 흥미와 관심을 가지고 적극적으로 참여하고자 하는 태도를 보인다.

2. 학생 실태

이름	성별	장애 유형	본시학습 관련 수행능력	행동특성 및 학습수준	수준
임◯◯	남	지적 장애 (2급)	• 동그라미, 세모, 네모 등 모양에 관심이 많음 • 교사의 언어적 도움을 받아 색깔과 크기가 같은 모양을 찾을 수 있음	• 음악을 좋아하고, 멜로디를 넣어 이야기를 하면 집중함 • 활동에 대한 흥미가 떨어지는 경우 착석유지에 어려움이 있음 • 숫자가 나오는 노래에 관심이 많고 즐겨 부름	다
방◯◯	여	뇌병변 장애 (1급)	• 동그라미, 세모, 네모 중에서 같은 모양을 찾을 수 있음 • 구분선이 제시된 칠교판 도안의 조각에 맞는 칠교 조각을 찾을 수 있음	• 근육 움직임의 조절이 자유롭지 않으나 오른쪽/왼쪽 방향을 고개를 돌리고 손의 움직임을 이용해 교사의 질문에 대답함 • 모든 수업에 적극적으로 참여하려는 의지를 보임 • 숫자와 도형에 흥미를 보이며 즐겁게 수학수업에 참여함	가
권◯◯	남	지적 장애 (2급)	• 동그라미, 세모, 네모 중에서 같은 모양을 찾을 수 있음 • 구분선이 제시된 칠교판 도안의 조각에 맞는 칠교 조각을 찾을 수 있음	• 교사의 지시에 따라 행동할 수 있고, 자신의 의견을 표현할 수 있음 • 컨디션에 따라 학습의 집중도가 달라지기는 하나 좋아하는 활동에는 적극적으로 참여함 • 수학시간에 흥미를 가지고 알고 있는 수가 나오면 수를 읽음	나
박◯◯	남	자폐성 장애 (2급)	• 동그라미, 세모, 네모 중에서 같은 모양을 찾을 수 있음 • 구분선이 제시된 칠교판 도안의 조각에 맞는 칠교 조각을 찾을 수 있음	• 교사의 지시나 질문에 간단하게 대답할 수 있음 • 글을 읽거나 학생들에게 교과서를 가져다 주는 등의 교사를 도울 수 있는 일을 적극적으로 참여하려 함 • 수학 교과서를 이용한 여러 가지 활동을 좋아함	나

조○○	남	자폐성 장애 (1급)	• 동그라미, 세모, 네모 중에서 같은 모양을 찾을 수 있음 • 약간의 언어적 도움이 있으면 색깔과 구분선이 제시된 칠교판 도안의 조각에 맞는 칠교 조각을 찾을 수 있음	• 주의집중시간이 짧고 활동에 흥미가 떨어지는 경우 짧게 큰 소리를 내거나 박수를 침 • 간단한 지시를 이해하고, 교사를 모방하여 1음절씩 말할 수 있음 • 수와 관련되는 입체자료(퍼즐, 모형 등)에 관심이 많고 조작하는 활동을 좋아함	다

Ⅳ. 본시 학습의 지도 계획

일시	○년 ○월 ○일 목요일 5교시	대상	초 6-○ (남 4, 여 1, 계5)	장소	초 6-○ 교실	수업자	교육실습생 ○○○
교과	수학			단원	2. 여러 가지 모양	차시	14/17
학습 목표	칠교조각으로 여러 가지 모양을 만들 수 있다.						
인성 요소	질서: 내 차례가 되면 앞으로 나와 칠교 조각으로 모양 만들기 활동에 참여할 수 있다.						
수준별 학습목표	가	방○○	시각적 단서(구분선)를 참고하여 제시된 3조각 중에서 해당하는 칠교조각을 찾아 여러 가지 모양을 만들 수 있다.				
	나	권○○ 박○○	시각적 단서(구분선)를 참고하여 칠교조각으로 여러 가지 모양을 만들 수 있다.				
	다	임○○ 조○○	시각적 단서(구분선과 색깔)를 참고하여 여러 가지 모양을 만들 수 있다.				
학습 자료	동기 유발 노래 동영상(모양놀이), 대형 칠교 조각 2세트(색깔 테두리만 있는), 칠교판 그림 2장, 색연필, 칠교 모양판 도안 10장(개인별 2장)						

1. 본시 교수 · 학습 계획안

학습 단계	학습 요소	교수 · 학습활동 교사활동	학생활동 가	나	다	시간(분)	자료([자]) 유의점([유]) 인성요소([인])
도입	인사 및 전시 학습 상기	• 인사하기	–반장의 구령에 따라 바른 자세로 인사한다.			7	[자] 칠교판 그림 1장, 동기 유발 노래 동영상(모양놀이, 1분 38초)
		• 전시 학습 상기를 위한 칠교판 제시하기					
		T: 지난 시간에는 칠교를 이용한 활동을 해 보았습니다.	– 칠교판을 쳐다본다.	–S2: 세모 네모에 대해 배웠습니다.	–손가락으로 칠교판의 모양을 가리킨다.		
	학습 동기 유발	• '모양놀이' 노래 들려주기					[유] 동기유발 노래에서 칠교 조각에 있는 모양(세모, 네모)이 나오면, 학생들과 눈을 맞추며 더 강조하도록 한다.
		T: 오늘 수업에 들어가기 전에 칠교판 조각의 모양이 나오는 노래를 들어 볼 거예요.	–바른 자세로 앉아 노래를 듣는다.				
		T: 칠교판은 노래에 나왔던 세모 모양과 네모 모양의 조각들로 이루어져 있습니다.	–바른 자세로 앉아 교사의 이야기를 듣는다.				
	학습 목표 제시 및 학습 활동 안내	T: 이번 시간에는 교실에서 칠교조각으로 여러 가지 모양을 만들어 보는 활동을 해 볼 거예요.	–바른 자세로 앉아 교사의 이야기를 듣는다.				[자] 지시봉 [유] 천천히 진행하되 매끄럽게 흐름이 이어질 수 있도록 한다. [유] 학생들이 공부할 문제와 활동 내용에 관심을 가질 수 있도록 활동명의 마지막 부분에 박수를 치면서 집중을 유도한다. [인] 도전
		• 공부할 문제 제시하기	–공부할 문제 확인하기				
		• 칠교 조각으로 여러 가지 모양을 만들어 보기					
		T: 공부할 문제를 함께 읽어 봅시다.	–교사가 읽는 내용을 듣는다.	–교사와 함께 공부할 문제를 읽는다.	– 교사와 친구가 읽는 내용을 듣는다.		
		• 학습활동 안내하기	–학습활동 확인하기				
		–활동 1: 칠교를 찾아라! –활동 2: 칠교를 완성해! –활동 3: 모양을 만들어 봐!					

학습 단계	학습 요소	교수 · 학습활동				시간(분)	자료([자]) 유의점([유]) 인성요소([인])
		교사활동	학생활동				
			가	나	다		
		• 칠교판 제시하기					
		T: 지난 시간에 선생님이랑 활동했던 칠교판인데 이상해요. 그림은 있는데 조각들이 사라졌어요.	-교실 주위를 두리번거린다.	-없어진 조각을 찾기 위해 움직인다.			
		T: 우리 교실 구석구석에 숨어 있나 봐! 우리 친구들, 교실에 숨어 있는 14개의 조각들을 찾을 수 있겠어요.	-웃는 표정을 교사에게 보여 준다.	-S2: 네~	-S3: 네~		[자] 칠교판 그림 [유] 교사는 노래를 부르며 중간중간 학생들이 조각을 잘 찾고 있는지 학생들과 시선을 맞추며 활동을 진행한다. [유] 참관 오신 선생님들이 수업에 참여할 수 있도록 적절히 분위기를 조성한다.
전개	활동 1: 칠교를 찾아라!	T: 지금부터 다 같이 일어나서 조각을 찾아볼 거예요. 혼자 찾을 수 있는 친구들은 혼자서 찾아보고 조각을 찾기 힘든 친구들은 뒤에 친구들이 공부를 잘하는지 보기 위해 오신 선생님들이 계신데 뒤에 계신 선생님들의 도움을 받아 조각을 찾아봐요.	-도움을 받아 칠교조각을 찾는다.	-스스로 칠교조각을 찾는다.	-도움을 받아 칠교 조각을 찾는다.	8	
		T: 친구들이 조각을 찾을 동안 노래를 불러 줄게요. 뒤에 계신 선생님들도 친구들이 잘 찾을 수 있게 같이 불러 주세요.	-칠교조각을 찾는 데 집중한다.				
		• 노래 부르기(조각 찾아라, 빨리빨리 찾아라. 조각 찾아라, 얼른얼른 찾아라)					
		T: 친구들이 조각들을 잘 찾았는지 확인해 볼까요? (숫자를 함께 세며) 임○○ □개, 방○○ □개, 권○○ □개, 박○○ □개, 조○○ □개	-손을 앞으로 향하게 뻗는다.	-교사의 숫자 소리를 따라서 센다.	-교사를 모방하여 대답한다.		[유] 확인차원에서 발문을 할 때 학생들이 교사에게 집중할 수 있도록 주의를 기울인다.

학습 단계	학습 요소	교수 · 학습활동				시간 (분)	자료([자]) 유의점([유]) 인성요소([인])
		교사활동	학생활동				
			가	나	다		
		T: 조각을 열심히 찾아 준 친구들에게 모두 박수!	−박수를 친다.				[유] 아이들이 교사에게 집중할 수 있도록 발문에 유의한다.
		T: (조각 하나를 칠판의 칠교판 종이에 대어 보며) 어! 이상한데? 색깔이 없네.	−교사의 발문에 집중한다.	−S2: 색칠해야 돼요.	−교사의 발문에 집중한다.		
	활동 2: 칠교를 완성해!	• 칠교조각 색칠하기				10	[자] 색연필, 대형 칠교 조각 [유] '나'수준의 학생의 활동이해를 위해 주의사항을 설명하고 활동을 시작한다. 또한 활동의 원활한 진행을 위해 도움이 필요한 학생에 대한 지원을 빠뜨리지 않도록 한다.
		T: 친구들, 그럼 우리 바로 다음 활동으로 넘어가서 친구들이 들고 있는 조각들의 색깔을 채워 볼까요? T: 색연필로 테두리에 맞는 색깔을 칠해 봅시다. 앞면과 뒷면 모두 색칠하도록 합니다.	−도움을 받아 칠교조각을 색칠한다.	−스스로 칠교조각의 색깔을 칠한다.	−도움을 받아 칠교조각을 색칠한다.		
		• 칠교 모양판 완성하기					[자] 색칠한 대형 칠교 조각 [유] 교사의 개입을 최소로 하고 학생들이 스스로 해 볼 수 있도록 기회를 제공한다. [인] 도전
		T: 친구들이 가지고 있는 조각을 다 색칠해 보았나요? T: 그럼 우리 친구들이 색칠한 조각들로 칠판에 칠교판을 완성해 볼까요?	−고갯짓으로 모양판에 들어갈 모양을 선택한다.	−앞으로 나와 스스로 칠교 모양을 맞춘다.	−도움을 받아 칠교 모양판에 칠교조각을 맞춘다.		

학습 단계	학습 요소	교수 · 학습활동				시간(분)	자료(자) 유의점(유) 인성요소(인)
		교사활동	학생활동 가	나	다		
	활동 3: 모양을 만들어 봐!	• 여러 가지 모양 만들기				10	
		T: 우리는 활동 1과 활동 2에서 칠교조각을 찾아보고 칠교판을 완성해 보는 활동을 해 보았습니다. 마지막으로 활동 3에서는 완성한 칠교조각으로 여러 가지 모양을 만들어 보겠습니다.	-교사의 발문에 집중한다.	-교사를 따라 활동명을 읽는다.	- 교사의 발문에 집중한다.		유 학생들의 주의 집중력이 흐트러지지 않도록 발문과 제스처에 주의하며 활동을 진행할 수 있도록 한다.
		• 모양 만들기					
		T: 짜잔~ 친구들과 마지막으로 해 볼 활동은 (칠교 모양을 제시하며) 선생님이 준비한 칠교 모양을 친구들이 직접 나와서 맞춰 보는 활동이에요. 누가 먼저 활동을 해 볼까? (칠교모양 도안에 나와 있는 학생의 얼굴을 보고 활동을 할 수 있도록 지도한다.)	- 호기심을 가지고 교사의 발문에 집중한다. - 도움을 받아 칠교 모양을 맞춰 본다.	-호기심을 가지고 교사의 발문에 집중한다. -제시된 시각적 단서를 보고 칠교 모양을 만들어 본다.	-호기심을 가지고 교사의 발문에 집중한다. - 시각적 단서를 보고 칠교 모양을 만들어 본다.		자 칠교 모양 활동판 유 활동 시간이 부족할 시, 학생별로 1개의 모양을 완성할 수 있도록 활동량을 조절하도록 한다. 인 도전, 질서

<table>
<tr><th rowspan="3">학습 단계</th><th rowspan="3">학습 요소</th><th colspan="4">교수 · 학습활동</th><th rowspan="3">시간(분)</th><th rowspan="3">자료([자])
유의점([유])
인성요소([인])</th></tr>
<tr><th rowspan="2">교사활동</th><th colspan="3">학생활동</th></tr>
<tr><th>가</th><th>나</th><th>다</th></tr>
<tr><td rowspan="6">정리 및 평가</td><td rowspan="2">학습 내용 정리 및 평가</td><td>• 완성된 모양 살펴보기</td><td></td><td></td><td></td><td rowspan="6">5</td><td rowspan="2">[유] 모든 학생의 눈을 맞추며 활동을 마무리할 수 있도록 한다.</td></tr>
<tr><td>T: 오늘 우리는 칠교 조각을 이용해서 친구들과 함께 모양을 만들어 보는 활동을 해 보았습니다. 어떤 모양을 만들어 보았나요?</td><td>-나와 친구들이 완성한 모양을 떠올린다.

-교사의 발문에 집중한다.</td><td>-S2: 집, 로켓을 만들었어요.

-교사의 발문에 집중한다.</td><td>- 교사를 바라본다.

- 교사의 발문에 집중한다.</td></tr>
<tr><td rowspan="2">다음 차시 예고</td><td>• 다음 차시 예고</td><td colspan="3"></td><td rowspan="2"></td></tr>
<tr><td>T: 다음 시간에는 우리가 이번 시간에 했던 칠교조각을 이용해서 좀 더 다양한 모양을 만들어 볼게요.</td><td colspan="3">-교사의 설명을 들으며 다음 차시 확인하기</td></tr>
<tr><td>인사 및 정리</td><td>• 인사하기</td><td colspan="3">-반장의 구령에 맞춰 인사하기</td><td>[인] 예의</td></tr>
</table>

2. 평가계획

<table>
<tr><th rowspan="2">수준</th><th rowspan="2">평가문항(관점)</th><th colspan="5">평가척도</th><th rowspan="2">평가방법</th></tr>
<tr><th>5</th><th>4</th><th>3</th><th>2</th><th>1</th></tr>
<tr><td>가</td><td>시각적 단서(구분선)를 참고하여 제시된 3조각 중에서 해당하는 칠교조각을 찾아 여러 가지 모양을 만들 수 있는가?</td><td></td><td></td><td></td><td></td><td></td><td rowspan="4">관찰평가,
수행평가</td></tr>
<tr><td>나</td><td>시각적 단서(구분선)를 참고하여 칠교조각으로 여러 가지 모양을 만들 수 있는가?</td><td></td><td></td><td></td><td></td><td></td></tr>
<tr><td>다</td><td>시각적 단서(구분선과 색깔)를 참고하여 여러 가지 모양을 만들 수 있는가?</td><td></td><td></td><td></td><td></td><td></td></tr>
<tr><td>인성</td><td>질서: 내 차례가 되면 앞으로 나와 칠교 조각으로 모양 만들기 활동에 참여할 수 있는가?</td><td></td><td></td><td></td><td></td><td></td></tr>
</table>

3. 좌석 배치도

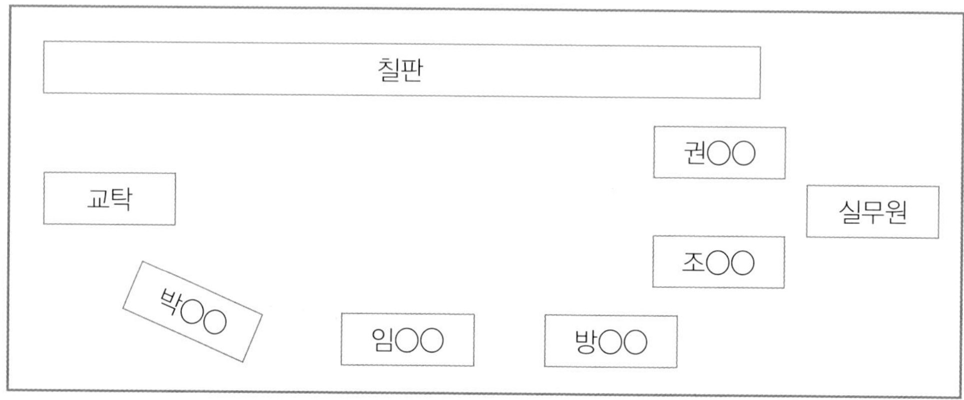

4. 판서계획

• 공부할 문제: 칠교조각으로 여러 가지 모양을 만들어 봅시다(질서).

- 활동 1: 칠교를 찾아라!
- 활동 2: 칠교를 완성해!
- 활동 3: 모양을 만들어 봐!

* 출처: 교육과학기술부(2011). 수학: 기본교육과정 교사용 지도서.

3장 과학과 수업지도안

단원	5. 물체의 성질
제재	다양한 촉감 길 만들기
일시	○년 ○월 ○일 월요일 3교시
장소	초등학교 1학년 ○반 교실
대상	○○학교 1학년 ○반 (남 1명, 여 3명, 계 4명)
지도 교사	○○○ (인)
교육 실습생	○○○ (인)

Ⅰ. 단원 안내

1. 단원명

1) 대단원: 5. 물체의 성질

2) 소단원: 1. 촉감으로 만나는 세상

3) 제재: 다양한 촉감 길 만들기

4) 학습목표: 다양한 촉감 길을 만들 수 있다.

2. 단원의 선정 이유

이 단원은 학생들이 몸에서 촉감을 느낄 수 있는 손을 이용하여 여러 가지 촉감을 만지고 촉감 길을 만들어 보는 것을 목표로 한다. 우리 반 다수의 학생들이 발화가 어렵고 신체상의 어려움을 가지고 있으므로 음성 언어로 설명하거나 표현하는 데에 어려움이 있다. 또한 표정이나 몸짓으로 습득하거나 표현 하는 데에도 어려움이 있다. 그렇기 때문에 학생들에게 보다 구체적이고 사실적인 사물을 제시하여야 하고 시각적 · 촉각적 · 청각적인 자료를 통해 학생들의 수업이 이루어져야 한다.

외부에서 가장 쉽고 빠르게 물건의 느낌을 감지하고 상황을 판단할 수 있는 수단은 촉각적인 정보를 습득할 수 있는 학생들의 손이다. 이 단원에서는 촉각적인 정보를 받아들이는 학생들의 손을 사용하여 학습활동이 이루어지고 손을 이용하여 여러 가지 촉감을 만져 보고 충분히 느껴볼 수 있도록 계획하였다. 이러한 학습활동을 통해 학생들이 자신의 손을 이용하여 새로운 세상과 접촉할 수 있는 기회를 늘리고 학생들의 느낌을 최대한으로 이끌어 내는 데 중점을 둔다.

3. 단원의 목표

영역	수준	목표
인지적 영역	가	물건을 만져 보고 손이나 몸으로 느껴지는 촉감을 표현할 수 있다.
	나	물건을 만져 보고 손이나 몸으로 느껴지는 촉감을 표정으로 나타낼 수 있다.
탐구적 · 기능적 영역	가	여러 가지 흐르는 것들을 흘러내리게 하여 흐르는 정도를 관찰할 수 있다.
	나	여러 가지 흐르는 것들의 흐르는 정도를 관찰할 수 있다.
습관적 · 태도적 영역	가	촉감이 느껴지는 사물을 잡고 만지는 데에 흥미를 가질 수 있다.
	나	촉감이 느껴지는 사물을 보고 만지는 데에 흥미를 가질 수 있다.

4. 단원의 연계

물체의 성질	후속 학습
1. 촉감으로 만나는 세상 (1) 물체를 손으로 만져 보고 느낌 표현하기 (2) 생활에서 촉감을 지닌 물건 사용해 보기 2. 물체의 느낌 (1) 성질이 서로 같거나 다른 물건의 느낌 비교하기 (2) 성질이 서로 같거나 다른 물건 찾아보기 3. 흐르는 물체의 성질 (1) 흐르는 성질의 물건 알아보기 (2) 흐르는 성질 관찰하기	1. 초등학교 1~2학년(나) : 물체의 분류 2. 초등학교 3~4학년 : 물체와 물질 3. 초등학교 5~6학년 : 액체의 성질

5. 단원의 지도계획

소단원	차시	활동명	차시명	학습목표
1. 촉감으로 만나는 세상	1 차시	기초 학습 1	딱딱한 것과 물렁한 것의 느낌을 표현해 봅시다.	• 딱딱한 것을 만져 보고 느낌을 표현할 수 있다. • 물렁한 것을 만져 보고 느낌을 표현할 수 있다.
		주요 학습	주변에 있는 딱딱한 물건과 물렁한 물건을 사용해 봅시다.	• 주변에서 딱딱한 물건을 찾을 수 있다. • 딱딱한 물건을 생활에서 알맞게 사용할 수 있다. • 주변에서 물렁한 물건을 찾을 수 있다. • 물렁한 물건을 생활에서 알맞게 사용할 수 있다.

2 차시	기초 학습 2	부드러운 것과 거친 것의 느낌을 표현해 봅시다.	• 부드러운 것을 만져 보고 느낌을 표현할 수 있다. • 거친 것을 만져 보고 느낌을 표현할 수 있다.
	주요 학습 2	부드러운 물건과 거친 물건을 사용해 봅시다.	• 주변에서 부드러운 물건을 찾을 수 있다. • 부드러운 물건을 생활에서 알맞게 사용할 수 있다. • 주변에서 거친 물건을 찾을 수 있다. • 거친 물건을 생활에서 알맞게 사용할 수 있다.
3 차시	기초 학습 3	차가운 것과 따뜻한 것의 느낌을 표현해 봅시다.	• 차가운 것을 만져 보고 느낌을 표현할 수 있다. • 따뜻한 것을 만져 보고 느낌을 표현할 수 있다.
	주요 학습 3	주변에서 사용하는 차가운 것과 따뜻한 것을 알아봅시다.	• 차가운 것과 따뜻한 것을 구별할 수 있다. • 주변에서 사용하는 차가운 것과 따뜻한 것을 말할 수 있다.
4 차시	본시 활동	다양한 촉감 길을 만들어 봅시다.	• 촉감에 알맞은 그림카드를 가리킬 수 있다. • 다양한 촉감을 만져 보고 촉감 길을 만들 수 있다. • 다양한 촉감에 흥미를 가질 수 있다.

6. 지도 및 평가상의 유의점

1) 지도상의 유의점

(1) 학생이 물건을 던지지 않도록 주의한다.

(2) 딱딱한 것과 물렁한 것을 동시에 제시하지 말고, 딱딱한 것을 충분히 만져 본 다음 물렁한 것을 만져 보도록 한다.

(3) 부드러운 물건과 거친 물건을 동시에 제시하지 말고, 부드러운 것을 충분히 만져 본 다음 거친 것을 만져 본다.

(4) 직접 이용하는 물건을 사용해 촉감을 만져 본다.

2) 평가상의 유의점

(1) 딱딱한 것을 만져 보고 느낌을 표현할 수 있는지 평가한다.

(2) 물렁한 것을 만져 보고 느낌을 표현할 수 있는지 평가한다.

(3) 부드러운 것을 만져 보고 느낌을 표현할 수 있는지 평가한다.

(4) 주머니 속에 있는 물건을 눈으로 확인할 수 있는지 평가한다.

(5) 우리 주변에서 촉감을 이용한 물건을 2개 이상 알고 있는지 평가한다.

(6) 우리 주변에서 촉감을 이용하여 할 수 있는 활동을 2개 이상 알고 있는지 평가한다.

7. 단원의 평가계획

평가 영역	수준	목표	방법
인지적 영역	가	물건을 만져 보고 손이나 몸으로 느껴지는 촉감을 표현할 수 있는가?	• 관찰법 –관찰자: 지도교사 –관찰시점: 본시
	나	물건을 만져 보고 손이나 몸으로 느껴지는 촉감을 표정으로 나타낼 수 있는가?	
탐구적 · 기능적 영역	가	여러 가지 흐르는 것들을 흘러내리게 하여 흐르는 정도를 관찰할 수 있는가?	
	나	여러 가지 흐르는 것들의 흐르는 정도를 관찰할 수 있는가?	
습관적 · 태도적 영역	가	촉감이 느껴지는 사물을 잡고 만지는 데에 흥미를 가질 수 있는가?	
	나	촉감이 느껴지는 사물을 보고 만지는 데에 흥미를 가질 수 있는가?	

Ⅱ. 학습 관련 실태

1. 학급 실태

1) 차지증후군과 지적장애를 동반한 아동 1명, 뇌병변 장애아동 3명으로 구성되어 있으며, 성별로는 남 1명, 여 3명이다.
2) 학급 내에서 학생들의 행동 양태 면에서는 밝고 활발한 편이고 자립생활 면과 신변 처리 면에서는 도움을 필요로 하고 있다. 학생들은 새로운 것에 대한 호기심이 많아 팔을 뻗어 잡고자 하는 적극적인 행동을 보인다.
3) 의사소통 면에서는 4명 모두 발화가 어려워 적극적인 의사표현이 어렵지만 표현 언어에 비해 수용 언어는 큰 어려움이 없다.
4) 학생들의 학습능력은 학생들 사이에 개인차이가 심하고 청력 수준, 시력 수준, 언어수준 등에 있어서 크게 차이가 나타났으므로 각 교과마다, 각 학생마다 수준차를 고려한 적절한 지도와 수업자료를 다양하게 지도할 필요가 있다.

2. 학생 실태

이름	성별	나이	장애 유형	본시학습 관련 수행능력	행동특성 및 학습수준	지도대책
김○○	여	9세	차지 증후군 (지적 장애 1급)	• 사물을 만지고 붙이고 두드리는 것이 가능함 • 특정 캐릭터를 오랫동안 집중하며 볼 수 있음	• 손짓이나 몸짓으로 요구하기가 가능함 • 생활 속에서 필요한 사물의 기능을 알고 있음 • 종이를 보면 찢음 • 조각 끼워 넣기가 가능함 • 수업 중 자리 이탈을 3번 이상 함	• 수업 중 착석을 잘하고 있을 시 칭찬이나 강화물을 제공함 • 학생이 다양한 사물이나 상황을 요구할 수 있도록 환경을 조성함

박○○	여	8세	뇌병변 장애 (1급)	• 사물을 향해 손을 뻗거나 만질 수 있음 • 아이클레이, 플레이콘과 같은 새로운 자극이나 환경에 적응이 빠름 • 이야기를 들려줄 때 웃으면서 듣기가 가능함	• 눈과 손의 협응이 됨 • 활동을 할 때 참여를 잘함 • 가끔씩 "엄마" "아빠" "오빠"를 말할 수 있음 • 수업 중 다른 곳을 쳐다볼 때가 있음 • 과한 표정이나 행동을 좋아함	• 학생의 이름을 부르며 집중할 수 있도록 함 • 수업에 잘 참여할 때 큰 동작으로 칭찬을 해 주어야 함 • 놀이교구를 많이 만져 보고 탐색할 수 있도록 지도함
최○○	여	10세	뇌병변 장애 (1급)	• 사물을 보고 만질 수 있음 • 다른 사람과 함께 만들거나 활동하는 것을 할 수 있음	• 소리 나는 물건을 만지는 것을 좋아함 • 팔이나 다리를 움직이는 것을 좋아함 • 큰 소리나 갑작스러운 몸짓에 크게 놀람 • 사물의 잡기가 가능함	• 큰 소리나 갑작스러운 상황을 줄이고 조심스럽게 다가가도록 함 • 충분한 체조를 할 수 있도록 지도함 • 다양한 사물을 만져 보게 함
이○○	남	8세	뇌병변 장애 (2급)	• 사물을 잡고 유지하기가 가능함 • 화면에서 움직이는 물체나 소리 나오는 것에 집중할 수 있음	• 평소에도 잠이 많음 • 손가락을 입에 넣고 빠는 행동을 보임 • 다리를 높이 들고 움직이는 것을 좋아함 • 걸어 다닐 수 있지만 사람의 품에 안기는 것을 좋아함 • 사물을 손으로 잡았을 때 1분 이상 유지하기가 가능함	• 손가락을 입에 넣기 전 손에 놀 수 있는 장난감을 쥐어 줌 • 학생이 스스로 걸을 수 있도록 지도함 • 다리체조를 틈틈이 지도함

Ⅲ. 지도의 실제

1. 본시 교수 · 학습 계획안

<table>
<tr><td>교과</td><td>과학</td><td>단원</td><td>5. 물체의 성질</td><td>제재</td><td>다양한 촉감 길 만들기</td><td>차시</td><td>4/4</td></tr>
<tr><td rowspan="2">대상</td><td rowspan="2">초 1-○
(남 1, 여 3, 계 4)</td><td rowspan="2">장소</td><td rowspan="2">초 1-○ 교실</td><td rowspan="2">일시</td><td rowspan="2">○년 ○월 ○일
월요일 3교시</td><td>지도 교사</td><td>○○○</td></tr>
<tr><td>교육 실습생</td><td>○○○</td></tr>
<tr><td rowspan="3">학습 목표</td><td colspan="7">다양한 촉감 길을 만들 수 있다.</td></tr>
<tr><td>가</td><td colspan="6">원하는 촉감을 선택해서 촉감 길을 만들 수 있다.</td></tr>
<tr><td>나</td><td colspan="6">교사가 제시하는 촉감을 이용하여 촉감 길을 만들 수 있다.</td></tr>
<tr><td>준비물</td><td colspan="7">탬버린, 동영상 자료, 돌멩이, 뽀로로 마이크, 칠판, 지도, 모래 상자, 스티커, 그림카드, 주머니 4개, 모래, 옥수수 모형, 이젤, 솜, 사포, 우드락, 아이클레이, 거울종이, 모래종이, 통 2개, PPT 자료, 흰 장갑</td></tr>
</table>

<table>
<tr><td rowspan="3">단계</td><td rowspan="3">활동 요소</td><td colspan="3">교수 · 학습활동</td><td rowspan="3">시간 (분)</td><td rowspan="3">자료([자])
유의점([유])</td></tr>
<tr><td rowspan="2">교사활동</td><td colspan="2">학생활동</td></tr>
<tr><td>가</td><td>나</td></tr>
<tr><td rowspan="3">도입</td><td>주의 집중</td><td>• 인사노래를 부르면서 호명되는 학생마다 탬버린을 치도록 한다.
-"○○은 어디 있나 여기!"</td><td>-교사와 눈을 맞추고 한 손으로 탬버린을 친다.</td><td>-교사와 눈을 맞춘다.</td><td rowspan="3">5</td><td>[자] 탬버린
[유] 손을 이용하여 탬버린을 치기 어려운 학생에게는 신체적인 도움을 제공한다.</td></tr>
<tr><td>전시 학습 상기</td><td>• 화면에서 사진을 보여주며 전시 학습을 상기시킨다.
-"○○가 차가운 얼음주머니를 만졌어요."
-"○○가 따뜻한 드라이기 바람을 느껴 보았어요."</td><td colspan="2">-사진자료를 본다.</td><td>[자] PPT</td></tr>
<tr><td>동기 유발</td><td>• 뉴스 데스크를 보여준다.
-뽀로로가 즐겁게 놀고 있는 장면을 제시한 후 뉴스가 시작된다.</td><td colspan="2">-바른 자세로 앉아서 뉴스를 본다.</td><td>[자] 동영상 자료
[유] 뉴스를 볼 수 있도록 학생들의 관심을 유발한다.</td></tr>
</table>

<table>
<tr><th rowspan="3">단계</th><th rowspan="3">활동
요소</th><th colspan="3">교수 · 학습활동</th><th rowspan="3">시간
(분)</th><th rowspan="3">자료(자)
유의점(유)</th></tr>
<tr><th rowspan="2">교사활동</th><th colspan="2">학생활동</th></tr>
<tr><th>가</th><th>나</th></tr>
<tr><td rowspan="3"></td><td rowspan="2"></td><td>–"시청자 여러분, 안녕하십니까? 명도뉴스의 최진희입니다. 여러분, 큰일났습니다! 우리의 친구 뽀로로가 나쁜 악당에게 잡혀갔다는 소식이 들어 왔습니다. 그래서 초등학교 1학년 2반 김○○, 최○○, 박○○, 이○○ 학생과 ○○○ 선생님이 뽀로로를 구하러 길을 떠났다고 합니다. 그럼 현장에 나와 있는 ○○○ 선생님을 불러 볼까요? ○○○ 선생님!"</td><td colspan="2"></td><td rowspan="3"></td><td rowspan="2">자 뽀로로 마이크</td></tr>
<tr><td>• 뽀로로를 구할 수 있는 지도가 있다고 설명한다.</td><td colspan="2">–교사의 설명을 듣는다.</td></tr>
<tr><td>학습
문제
확인</td><td colspan="3">• 공부할 문제: 다양한 촉감 길을 만들어 봅시다.
–활동 1: 길을 떠나요.
–활동 2: 길을 만들어요.
–활동 3: 길을 연결해요.</td><td>자 지도</td></tr>
<tr><td rowspan="2">전개</td><td rowspan="2">문제
해결</td><td colspan="3">활동 1: 길을 떠나요.</td><td rowspan="2">30</td><td rowspan="2">자 지도</td></tr>
<tr><td>• 뽀로로를 구할 수 있는 지도를 보여 주며 설명한다.
–"뽀로로를 구하기 위해서는 모래 언덕을 지나야 합니다. 어? 이 문들은 무엇일까요? 우리가 똑똑똑 문을 열기 위해서는 열쇠 스티커가 필요해요. 우리가 활동을 하면서 열쇠 스티커를 찾아보도록 합시다."</td><td colspan="2">–지도를 본다.</td></tr>
</table>

단계	활동 요소	교수 · 학습활동			시간 (분)	자료(자) 유의점(유)
		교사활동	학생활동			
			가	나		
		• 사막에 도착하면 모래와 모래가 들어 있는 상자를 한 사람씩 만져보게 한다. -"모래를 만져 볼까요?"	-모래를 만져 본다.			자 모래상자, 모래, 물티슈 유 모래를 입에 넣지 않도록 주의한다. 유 모래를 최대한 만질 수 있도록 흥미를 유발한다.
		• 모래 속에서 스티커를 찾아보게 한다. -"열쇠 스티커를 찾아봅시다."	-모래 속에서 열쇠 스티커를 찾고 교사에게 준다.	-열쇠 스티커를 본다.		자 열쇠 스티커
		• 다음 길로 이동하기 위해 열쇠 스티커를 막힌 문에 붙이도록 한다.	-열쇠 스티커를 다음 길로 가는 막힌 문에 붙인다.	-막힌 문에 붙이는 열쇠 스티커를 본다.		자 열쇠 스티커, 지도
		• 악어 떼를 만났을 때는 아이클레이와 돌멩이를 준다. -"찰흙을 만져 볼까요?"	-아이클레이를 만진다.	-신체적인 도움을 받아 아이클레이를 만진다.		자 아이클레이 유 아이클레이를 충분히 만질 수 있게 하고 흥미를 유발하도록 한다.
		• 악어 등을 만들기 위해 찰흙 위에 돌멩이를 박아 보도록 한다. -"찰흙 위에 돌멩이를 박아 봅시다."	-아이클레이 위에 돌멩이를 박는다.	-신체적인 도움을 받아 아이클레이 위에 돌멩이를 박는다.		자 돌멩이, 돌멩이와 열쇠 스티커가 담긴 상자
		• 남은 돌멩이는 주머니에 넣도록 한다. -"주머니에 돌멩이를 넣어 봅시다."	-주머니에 돌멩이를 넣는다.	-신체적인 도움을 받아 주머니에 돌멩이를 넣는다.		자 돌멩이, 주머니
		• 그림카드를 제시한다. -"악어 등이 어떤 느낌이 들어요?"	-그림카드를 가리킨다.	-그림카드를 쳐다본다.		자 그림카드 유 '나'수준의 학생에게는 한 장의 카드만 제시한다.

단계	활동 요소	교수 · 학습활동			시간(분)	자료(자) 유의점(유)
		교사활동	학생활동 가	학생활동 나		
		• 돌멩이가 든 상자 안에 있는 열쇠 스티커를 찾도록 한다. -"열쇠 스티커를 찾아볼까요?"	-열쇠 스티커를 붙이는 것을 본다.			자 열쇠 스티커, 지도
		• 구름다리를 건너기 위해서 학생들에게 구름 모양의 판에 붙여진 솜을 떼 보도록 한다. -"구름에 붙어 있는 솜을 떼어 볼까요?"	-구름판에 붙여진 솜을 떼어 보고 만진다.	-솜을 손에 쥐어 본다.		자 솜 유 솜을 충분히 만질 수 있게 한다. 유 솜을 이용하여 학생들의 흥미를 유발하도록 한다.
		• 솜은 주머니에 넣어서 정리하도록 한다. -"우리가 만진 솜들은 책상 옆에 있는 주머니에 넣어 봅시다."	-주머니에 솜을 넣는다.	-신체적인 도움을 받아 주머니에 솜을 넣는다.		자 주머니, 솜
		• 그림카드를 나누어 준다. -"어떤 느낌이 들어요?"	-그림카드를 가리킨다.	-그림카드를 쳐다본다.		자 그림카드 유 '나'수준의 학생에게는 한 장의 카드만 제시한다.
		• 구름판 뒤에서 열쇠 스티커를 꺼내서 다음 길에 있는 문에 붙인다.	-문이 열리는 것을 본다.			자 열쇠 스티커, 지도
		• 옥수수 밭을 지나기 위해서 옥수수 모양 틀과 백업을 나누어 준다. -"옥수수를 만들어 볼까요?"	-백업을 이용하여 옥수수를 만든다.	-신체적인 도움을 받아 백업을 이용하여 옥수수를 만든다.		자 옥수수 모양 판, 백업, 백업이 든 상자, 열쇠 스티커
		• 백업을 주머니 속에 정리하도록 한다.	-주머니에 백업을 넣는다.	-신체적인 도움을 받아 주머니에 백업을 넣는다.		자 주머니, 백업
		• 그림카드를 제시한다. -"어떤 느낌이 들어요?"	-그림카드를 가리킨다.	-그림카드를 쳐다본다.		자 그림카드 유 '나'수준의 학생에게는 한 장의 카드만 제시한다.

단계	활동 요소	교수 · 학습활동			시간(분)	자료(자) 유의점(유)
		교사활동	학생활동			
			가	나		
		활동 2: 길을 만들어요.				
		• 지도에 대해 설명한다. -"끊어져 있는 이 길은 우리가 만져 보았던 솜, 돌멩이, 모래, 푹신푹신한 스티로폼으로 길을 만들어야 해요. 길을 만들면 뽀로로를 구할 수 있어요."	-지도를 본다.			자 지도
		• 길을 나누어 주고 주머니 속의 재료들을 꺼내 보도록 한다. -"주머니에 있는 물건을 모두 꺼내 봅시다." -"길 위에 여러 가지 물건을 붙여 보세요."	-주머니에서 사포, 솜, 돌멩이, 스티로폼, 사포를 모두 꺼낸다.	-신체적인 도움을 받아 사포, 솜, 백업, 돌멩이를 모두 꺼낸다.		자 주머니, 우드락, 백업, 돌멩이, 솜 유 학생들이 원하는 촉감을 많이 만져 볼 수 있도록 한다.
		• 비어 있는 길 위에 다양한 재료들을 붙이게 한다. -"텅 빈 길 위에 돌멩이, 솜, 백업, 사포들을 붙여 봅시다."	-텅 빈 길 위에 솜, 돌멩이, 백업, 사포를 붙인다.	-신체적인 도움을 받아 텅 빈 길 위에 솜, 돌멩이, 백업, 사포를 붙인다.		자 솜, 돌멩이, 백업, 우드락 길 4개, 유 길을 만들면서 촉감을 느낄 수 있도록 지도한다.
		활동 3: 길을 연결해요.				
		• 학생들이 만든 길을 서로 하나의 길이 되도록 연결한다. -"우리가 만든 길이 하나의 길이 되도록 연결해 봅시다."	-벨크로로 고리를 연결한다.	-벨크로를 잡고 있는다.		자 벨크로가 붙여진 끈, 촉감 길
		• 만든 촉감 길을 손으로 만져 보도록 한다. -"길을 만져 볼까요?"	-촉감 길을 만져 본다.			자 촉감 길 유 스스로 촉감 길을 만지기 어려운 학생에게는 신체적인 촉구를 제공한다.

<table>
<tr><th rowspan="3">단계</th><th rowspan="3">활동
요소</th><th colspan="3">교수 · 학습활동</th><th rowspan="3">시간
(분)</th><th rowspan="3">자료([자])
유의점([유])</th></tr>
<tr><th rowspan="2">교사활동</th><th colspan="2">학생활동</th></tr>
<tr><th>가</th><th>나</th></tr>
<tr><td></td><td></td><td>• 지도에서 뽀로로가 갇힌 성에 간다.
-"뽀로로를 구했어요. 정말 잘했어요."</td><td colspan="2">-지도를 보며 교사의 설명을 듣는다.</td><td></td><td>[자] 지도</td></tr>
<tr><td rowspan="4">정리</td><td rowspan="2">학습
정리</td><td>• 뉴스를 보여 준다.
- "방금 들어온 소식입니다. 초등학교 1학년 ○반 학생들과 ○○○ 선생님이 뽀로로를 구했다고 합니다. 뽀로로는 감사하다며 작은 선물을 준비했다고 합니다."</td><td colspan="2"></td><td rowspan="4">5</td><td>[자] 텔레비전, 컴퓨터, 동영상 자료</td></tr>
<tr><td>• 뽀로로가 준 선물상자를 보여 준다.
-"선물상자 안에는 무엇이 들어 있을까요?"</td><td>-선물상자 속 선물을 꺼내 본다.</td><td>-선물상자 속 선물을 본다.</td><td>[자] 선물상자, 초콜릿, 과자, 자유 시간
[유] 받은 선물은 쉬는 시간에 먹도록 한다.</td></tr>
<tr><td>차시
예고</td><td>• 다음 시간에 할 활동에 대해 설명한다.
-"다음 시간에는 모래종이와 거울종이에 그림을 그리는 활동을 해 볼 거예요."</td><td colspan="2">-그림이 그려진 거울종이를 본다.</td><td>[자] 거울종이</td></tr>
<tr><td>인사</td><td>• 마침인사노래를 부르면서 호명되는 학생마다 탬버린을 치도록 한다.
-"○○은 어디 있나 여기!"</td><td>-한 손으로 탬버린을 친다.</td><td>-교사와 눈을 맞춘다.</td><td>[자] 탬버린
[유] 수업이 끝났다는 것을 상기시킨다.</td></tr>
<tr><td>판서
계획</td><td colspan="6">• 공부할 문제: 다양한 촉감 길을 만들어 봅시다.
-활동 1: 길을 떠나요.
-활동 2: 길을 만들어요.
-활동 3: 길을 연결해요.</td></tr>
</table>

평가계획	수준	평가기준		평가방법	평가시기
	가	지식	촉감에 알맞은 그림카드를 가리킬 수 있는가?	관찰평가	수업 중
		기능	다양한 촉감을 만지고 촉감 길을 만들 수 있는가?		
		태도	다양한 촉감에 흥미를 가지고 참여하는가?		
	나	지식	교사가 제시하는 촉감 그림카드를 쳐다볼 수 있는가?		
		기능	교사가 제시하는 촉감을 만지고 촉감 길을 만들 수 있는가?		
		태도	다양한 촉감에 흥미를 가지고 참여하는가?		

2. 좌석 배치도

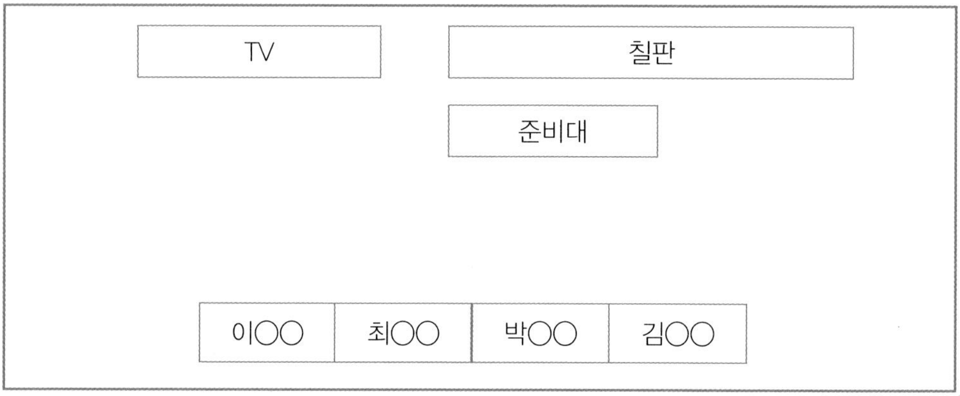

TV	칠판
	준비대

이○○	최○○	박○○	김○○

4장 사회과 수업지도안

단원	4. 함께하는 이웃	차시	4/8
제재	2) 고마운 이웃		
일시	○년 ○월 ○일 수요일 3교시		
장소	초등학교 3학년 ○반 교실		
대상	○○학교 3학년 ○반 (남 2명, 여 2명, 계 4명)		
수업자	교육실습생 ○○○ (인)		

Ⅰ. 단원 안내

1. 단원

1) 과목: 특수교육 기본교육과정 사회

2) 단원명: 4. 함께하는 이웃

3) 제재: 2) 고마운 이웃

2. 단원의 개관

학생의 성장은 경험에 의해 사회적 존재로 이루어지며, 얼마나 긍정적이고 다양한 경험을 했느냐에 따라 사회 친화력의 정도는 개인마다 달라진다. 특히, 학생들은 일상생활 주변의 직접적인 경험과 접촉을 통해 곧바로 인식하는 경우가 많게 되므로, 존재감을 일깨워 주는 것은 매우 중요한 부분이라고 본다.

따라서 이 단원에서는 이웃을 위해 애쓰시는 분들을 알아보면서 우리 주변에 있는 이웃에 대한 고마움을 느껴 보는 활동을 전개한다. 또 이웃에게 도움을 받는 것을 알고 자신이 직접 이웃을 위해 할 수 있는 일을 알아보고 실천해 볼 수 있도록 하였다. 나아가 좋은 이웃이 되기 위해 지켜야 할 이웃 간의 예절을 다루어 원만한 이웃 생활이 될 수 있도록 구성되어 있다.

추상적으로 인식될 수 있는 이웃이라는 존재를 직접적이고 감각적인 존재로 인식하기 위해서는 실제적 경험과 다양한 이웃과의 만남을 통해 이루어질 때 더욱 쉽게 인식될 수 있으므로 실생활과 연관되는 다양한 체험 활동을 통해 지도할 수 있도록 한다.

3. 단원의 목표

1) 어울려 사는 이웃의 모습을 살펴보고, 우리 주변에는 어떤 이웃이 있는지 파악한다.

2) 이웃을 위해 애쓰는 사람을 알고, 이웃의 노력에 대해 감사한 마음을 가진다.

3) 이웃을 위해 내가 할 수 있는 일을 알고, 이웃을 위한 봉사 활동을 실천한다.

4. 단원의 지도계획

차시	제재	학습 내용	학습 자료
1/8	우리 이웃	• 우리 이웃 모습 살펴보기 • 내가 살고 싶은 이웃 모습 꾸미기	• PPT • 도화지 • 색연필
2/8		• 이웃의 의미 생각하기	
3/8	고마운 이웃	• 이웃의 건강을 위해 일하는 사람 알기 • 안전을 위해 애쓰는 이웃 사람 알기	• PPT • 색종이 • 가위
4/8		• 고마운 마음 전달하기	
5/8	함께하는 좋은 이웃	• 이웃을 위하여 내가 할 수 있는 일 알기 • 이웃을 위하여 봉사 활동하기	• 코팅지 • 색지
6/8		• 이웃을 위하여 노력한 자신을 칭찬하기	
7/8	예절 바른 이웃	• 이웃 사이의 바른 예절 알기 • 이웃에게 피해를 주는 행동 알기	• 도화지 • 색지 • 어깨띠
8/8		• 이웃 사이에 지켜야 할 바른 예절 알리기	

5. 지도 및 평가상의 유의점

1) 우리가 편리하고 안전하게 생활할 수 있는 이유는 우리 주변의 열심히 일하는 이웃 덕분이라는 것을 인식할 수 있도록 지도한다.
2) 자신이 도움을 받은 이웃 사람에게 감사의 마음을 가지고, 자신의 감사한 마음을 표현할 수 있도록 한다.
3) 이웃을 위해 애쓰는 사람에 대해 알아보면서 자연스럽게 자신의 장래희망과 연결지어 지도할 수 있도록 한다.
4) 이웃의 건강, 안전을 위해 애쓰는 사람 이외에도 이웃의 편리하고 즐거운 생활 등을 위해 애쓰는 이웃이 더 있음을 제시한다.
5) 우리가 깨어 활동하는 낮 시간 외에도 우유 배달, 신문 배달, 화물 운송, 경비원 등 우리가 모두 자는 밤 시간에 이웃을 위해 일하는 사람이 있음을 제시한다.

6. 실생활과의 연계 및 다문화 관련 지도방향

1) 학교뿐만 아니라 병원, 경찰서, 소방서, 은행 등의 다양한 장소에서도 이웃을 위해 애쓰는 사람을 찾고, 떠올리며 고마운 마음을 전달할 수 있도록 한다.
2) 언어가 다르고 사는 곳이 달라도 각 나라 사람들은 다양한 방법을 통해 고마운 마음을 전달하고 있음을 자연스럽게 알게 한다.
3) 본 차시 지도 내용과 관련하여 다양성을 추가함으로써 고마운 마음을 전달하는 표현방법의 다양성을 배우고, 모든 학생이 학습활동에 참여할 수 있도록 지도한다.

Ⅱ. 학습 관련 실태

1. 학급 실태

1) 본 학급은 남학생 2명, 여학생 2명, 총 4명으로 구성된 학급이다.
2) 2명의 남학생은 여학생들에 비해 언어 구사력이 뛰어나 짧은 문장을 교사와 함께 읽을 수 있으나 발음이 부정확하고 글씨를 읽고 쓰기에 어려움이 있다.
3) 2명의 여학생은 지속적인 언어적 촉구와 신체적 촉구를 받아야 수업활동에 참여할 수 있다. 의사소통이 불가능하며 학교생활을 하는 데 전반적인 도움이 필요하다.

2. 학생 실태

이름	성별	장애유형	본시학습 관련 수행능력	행동특성 및 학습수준	수준
이○○	남	지적장애 (2급)	• 이웃의 모습을 알고, 하는 일을 찾아 말할 수 있다. • 점선 따라 글자를 적을 수 있다.	• 교사의 질문에 대답을 잘한다. • 수업 중 다른 곳을 쳐다보거나 집중을 안 할 때가 있다.	가
윤○○	남	지적장애 (2급)	• 우리 주변의 이웃의 모습을 알고, 하는 일을 찾아 말할 수 있다. • 점선 따라 글자를 적을 수 있다.	• 친구들을 잘 도와준다. • 부끄러움이 많아 발표를 할 때 고개를 숙이거나 거부를 하는 경우가 있다. • 고집이 강하며, 수업활동이 아닌 다른 것에 집중하는 경우가 있다.	가
배○○	여	뇌병변 장애 (1급)	• 뇌병변 장애로 인해 보행이 어렵고, 학습에 필요한 활동을 하는 데 전반적 도움이 필요하다. • 짧은 시간 동안 교재교구에 관심을 가진다.	• 노래 듣기를 좋아하며 박자를 느끼는 것을 좋아한다. • 울음이 터지면 소리 지르며 운다. • 책상과 의자를 손으로 세게 친다.	나
김○○	여	자폐성 장애 (1급)	• 손을 움직이는 활동 참여를 거부한다.	• 행동이 얌전하나 느리다. • 수업시간에 뒤돌아 앉으며 활동을 거부한다.	나

Ⅲ. 지도의 실제

1. 본시 교수 · 학습 계획안

일시	○년 ○월 ○일 수요일 3교시		장소	초 3-○ 교실	대상	초 3-○ (남 2, 여 2, 계 4)
과목	사회	단원	4. 함께하는 이웃		차시	4/8
제재	2) 고마운 이웃				수업자	교육실습생 ○○○
교수 · 학습 자료	의사결정 수업모형, 동기유발 동영상, PPT자료, 마술도구, 활동판, 개별 카드, 도장, 스티커, 편지봉투 활동판, 선물상자(강화물)					
수업 전략	수업형태	개인차를 고려한 수준별 학습				
	학습조직	전체 → 개별학습 → 전체				

<table>
<tr><td rowspan="3">학습목표</td><td colspan="3">학교에서 일하는 사람에 대해 알아보고, 고마운 마음을 표현할 수 있다.</td></tr>
<tr><td>가</td><td>이○○
윤○○</td><td>학교에서 일하는 사람을 알아보고, 2명 이상에게 고마운 마음을 전달할 수 있다.</td></tr>
<tr><td>나</td><td>배○○
김○○</td><td>학교에서 일하는 사람을 알아보고, 고마운 마음을 전달하는 활동에 도움을 받아 참여할 수 있다.</td></tr>
</table>

<table>
<tr><td rowspan="3">학습단계</td><td colspan="4">교수 · 학습활동</td><td rowspan="3">시량
(분)</td><td rowspan="3">자료([자])
유의점([유])
보조인력([보])</td></tr>
<tr><td rowspan="2">교사활동</td><td colspan="2">학생활동</td><td rowspan="2">다문화 지도 요소</td></tr>
<tr><td>가</td><td>나</td></tr>
<tr><td rowspan="2">학습 분위기 조성</td><td>• 인사하기</td><td>–즐거운 마음으로 인사하기</td><td>–교사와 눈 맞추기</td><td rowspan="8">–공존(생활환경과 사는 모습은 달라도 마음을 가지는 것을 안다.)</td><td rowspan="8">5</td><td rowspan="8">[유] 학생들이 수업에 흥미를 느끼며 집중할 수 있도록 분위기를 형성한다.
[자] 동기유발 동영상
[보] '나'수준의 학생들이 동기유발 영상을 볼 수 있도록 지원한다.
[유] '가'수준의 학생들이 큰 소리로 읽을 수 있도록 지도한다.</td></tr>
<tr><td>• 동기유발 동영상 제시하기</td><td>–관심을 가지며 동영상 시청하기</td><td>–동영상에 대한 내용을 듣기</td></tr>
<tr><td>공부할 문제 확인</td><td>• 공부할 문제 제시하기</td><td>–교사를 따라 학습 목표를 읽어보기</td><td>–교사와 친구들이 읽는 학습목표 듣기</td></tr>
<tr><td rowspan="2">공부할 순서 확인</td><td colspan="3">• 공부할 문제
–학교에서 일하는 사람에 대해 알아보고, 고마운 마음을 표현하여 봅시다.</td></tr>
<tr><td>• 학습 순서 및 내용 안내하기</td><td>–교사를 따라 학습 순서를 읽기</td><td>–교사와 친구들이 읽는 학습 순서 듣기</td></tr>
<tr><td rowspan="3">학습 규칙 안내</td><td colspan="3">• 공부할 순서
–활동 1: 고마운 사람을 알아보자!
–활동 2: 고마움을 표현하자!
–활동 3: 고마운 마음을 직접 전달하자!</td></tr>
<tr><td>• 학습 규칙 안내하기
–선물상자 제시하기</td><td colspan="2">–선물상자에 관심을 가지며 학습 규칙 듣기</td></tr>
<tr><td colspan="3">• 들을 때는 귀 기울이기
• 말할 때는 또박또박
• 바른 자세 멋진 자세로 공부를 합시다.</td></tr>
</table>

학습단계	교수 · 학습활동				시량(분)	자료([자]) 유의점([유]) 보조인력([보])
	교사활동	학생활동		다문화 지도 요소		
		가	나			
활동 1	활동 1: 고마운 사람을 알아보자!			-공존(언어가 달라도 같은 상황에서 비슷한 감정을 느낀다는 것을 안다.)	8	[자] 마술도구, PPT자료, 활동판 [유] 학생들이 앞에 나올 때 학습 분위기가 산만해지지 않도록 주의한다. [보] '나'수준의 학생들이 활동에 참여할 수 있도록 지원한다.
	• 학교에서 우리를 위해 일하는 사람 알아보기 -스쿨버스 기사 및 차량 도우미 -급식소 직원 -담임교사, 실무원	-교사의 언어적 촉구를 받으며 사진을 활동판에 붙이기	-교사의 언어적 · 신체적 촉구를 받으며 사진을 활동판에 붙이기			
	• 고마운 마음을 전달해야 하는 이유 알려 주기	-교사의 설명 듣기	-교사의 설명에 관심을 갖기			
활동 2	활동 2: 고마움을 표현하자!			-다양성(고마움을 전할 방법에는 여러 가지가 있다는 것을 안다.)	10	[자] 개별 카드, 도장, 스티커, PPT자료
	• 고마움을 전할 사람 선정하기	-고마움을 전할 사람 1명 선정하기	-교사와 함께 고마움을 전할 사람 선정하기			
	• 고마움을 표현할 방법 알려 주기	-한 가지 표현방법을 선정하기	-교사와 함께 표현방법을 선정하기			
	• 학생이 고른 표현방법과 함께 전달할 카드 꾸미기	-도장과 스티커 등으로 카드 꾸미기	-교사의 신체적 촉구를 받으며 도장과 스티커 등으로 카드 꾸미기			
활동 3	활동 3: 고마운 마음을 직접 전달하자!			-배려 -상호존중(친구들이 쓴 카드를 볼 때 존중해 줘야 한다는 것을 안다.)	15	[자] 편지봉투 활동판 [보] '나'수준 학생들이 앞에 나올 수 있도록 지원한다. [유] 밖으로 나갈 때 조용히 나갈 수 있도록 한다.
	• 편지봉투 활동판에 카드 넣기	-활동판에 카드 넣기	-교사의 언어적 · 신체적 촉구를 받으며 활동판에 카드 넣기			
	• 고마운 마음 전달하러 가기	-교사와 친구들과 함께 전달하러 가기				

<table>
<tr><th rowspan="3">학습단계</th><th colspan="4">교수 · 학습활동</th><th rowspan="3">시
량
(분)</th><th rowspan="3">자료(자)
유의점(유)
보조인력(보)</th></tr>
<tr><th rowspan="2">교사활동</th><th colspan="2">학생활동</th><th rowspan="2">다문화 지도
요소</th></tr>
<tr><th>가</th><th>나</th></tr>
<tr><td rowspan="3">활동
정리</td><td>• 오늘 활동 정리하기</td><td colspan="2">–바른 자세로 듣기</td><td rowspan="3"></td><td rowspan="3">2</td><td rowspan="3">자 선물상자</td></tr>
<tr><td>• 선물상자 제공하기</td><td colspan="2">–바른 자세로 앉아서 선물상자에 관심 가지기</td></tr>
<tr><td>• 끝 인사</td><td>–인사하기</td><td>–눈 맞추기</td></tr>
</table>

2. 좌석 배치도

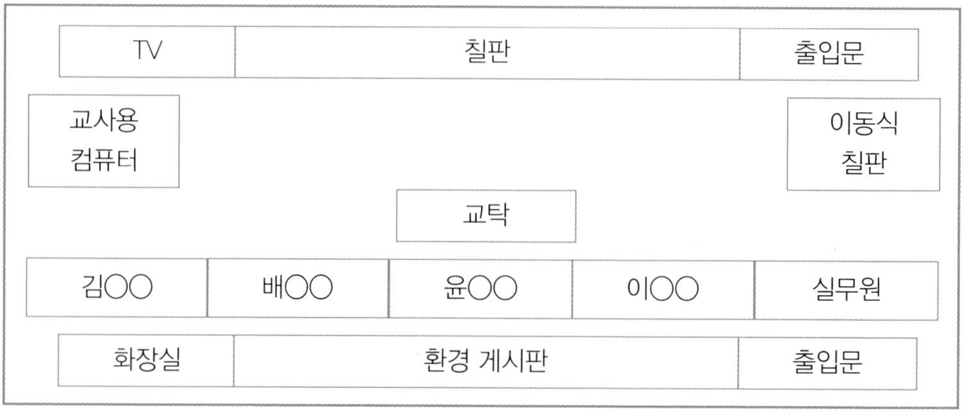

TV	칠판	출입문

교사용 컴퓨터		이동식 칠판
	교탁	

김○○	배○○	윤○○	이○○	실무원

화장실	환경 게시판	출입문

3. 평가계획

<table>
<tr><th rowspan="2">수준</th><th rowspan="2">평가문항(관점)</th><th colspan="5">평가척도</th><th rowspan="2">평가
시기</th></tr>
<tr><th>5</th><th>4</th><th>3</th><th>2</th><th>1</th></tr>
<tr><td>가</td><td>학교에서 일하는 사람을 알아보고, 2명 이상에게 고마운 마음을 전달할 수 있는가?</td><td></td><td></td><td></td><td></td><td></td><td>수업 중</td></tr>
<tr><td>나</td><td>학교에서 일하는 사람을 알아보고, 고마운 마음을 전달하는 활동에 도움을 받아 참여할 수 있는가?</td><td></td><td></td><td></td><td></td><td></td><td>수업 중</td></tr>
</table>

* 평가척도–1: 하(전혀 안 됨), 2: 중하(도움받아 할 수 있음), 3: 중(신체적인 도움받아 할 수 있음), 4: 중상(언어적 도움받아 할 수 있음), 5: 상(스스로 할 수 있음)

5장 체육과 수업지도안

단원	2. 도전활동
제재	자세의 높낮이를 다르게 하여 던지고 받기
일시	○년 ○월 ○일 금요일 1교시
장소	초등학교 1학년 ○반 교실
대상	○○학교 1학년 ○반 (남 1명, 여 4명, 계 5명)
지도 교사	○○○ (인)
교육 실습생	○○○ (인)

Ⅰ. 단원 안내

1. 단원

1) 대단원: 2. 도전활동

2) 소단원: 1. 높낮이 느끼기 활동

3) 제재: 자세의 높이를 다르게 하여 던지고 받기

4) 학습목표: 자세의 높이를 다르게 하여 던지고 받을 수 있다.

2. 단원의 선정 이유

'높낮이 느끼기 활동'은 움직임과 연관이 있는 환경 내에 존재하는 물체의 높낮이에 대하여 느끼며, 활동할 때에 신체 부위의 높이를 바꾸어서 하는 활동, 그리고 공간에서 신체 위치의 높낮이를 변화시키며 하는 활동 등을 하는 것을 목표로 한다. 우리 반 다수의 학생들은 주의집중 시간이 짧은 편이기 때문에 학생들의 흥미 유발을 위해서 신체를 이용한 수업이 이루어지도록 하여야 한다. 또한 학생들에게 익숙한 구체물인 공, 손수건 등을 이용하여 학생들에게 보다 구체적이고 사실적인 사물을 제시하여야 하고 직접 공을 던져 보는 등의 활동을 통해 수업이 이루어져야 한다.

이 단원에서는 다양한 신체적 활동을 통해 신체의 높낮이를 느낄 수 있도록 계획하였다. 또한 크기가 다양한 공과 표적이 되는 바구니, 훌라후프 등을 이용하여 학생들이 지루하지 않고 활동을 반복할 수 있도록 하였다.

3. 단원의 목표

'도전 활동'의 목표는 3학년 이후의 도전 활동에서 필요한 신체와 물체의 높낮이, 가까운 물체와 먼 거리에 있는 물체의 지각, 신체와 물체의 빠르기 등의 활동에 기초가 되는 지각 능력을 기르는 데 있다. 이를 구체적으로 나타내면 다음과 같다.

• 몸의 자세나 물체 높이에 대한 지각을 통하여 비이동, 이동, 물체 조작 움직임의 기초가 되는 활동을 수행한다.
• 가깝거나 먼 물체 지각을 통하여 비이동, 이동, 물체 조작 움직임의 기초 활동을 수행한다.
• 신체와 물체 속도의 지각을 통하여 비이동, 이동, 물체 조작 움직임의 기초 활동을 수행한다.

4. 단원의 연계

높낮이 느끼기 활동	후속 학습
1. 자세의 높낮이 알아보기 2. 물체를 사용하여 높낮이 알아보기 3. 물체의 높낮이 구별해 보기 4. 자세를 낮추어 이동하여 보기 5. 높낮이가 다른 물체를 이용하여 활동해 보기	1. 초등학교 1~2학년 1) 거리 느끼기 활동 2) 빠르기 느끼기 활동 2. 초등학교 3~4학년 1) 속도 도전 중 달리기 2) 속도 도전 중 수영 3. 초등학교 5~6학년 1) 동작 도전 중 체조 2) 동작 도전 중 태권도 품새

5. 단원의 지도계획

단원	차시	학습 주제	주요 학습 내용
높낮이 느끼기 활동	1	자세의 높낮이를 알아봅시다.	몸의 높이를 다르게 해 보아요.
	2	물체를 사용하여 높낮이를 알아봅시다.	물체의 높고 낮음을 찾아보아요.
	3	물체의 높낮이를 구별하여 봅시다.	높은 위치에 있는 물체를 찾아보아요.
	4	자세를 낮추어 이동하여 봅시다.	손과 무릎으로 기어서 이동하여 보아요.
	5	자세를 낮추어 이동하여 봅시다.	높이가 다른 장애물을 통과하여 보아요.

	6	자세를 낮추어 이동하여 봅시다.	'뛰어넘기 놀이'를 해 보아요.
	7	높낮이가 다른 물체를 이용하여 활동해 봅시다.	공중에 있는 물체를 차 보아요.
	8	높낮이가 다른 물체를 이용하여 활동해 봅시다.	자세의 높이를 다르게 해서 던지고 받아 보아요.
	9	높낮이가 다른 물체를 이용하여 활동해 봅시다.	높이가 다른 물체를 차 보아요.
	10	높낮이가 다른 물체를 이용하여 활동해 봅시다.	자세의 높이를 다르게 하여 튀기기와 굴리기를 해 보아요.

6. 지도 및 평가상의 유의점

1) 지도상의 유의점

(1) 던지는 위치와 목표 지점의 높낮이 차이를 명확하게 구분할 수 있도록 배치한다.

(2) 던지고 받는 자세에 따라 움직일 수 있는 범위에 차이가 있음을 이해할 수 있도록 시범과 학생의 활동을 비교하여 설명한다.

(3) 공을 받기 어려워하는 학생들은 크기가 큰 공이나 그랍볼 등과 같이 상대적으로 받기 쉬운 공으로 활동 참여를 유도한다.

2) 평가상의 유의점

(1) 신체와 물체의 높낮이를 지각하여 그 차이를 구분하는 이해력, 이를 바탕으로 비이동 움직임, 이동 움직임, 물체를 조작하여 수행하는 능력을 평가한다.

(2) 교사 평가를 위주로 하지만, 가급적 학생들의 참여가 최대한 이루어지도록 상호 평가, 자기 평가를 병행하여 실시한다.

(3) 평가방법으로는 인지 정도를 알아보기 위한 지필 평가로서 색칠하기, 점검 목록표를 이용한 신체 활동 수행력 체크, 도전 활동의 수행력을 점검하기 위한 언어 표현 평가 등의 다양한 방법의 평가 도구를 활용하여 평가한다.

7. 단원의 평가계획

• 자세와 물체의 높낮이에 대한 이해

평가 항목	상	중	하	방법
자세의 높낮이를 이해하고, 자세를 취한다.	자세의 높낮이를 이해하고 높고 낮은 자세를 취한다.	높은 자세와 낮은 자세를 구별한다.	자세의 높낮이를 잘 알지 못한다.	• 수행 평가 • 학생 행동 관찰 –관찰자: 지도교사 –관찰시점: 본시
물체의 높낮이를 이해한다.	물체의 높낮이를 이해하고 물체 위에서 자세를 취한다.	높은 물체와 낮은 물체를 구별한다.	물체의 높낮이를 잘 알지 못한다.	

Ⅱ. 학습 관련 실태

1. 학급 실태

1) 지적장애 3명, 자폐성 장애 1명, 뇌병변 장애 1명으로 구성되어 있으며, 성별로는 남 1명, 여 4명이다.
2) 학급 내에서의 학생들 행동 양태 면에서는 활발한 편이며 5명 중 2명은 자립생활과 신변처리 면이 원활하나 3명은 도움이 필요하다.
3) 학습 면에서는 주의집중 시간이 짧으며 의사소통 면에서는 수용언어에는 문제가 없으나 표현 언어에서 어려움을 보이는 학생들이 있다.
4) 학생들의 학습 능력은 학생들 사이에 개인 차이가 심하기 때문에 각 학생마다 수준차를 고려한 적절한 지도와 수업자료를 흥미 있고 다양하게 준비하여 지도할 필요가 있다.

2. 학생 실태

이름	성별	나이	장애유형	본시학습 관련 수행능력	행동특성 및 학습수준	수준
박○○	남	9세	지적장애(3급)	• 다양한 크기의 공을 잡을 수 있음 • 공을 목표물을 향해 던질 수 있음 • 자세의 높이를 다르게 하여 물체를 던지거나 받을 수 있음	• 발화의 양이 많고 집중시간이 짧음 • 산만하고 손에 뭔가를 항상 만지고 있음 • 기억력이 좋음 • 한글 읽기, 쓰기 어느 정도 가능함 • 활동적인 것을 좋아함	가
김○○	여	11세	지적장애(1급)	• 다양한 크기의 공을 잡을 수 있음 • 공을 목표물을 향해 던질 수 있음 • 자세의 높이를 다르게 하여 물체를 던지거나 받을 수 있음	• 낱말이나 짧은 문장을 따라서 말할 수 있고 필요한 말을 단순하게 표현할 수 있음 • 고집이 센 편임 • 수용언어가 많고 다양한 행동 표현이 가능함 • 노래 따라 부르는 것을 좋아함	가
이○○	여	8세	자폐성장애(2급)	• 다양한 크기의 공을 잡을 수 있음 • 옆에 앉은 친구가 하는 것 모방 가능함 • 공을 던질 수 있음	• 간단한 낱말표현 가능함 • 행동 위주의 의사소통을 좋아함 • 타인과의 상호작용 어려움 • 집중시간이 짧으며 "싫어, 안 해."라는 말을 자주 함 • 낯선 환경, 동물, 사람 많은 곳을 싫어함 • 본인에 대한 관심을 좋아함	나
최○○	여	9세	지적장애(2급)	• 다양한 크기의 공을 잡을 수 있음 • 자신에게 흥미 있는 활동인 경우 두 손을 모아서 달라는 표현을 함 • 공을 던질 수 있음	• 사람, 환경변화에 예민함 • 원하는 것이 있을 때 다른 사람의 손을 잡고 원하는 방향으로 감 • 걸어 다닐 수 있지만 사람의 품에 안기는 것을 좋아함 • 인형, 블록 정리하기 좋아함 • 공동 주의집중 어려움	나
장○○	여	10세	뇌병변장애(1급)	• 소근육 사용이 잘 되는 편이 아니어서 교사나 실무원의 보조로 활동에 참여함 • 공을 잡고 안 놓는 경우가 있으므로 주의해야 함	• 혼자서 서서 보행 못함 • 빠르게 기어 다님 • 드럼 스틱 등으로 두드리는 것을 좋아함 • 음식 씹는 것을 못해서 유동식 먹음	나

Ⅲ. 지도의 실제

1. 본시 교수 · 학습 계획안

<table>
<tr><td>교과</td><td>체육</td><td>단원</td><td colspan="2">2. 도전활동</td><td>제재</td><td>자세의 높이를 다르게 하여 던지고 받기</td><td>차시</td><td>8/10</td></tr>
<tr><td rowspan="2">대상</td><td rowspan="2">초 1-○
(남 1, 여 4, 계 5)</td><td rowspan="2">장소</td><td colspan="2" rowspan="2">초 1-○ 교실</td><td rowspan="2">일시</td><td rowspan="2">○년 ○월 ○일
금요일 1교시</td><td>지도교사</td><td>○○○</td></tr>
<tr><td>지도교생</td><td>○○○</td></tr>
<tr><td rowspan="2">학습
목표</td><td>가</td><td>박○○
김○○</td><td colspan="6">자세의 높이를 다르게 하여 던지고 받을 수 있다.</td></tr>
<tr><td>나</td><td>이○○
최○○
장○○</td><td colspan="6">자세를 유지하며 던지고 받을 수 있다.</td></tr>
</table>

<table>
<tr><td rowspan="3">단계</td><td rowspan="3">활동요소</td><td colspan="3">교수 · 학습활동</td><td rowspan="3">시
간
(분)</td><td rowspan="3">자료(자)
유의점(유)</td></tr>
<tr><td rowspan="2">교사활동</td><td colspan="2">학생활동</td></tr>
<tr><td>가</td><td>나</td></tr>
<tr><td rowspan="4">도입</td><td>주의집중</td><td>• 하이파이브를 하며 학생들과 눈 맞춤을 한다.</td><td colspan="2">-교사와 하이파이브를 한다.</td><td rowspan="4">8</td><td>유 학생들과 고르게 눈 맞춤을 한다.</td></tr>
<tr><td>전시학습
상기</td><td>• 체육대회 때 장애물 달리기를 한 동영상을 제시한다.</td><td>-장애물 달리기 때 했던 활동의 경험을 이야기한다.</td><td>-화면을 주의 깊게 본다.</td><td>자 동영상</td></tr>
<tr><td>동기유발</td><td>• 체조 후 활동에 쓰일 다양한 공을 제시한다.</td><td colspan="2">-체조를 따라 한 후 교사가 제시하는 공을 본다.</td><td>자 동영상, 공(큰 공, 작은 공, 그랍볼)
유 학생들이 체조를 열심히 따라 할 수 있도록 언어적 촉구를 한다.</td></tr>
<tr><td>학습문제
확인</td><td colspan="3">• 자세의 높이를 다르게 하여 던지고 받아 봅시다.</td><td></td></tr>
</table>

단계	활동요소	교수 · 학습활동			시간(분)	자료(자) 유의점(유)
		교사활동	학생활동			
			가	나		
전개	문제해결	• 바구니에 공 던지기 활동을 하게 한다. –안아서 던지기 –서서 던지기	–바구니에 공을 넣는다.	–공을 바구니에 던진다.	27	자 바구니, 공(큰 공, 작은 공, 그랍볼) 유 큰 공, 작은 공, 그랍볼 등을 이용하여 반복적으로 활동할 수 있도록 한다, 소근육 운동에 어려움이 있는 학생의 경우 교사나 실무원의 도움을 받아 활동한다.
		• 공을 이용하여 표적 맞추기 활동을 하게 한다.	–공을 이용하여 표적을 맞히도록 한다.	–공을 표적으로 향하게 하여 던진다.		자 종이 표적, 훌라후프, 공(큰 공, 작은 공, 그랍볼) 유 학생들 모두 경험해 보도록 한다.
		• 손수건을 바구니에 던져서 넣어 보도록 한다.	–손수건을 바구니에 던져 넣는다.	–언어적 촉구 또는 신체적 촉구를 받아 손수건을 바구니에 던져 넣는 활동을 한다.		자 손수건 유 자세의 높이를 다르게 해서 던져 보도록 지도한다.
		• 공을 던지고 받는 활동을 하게 한다.	–교사와 함께 공을 던지고 받는다.	–언어적 촉구 또는 신체적 촉구를 받아 공을 던지고 받는 활동을 한다.		자 공(큰 공, 작은 공, 그랍볼) 유 중간에 사회적 강화를 주어 즐겁게 활동할 수 있도록 한다.

단계	활동요소	교수 · 학습활동			시간(분)	자료(자) 유의점(유)
		교사활동	학생활동			
			가	나		
정리	학습정리	• 어떤 활동들을 했는지 제시한다.	−교사가 제시하는 활동들을 주의 깊게 본다.		5	자 바구니, 공(큰 공, 작은 공, 그랍볼), 표적, 손수건 등
	차시예고	• 다음 차시를 예고한다.	−교사의 설명을 듣는다.			
	인사	• 인사를 한다.	−바른 자세로 인사를 한다.			

판서계획

• 공부할 문제: 자세의 높이를 다르게 하여 던지고 받아 봅시다.
−활동 1: 던지기
−활동 2: 던지고 받기

평가계획

수준	평가기준	평가결과		
		상	중	하
가	자세의 높이를 다르게 하여 던지고 받을 수 있는가?	자세의 높이를 다르게 하여 던지고 받는 활동을 모두 할 수 있다.	자세의 높이를 다르게 하여 던지고 받는 활동을 두 가지 이상 할 수 있다.	자세의 높이를 다르게 하여 던지고 받는 활동을 한 가지 이상 할 수 있다.
나	자세를 유지하며 던지고 받을 수 있는가?	자세를 유지하며 던지고 받는 활동을 모두 할 수 있다.	자세를 유지하며 던지고 받는 활동을 두 가지 이상 할 수 있다.	자세를 유지하며 던지고 받는 활동을 한 가지 이상 할 수 있다.

2. 좌석 배치도

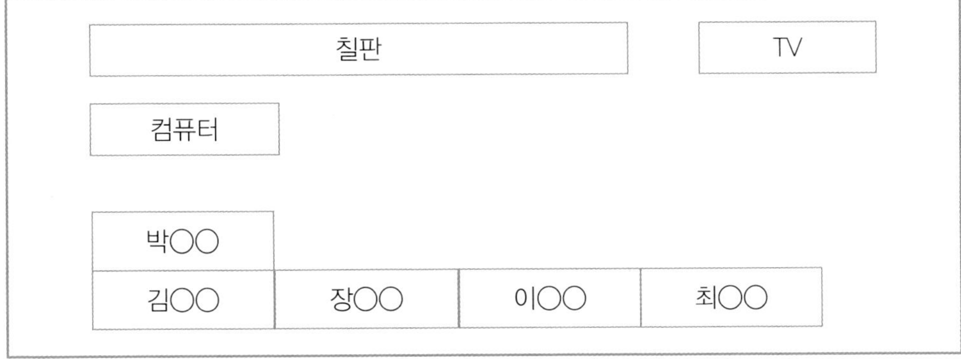

단원	사이좋은 친구
제재	동화 음악극 만들기(『브레멘 음악대』)
일시	○년 ○월 ○일 월요일 3교시
대상	○○학교 5학년 ○반 (남 4명, 여 2명, 계 6명)
장소	초등학교 5학년 ○반 교실
수업자	○○○ (인)
지도교사	○○○ (인)

I. 단원안내

1. 단원명

1) 단원명: 사이좋은 친구

2) 제재: 동화 음악극 만들기(『브레멘 음악대』)

2. 단원의 개관

인간은 누구나 자신이 느끼는 것을 표현하고자 하는 욕구가 있다. 표현에 대한 욕구는 장애의 유무와 정도를 떠나서 모두가 동일하게 가진 본능이라고 할 수 있다. 하지만 장애를 가진 학생은 장애로 인해 표현의 방법 및 형태가 제한적이거나 적절하지 못한 경우가 많다. 특히, 자폐스펙트럼 장애 및 다양한 발달지연을 갖고 있는 학생들의 경우 본인의 느끼는 것을 적절한 방식으로 표현하거나 다른 사람과 공유하는 것이 어려우며 그로 인해 표현에 대한 부정적인 경험을 가지기 쉽다. 표현의 다양한 방법 중의 하나인 음악은 인간의 사상과 감정을 음으로 표현하고 전달하며 항상 그 사회와 시대의 사상 및 흐름, 예술적 사고 등을 대표한다. 그리고 음악은 인간의 본능적인 예술적 욕구의 충족을 위한 매개체이며 음을 통해 개인의 창조적 · 감성적 아이디어를 다른 사람에게 전달하기도 하고 전달받기도 한다. 이러한 경험은 각 개인의 삶을 승화시키고 자아실현을 이룰 수 있는 원동력이 된다.

대부분의 시간을 수동적으로 보내기 쉬운 자폐스펙트럼 장애 및 다양한 발달지연을 갖고 있는 학생에게 음악을 통해 능동적으로 자신을 표현할 수 있는 기회를 제공할 수 있다. 특히 음악을 연주하는 방법의 하나인 즉흥연주는 반드시 예술적인 음악이 되어야 하는 것이 아니라 즉흥연주를 하는 경험 속에서 자유롭게 표현하는 그 과정 자체가 중요한 것이기에 음악적 지식이나 음악적인 훈련이 없어도 제한 없이 능동적으로 참여할 수 있다.

본 단원은 표현의 방법 및 형태가 제한적이거나 적절하지 못한 장애아동들에게 음악을 통해 능동적이고 적절한 방법으로 표현할 기회를 제공하고 음악과 동화극을 접목한 음악극을 제시하여 다양한 표현을 할 수 있도록 지도한다. 학생들이 『브레멘 음악대』 이야기로 음악극을 만들어 가는 과정 속에서 자신을 표현하는 것뿐만 아니라 친구들과 함께 공동의 작품을 완성하면서 서로 탐색하고 교류하여 협동할 수 있도록 하는 데 가장 큰 목적이 있다. 자폐스펙트럼 장애아동들은 타인에 대한 관심을 잘 나타내지 않기 때문에 오랜 시간을 같은 반에서 함께 지내는 친구라 할지라도 함께 놀이를 하거나 눈빛을 나누며 우정을 형성해 가는 것을 찾아보기 힘들다. 따라서 본 단원 음악극을 통해 공동의 작품을 완성해 가면서 자연스럽게 친구들을 탐색하고 우정을 형성할 기회를 제공하고 자신을 표현할 수 있도록 지도하고자 한다.

3. 단원의 목표

1) 이해

(1) 음악극을 보고 등장하는 네 마리의 동물을 알 수 있다.

(2) 등장동물의 울음소리를 알 수 있다.

(3) 등장동물의 울음소리와 비슷한 소리를 내는 타악기를 알고 선택할 수 있다.

(4) 악기를 바르게 연주하는 방법을 알고 있다.

(5) 음악극에서 자신이 맡은 동물 역할을 알고 동선을 이해할 수 있다.

(6) 음악극에서 자신이 역할을 맡은 동물의 생김새를 알 수 있다.

(7) 음악극 장면에 나오는 자기 얼굴사진을 보고 자신의 연주순서를 알 수 있다.

2) 기능

(1) 등장동물의 울음소리를 흉내 내서 녹음하고 들을 수 있다.

(2) 등장동물의 울음소리와 비슷한 소리를 내는 타악기를 연주할 수 있다.

(3) 올바른 방법으로 악기를 연주할 수 있다.

(4) 음악극에서 자신이 맡은 동물 역할의 동선대로 이동할 수 있다.

(5) 음악극 장면에 나오는 자기 얼굴사진을 보고 연주를 시작할 수 있다.

(6) 음악극 장면에 자기 얼굴사진이 사라지면 연주를 멈출 수 있다.

3) 태도

(1) 악기연주에 흥미를 가지고 적극적으로 수업에 참여하려는 태도를 가질 수 있다.

(2) 올바른 자세로 악기를 연주하는 태도를 가질 수 있다.

(3) 자신의 연주순서에 맞춰 연주하는 태도를 가질 수 있다.

(4) 공동작품을 만드는 것을 통해 협동심과 우정을 기를 수 있다.

4. 단원의 구조도

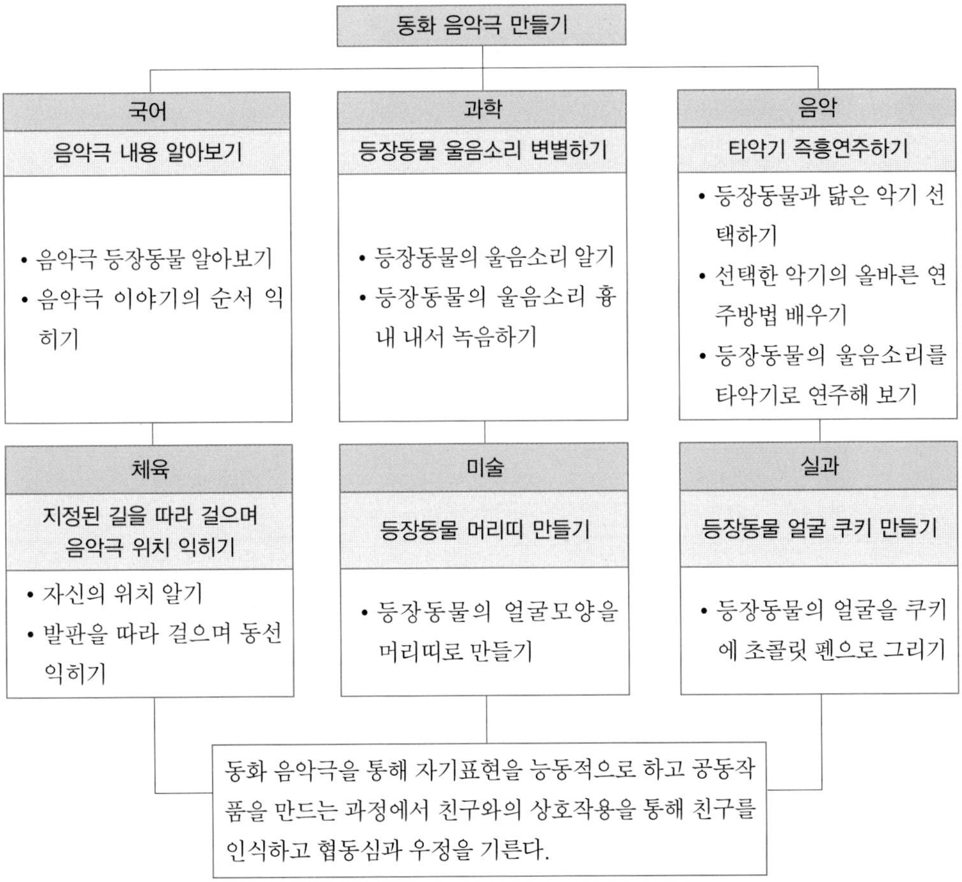

동화 음악극 만들기

국어	과학	음악
음악극 내용 알아보기	등장동물 울음소리 변별하기	타악기 즉흥연주하기
• 음악극 등장동물 알아보기 • 음악극 이야기의 순서 익히기	• 등장동물의 울음소리 알기 • 등장동물의 울음소리 흉내 내서 녹음하기	• 등장동물과 닮은 악기 선택하기 • 선택한 악기의 올바른 연주방법 배우기 • 등장동물의 울음소리를 타악기로 연주해 보기

체육	미술	실과
지정된 길을 따라 걸으며 음악극 위치 익히기	등장동물 머리띠 만들기	등장동물 얼굴 쿠키 만들기
• 자신의 위치 알기 • 발판을 따라 걸으며 동선 익히기	• 등장동물의 얼굴모양을 머리띠로 만들기	• 등장동물의 얼굴을 쿠키에 초콜릿 펜으로 그리기

동화 음악극을 통해 자기표현을 능동적으로 하고 공동작품을 만드는 과정에서 친구와의 상호작용을 통해 친구를 인식하고 협동심과 우정을 기른다.

5. 단원의 지도계획

차시	제재 (중심교과)	학습 내용	학습 자료
1/7	음악극 내용 알아보기 (국어)	• 음악극 등장동물 알아보기 • 음악극 이야기의 순서 익히기	• 벨크로 판 • 등장동물 그림카드 • 이야기 순서 그림카드 • 브레멘 음악대 동화영상
2/7	등장동물 울음소리 변별하기 (과학)	• 등장동물의 울음소리 알기 • 등장동물의 울음소리 흉내 내서 녹음하기	• 녹음기 • 등장동물 가림판 • 주사위 • 게임판 • 등장동물 울음소리 파일
3/7	타악기 즉흥연주하기 (음악)	• 등장동물과 닮은 악기 선택하기 • 선택한 악기의 올바른 연주방법 배우기 • 등장동물의 울음소리를 타악기로 연주해 보기	• 우드블록 • 핸드드럼 • 아고고벨 • 마라카스 • 귀로
4/7	지정된 길을 따라 걸으며 음악극 위치 익히기 (체육)	• 자신의 위치 알기 • 발판을 따라 걸으며 동선 익히기	• 발판 • 등장동물 영상
5/7	등장동물 머리띠 만들기 (미술)	• 등장동물의 얼굴모양을 머리띠로 만들기	• 색종이 • 가위 • 풀 • 마분지 • 다양한 스티커 • 골판지 • 색 도화지

6/7	등장동물 얼굴 쿠키 만들기 (실과)	• 등장동물 얼굴 도안 그리기 • 등장동물의 얼굴을 쿠키에 초콜릿 펜으로 그리기	• 다양한 초콜릿 펜 • 클레이 쿠키 • 도화지 • 색연필
7/7 (본시)	동화 음악극 만들기 (음악)	• 즉흥연주하기 • 순서에 따라 연주하기 • 브레멘 음악극 공연하기	• 녹음파일 • 등장동물 머리띠 • 발판 • 우드블록 • 롤리팝 드럼 • 캐스터네츠 • 마라카스 • 브레멘 음악대 영상

6. 단원 지도상의 유의점

1) 음악극에서 자신의 차례에 리듬악기를 연주하며, 다른 사람의 순서에 기다리며 감상하는 태도를 가지도록 한다.
2) 음악극을 진행하면서 다소 산만할 수 있는 분위기에 유의하여 동선 표시를 확실히 한다.
3) 학생들의 긍정적인 행동에 대해 개별적 강화를 제공하되 보상은 집단보상이 되도록 한다.
4) 학생이 능동적이고 즐겁게 참여할 수 있도록 분위기를 조성한다.
5) 맡은 역할을 확실히 알 수 있도록 학생얼굴사진과 동물사진을 연결시켜 시각적으로 제시하도록 한다.
6) 악기를 던지거나 부수지 않고 바르게 다룰 수 있도록 악기 제시 전에 규칙을 정한다.

7. 단원의 평가

1) 이해

(1) 음악극에 등장하는 네 마리의 동물을 알고 있는가?

(2) 등장동물의 울음소리를 알고 있는가?

(3) 등장동물의 울음소리와 비슷한 소리를 내는 타악기를 알고 선택할 수 있는가?

(4) 악기를 바르게 연주하는 방법을 알고 있는가?

(5) 음악극에서 자신이 맡은 동물 역할을 알고 동선을 이해하고 있는가?

(6) 음악극에서 자신이 역할을 맡은 동물의 생김새를 알고 있는가?

(7) 음악극 장면에 나오는 자기 얼굴사진을 보고 자신의 연주순서를 아는가?

2) 기능

(1) 등장동물의 울음소리를 흉내 내서 녹음하고 들을 수 있는가?

(2) 등장동물의 울음소리와 비슷한 소리를 내는 타악기를 연주할 수 있는가?

(3) 올바른 방법으로 악기를 연주할 수 있는가?

(4) 음악극에서 자신이 맡은 동물 역할의 동선대로 이동할 수 있는가?

(5) 음악극 장면에 나오는 자기 얼굴사진을 보고 연주를 시작할 수 있는가?

(6) 음악극 장면에 자기 얼굴사진이 사라지면 연주를 멈출 수 있는가?

3) 태도

(1) 악기연주에 흥미를 가지고 적극적으로 수업에 참여하려는 태도를 가질 수 있는가?

(2) 올바른 자세로 악기를 연주하는 태도를 가질 수 있는가?

(3) 자신의 연주순서에 맞춰 연주하는 태도를 가질 수 있는가?

(4) 공동작품을 만드는 것을 통해 협동심과 우정이 형성되었는가?

Ⅱ. 학습 관련 실태

1. 학생 실태

이름	성별	나이	본시학습 관련 수행능력	행동특성 및 학습수준	수준
박○○	남	11세	• 타악기의 올바른 연주방법을 알고 능동적으로 연주할 수 있음 • 얼굴사진을 보고 자신의 연주순서를 지켜서 연주할 수 있음 • 교사의 질문에 자발적으로 대답할 수 있음 • 다른 학우의 연주를 주의 깊게 감상할 수 있음	• 어른들을 매우 좋아하여 처음 보는 사람에게 인사하며 반가움을 표현함 • 고집이 있어 교사의 지시를 따르지 않으려는 경향도 있음 • 친구를 돕는 것을 좋아하지만 정도가 과해서 마치 교사처럼 행동하려고 함 • 수업에 능동적으로 참여하고 질문에 대해 적극적으로 대답하나 엉뚱한 대답을 많이 함	가
김○○	여	12세	• 타악기의 올바른 연주방법을 알고 능동적으로 연주할 수 있음 • 그림을 보고 자신의 연주순서를 지켜서 연주할 수 있음 • 교사의 질문에 대한 답변을 할 수 있음 • 다른 학우의 연주를 주의 깊게 감상할 수 있음	• 의사표현이 가능하고 기본적인 기능이 좋으나 수업에 수동적인 태도로 참여함 • 큰 소리를 싫어하고 화가 나면 공격적인 행동을 보임 • 다른 학우에게 행동으로 관심을 표현함 • 가끔씩 책상을 앞으로 기울임 • 계획이 취소되거나 일정이 변경되는 것을 싫어함	가
이○○	남	12세	• 타악기의 올바른 연주방법을 알고 교사의 지시에 따라 연주할 수 있음 • 교사의 언어적 촉구를 받아서 자신의 연주순서를 지켜서 연주할 수 있음 • 교사가 하는 말을 따라서 말할 수 있음 • 다른 학우의 연주를 주의 깊게 감상할 수 있음	• 정리정돈을 잘함 • 착석하여 수업에 참여할 수 있으나 소리를 내며 가슴이나 책상을 침 • 갑자기 웃음이 터지면 간지러워하며 감각이 아주 예민해짐 • 겁이 많고 조심성이 있음 • 교사의 지시에 순응하여 따르는 편임	나

최○○	남	12세	• 타악기 올바른 연주방법을 알고 교사의 지시에 따라 연주할 수 있음 • 교사의 언어적 촉구를 받아서 자신의 연주순서를 지켜서 연주할 수 있음 • 교사가 하는 말을 따라서 말할 수 있음 • 다른 학우의 연주를 주의 깊게 감상할 수 있음	• 호기심이 많아서 교사가 주의를 기울이지 않으면 자리를 이탈하여 돌아다님 • 자신의 이름 호명 시 반응하며 교사의 지시에 잘 따르는 편임 • 영상을 보며 자발적으로 율동을 따라 함	나
서○○	남	11세	• 교사의 신체적 촉구를 통해 타악기를 연주할 수 있음 • 교사의 언어적 촉구를 받아서 자신의 연주순서를 지켜서 연주할 수 있음 • 교사가 하는 질문에 '예/아니요'로 대답할 수 있음 • 다른 학우의 연주를 감상할 수 있음	• '예/아니요'로 대답할 수 있음 • 요구사항을 들어주지 않을 시 주변 사람의 머리를 잡아당기며 고집을 부림 • 성인용 실내화에 대한 강한 집착이 있음 • 스스로 하는 것보다 타인을 시켜서 그 행위를 보는 것을 좋아함 • 단어의 끝을 올려서 말하면 그 말을 따라서 말함	다
민○○	여	11세	• 전반적인 신체적 도움을 받아 타악기를 연주할 수 있음 • 신체적 촉구를 받아서 자신의 연주순서를 지켜서 연주할 수 있음 • 교사가 이름을 부르면 쳐다볼 수 있음 • 다른 학우의 연주를 감상할 수 있음	• 착석이 가능하지만 바른 자세로 앉지 않으며 의자 모서리로 자위를 하기도 함 • 좋고 싫음을 표정이나 행동으로 표현할 수 있음 • 요구사항이 있을 때 타인의 팔을 잡아끌어서 표현함 • 수업 중에 자리를 자주 이탈하여 창가에 감 • 감각자극을 즐기며 자기 손을 뜯거나 막대기 등으로 손장난을 침	다

Ⅲ. 지도의 실제

1. 본시 교수 · 학습 계획안

<table>
<tr><th>교과</th><td>음악</td><th>단원</th><td>사이좋은 친구</td><th>제재</th><td>동화 음악극 만들기</td><th>차시</th><td>7/7</td></tr>
<tr><th>대상</th><td>초 5-○
(남 4, 여 2,
계 6)</td><th>장소</th><td>초 5-○ 교실</td><th>일시</th><td>○년 ○월 ○일
월요일 3교시</td><th>수업자</th><td>○○○</td></tr>
<tr><th>수준</th><th>학생명</th><th colspan="6">본시 학습 목표</th></tr>
<tr><td rowspan="2">가</td><td>박○○</td><td colspan="6" rowspan="2">• 타악기로 동물의 울음소리를 표현하여 즉흥연주를 할 수 있다.
• 자기 얼굴사진이 나오는 동안에 악기를 연주할 수 있다.
• 음악극의 동선에 따라 이동하며 악기연주를 할 수 있다.</td></tr>
<tr><td>김○○</td></tr>
<tr><td rowspan="2">나</td><td>이○○</td><td colspan="6" rowspan="2">• 타악기로 동물의 울음소리를 표현하여 즉흥연주를 할 수 있다.
• 자기 얼굴사진이 나오는 동안에 언어적 촉구를 받아서 악기를 연주할 수 있다.
• 언어적 촉구를 받아서 음악극의 동선에 따라 이동하며 악기연주를 할 수 있다.</td></tr>
<tr><td>최○○</td></tr>
<tr><td rowspan="2">다</td><td>서○○</td><td colspan="6">• 타악기로 동물의 울음소리를 표현하기 위해 신체적 도움을 받아서 악기를 잡고 즉흥연주를 할 수 있다.
• 자기 얼굴사진이 나오는 동안에 신체적 촉구를 받아서 악기를 연주할 수 있다.
• 신체적 도움을 받아서 음악극의 동선에 따라 이동하며 악기를 연주할 수 있다.</td></tr>
<tr><td>민○○</td><td colspan="6">• 타악기로 동물의 울음소리를 표현하여 즉흥연주를 할 수 있다.
• 자기 얼굴사진이 나오는 동안에 신체적 촉구를 받아서 악기를 연주할 수 있다.
• 전반적인 신체적 도움을 받아서 음악극의 동선에 따라 이동하며 악기를 연주할 수 있다.</td></tr>
</table>

<table>
<tr><th rowspan="3">단계</th><th rowspan="3">학습내용</th><th colspan="5">교수 · 학습 활동</th><th rowspan="3">시간
(분)</th><th rowspan="3">자료([자])
유의점([유])</th></tr>
<tr><th rowspan="2">교사활동</th><th colspan="3">학생활동</th><th rowspan="2">특수교육
실무사(특)
자원봉사자
(자)</th></tr>
<tr><th>가</th><th>나</th><th>다</th></tr>
<tr><td rowspan="2">도입</td><td>인사하기</td><td>• 탬버린 인사 지도 하기</td><td colspan="3">-교사가 제시하는 탬버린을 치며 인사한다.</td><td rowspan="2">(특) 민○○의 착석 돕기
(자) 서○○의 착석 돕기</td><td rowspan="2">5</td><td rowspan="2">[자] 탬버린, 도둑 역할 배우</td></tr>
<tr><td>동기유발</td><td>•『브레멘 음악대』영상 제시 및 동물도둑 등장 (상황극)</td><td colspan="3">-동물을 훔치러 다니는 도둑의 이야기를 듣는다.</td></tr>
</table>

단계	학습내용	교수 · 학습 활					시간(분)	자료(자) 유의점(유)
		교사활동	학생활동			특수교육 실무사(특) 자원봉사자(자)		
			가	나	다			
	전시상기	• 역할 확인하기	−자신이 맡은 등장 동물과 악기 이름을 말한다.	−사진판을 보고 자신이 맡은 동물과 악기 이름을 말한다.	−사진판을 보며 자신이 맡은 등장동물과 악기를 확인한다.	(특) 민○○가 사진판을 볼 수 있도록 돕기		[자] 브레멘 음악대 영상, 역할판
	학습활동 안내	• 학습목표와 학습내용 제시하기	−학습목표의 핵심단어를 따라 말한다.		−교사가 학습목표를 읽어 줄 때 교사를 쳐다본다.	(특) 민○○의 주의집중 돕기		[자] 칠판, 학습 목표 종이
전개	활동 1: 즉흥연주하기	• 자신의 악기로 1명씩 즉흥연주하도록 하기	−자신이 맡은 동물의 울음소리를 즉흥연주로 표현한다.		−자신이 맡은 동물의 울음소리를 신체적 도움을 받아서 즉흥연주로 표현한다.	(특) 민○○가 악기연주를 할 수 있도록 신체적 도움주기 (자) 서○○가 악기연주를 할 수 있도록 신체적 도움주기	5	[자] 우드블록, 마라카스, 롤리팝 드럼, 캐스터네츠, 키보드 [유] 연주할 순서가 되지 않은 친구들이 악기를 연주하기 않도록 주의
	활동 2: 순서에 따라 연주하기	• 자신의 연주 순서를 확인하고 연주하도록 하기	−교사가 얼굴 사진이 붙여진 푯말을 제시하면 해당하는 학생이 연주한다.	−교사가 얼굴사진이 붙여진 푯말을 제시하면 해당하는 학생이 언어적 촉구를 받아서 연주한다.	−교사가 얼굴 사진이 붙여진 푯말을 제시하면 해당하는 학생이 신체적 촉구를 받아서 연주한다.	(특) 민○○가 악기연주를 할 수 있도록 신체적 도움주기 (자) 서○○가 악기연주를 할 수 있도록 신체적 도움주기	7	[자] 우드블록, 마라카스, 롤리팝 드럼, 캐스터네츠, 키보드, 얼굴 푯말 [유] 연주할 순서가 되지 않은 친구들이 악기를 연주하기 않도록 주의

단계	학습내용	교수 · 학습 활동				특수교육실무사(특) 자원봉사자(자)	시간(분)	자료([자]) 유의점([유])
		교사활동	학생활동 가	학생활동 나	학생활동 다			
	활동 3: 브레멘 음악극 공연하기	• 자기역할을 점검하도록 하기	-자신이 맡은 동물 머리띠 쓰기 -자신이 쓴 동물 머리띠와 같은 동물 발판을 찾아가서 자리에 앉기	-자신이 맡은 동물 머리띠 쓰기 -언어적 촉구를 통해 자신이 쓴 동물 머리띠와 같은 동물 발판을 찾아가 자리에 앉기	-자신이 맡은 동물 머리띠 신체적 도움을 받아서 쓰기 -신체적 촉구를 통해 자신이 쓴 동물 머리띠와 같은 동물발판을 찾아가서 자리에 앉기	(특) 민○○가 올바른 자리에 앉을 수 있도록 돕기 (자) 서○○가 올바른 자리에 앉을 수 있도록 돕기	15	[자] 미술시간에 만든 동물 머리띠
		• 『브레멘 음악대』 이야기 순서에 맞춰 음악극 하도록 하기	-자기순서가 되면 일어나서 타악기 즉흥연주를 한다.	-자기순서가 되면 언어적 촉구를 받아 타악기 즉흥연주를 한다.	-자기순서가 되면 신체적 촉구를 받아 타악기 즉흥 연주를 한다.	(특) 민○○가 악기 연주를 할 수 있도록 신체적으로 돕기 (자) 서○○가 악기 연주를 할 수 있도록 신체적으로 돕기		[자] 편집 영상, 우드블록, 마라카스, 롤리팝 드럼, 캐스터네츠, 키보드
		• 재등장한 도둑을 합주를 통해 떠나가도록 하기	-도둑을 쫓아내기 위해 합주를 한다.		-도둑을 쫓아내기 위해 신체적 도움을 받아 합주를 한다.			
		• 다 함께 연주하며 숲길 행진하도록 하기	-한 줄로 숲길을 따라 행진하며 합주한다.			(특) 민○○가 대열을 잘 유지할 수 있도록 돕기 (자) 서○○가 대열을 잘 유지할 수 있도록 돕기		

단계	학습내용	교수·학습 활동					시간(분)	자료(자) 유의점(유)
		교사활동	학생활동			특수교육 실무사(특) 자원봉사자(자)		
			가	나	다			
정리 및 평가	정리	• 음악극 녹음 한 것 들어 보기	-함께 녹음한 음악극을 듣는다.			(특) 이○○의 주의집중 돕기 (자) 서○○의 주의집중 돕기	8	자 녹음기, 블루투스 스피커, PPT
	차시예고	• 악기로 소리의 크기 표현하기	-차시예고 설명을 듣는다.					
	인사하기	• 마치는 인사하기	-구호에 맞춰서 "감사합니다."라고 인사하기		-구호에 맞춰서 고개를 숙인다.			

2. 평가계획

1) 평가내용

수준	학생명	평가기준	평가척도				
			5	4	3	2	1
가	박○○	• 타악기로 동물의 울음소리를 표현하여 즉흥연주를 할 수 있다.					
		• 자기 얼굴사진이 나오는 동안에 악기를 연주할 수 있다.					
		• 음악극의 동선에 따라 이동하며 악기연주를 할 수 있다.					
	김○○	• 타악기로 동물의 울음소리를 표현하여 즉흥연주를 할 수 있다.					
		• 자기 얼굴사진이 나오는 동안에 악기를 연주할 수 있다.					
		• 음악극의 동선에 따라 이동하며 악기연주를 할 수 있다.					
나	이○○	• 타악기로 동물의 울음소리를 표현하여 즉흥연주를 할 수 있다.					
		• 자기 얼굴사진이 나오는 동안에 언어적 촉구를 받아서 악기를 연주할 수 있다.					
		• 언어적 촉구를 받아서 음악극의 동선에 따라 이동하며 악기연주를 할 수 있다.					

	최○○	• 타악기로 동물의 울음소리를 표현하여 즉흥연주를 할 수 있다.					
		• 자기 얼굴사진이 나오는 동안에 언어적 촉구를 받아서 악기를 연주할 수 있다.					
		• 언어적 촉구를 받아서 음악극의 동선에 따라 이동하며 악기연주를 할 수 있다.					
다	서○○	• 타악기로 동물의 울음소리를 표현하기 위해 신체적 도움을 받아서 악기를 잡고 즉흥연주를 할 수 있다.					
		• 자기 얼굴사진이 나오는 동안에 신체적 촉구를 받아서 악기를 연주할 수 있다.					
		• 신체적 도움을 받아서 음악극의 동선에 따라 이동하며 악기를 연주할 수 있다.					
	민○○	• 타악기로 동물의 울음소리를 표현하여 즉흥연주를 할 수 있다.					
		• 자기 얼굴사진이 나오는 동안에 신체적 촉구를 받아서 악기를 연주할 수 있다.					
		• 전반적인 신체적 도움을 받아서 음악극의 동선에 따라 이동하며 악기를 연주할 수 있다.					

2) 평가방법

각 학생별 평가내용에 근거하여 수업 후, 학습도움 교사 및 자원봉사자와 함께 평가척도를 통해 평가를 실시한다.

3) 성취 준거(평가척도)

성취를 기대하는 교수 목표 항목에 대해 5점 평가척도로 성취수준을 결정한다. 5점 평가척도의 정의는 다음과 같다.

점수	평가척도의 정의
5	자발적이고 능동적인 태도로 참여하며, 전반적으로 성취함(80~100%)
4	언어적 촉구나 모델링에 의해 성취함(60~80%)
3	지속적인 언어적 촉구와 신체적 촉구를 받아 성취함(25~60%)
2	초기 기술 수준의 시도가 엿보이며, 전반적인 신체적 촉구를 받아 성취함(1~25%)
1	다른 사람의 도움을 거부하며 수업에 참여하지 않음

3. 좌석 배치도

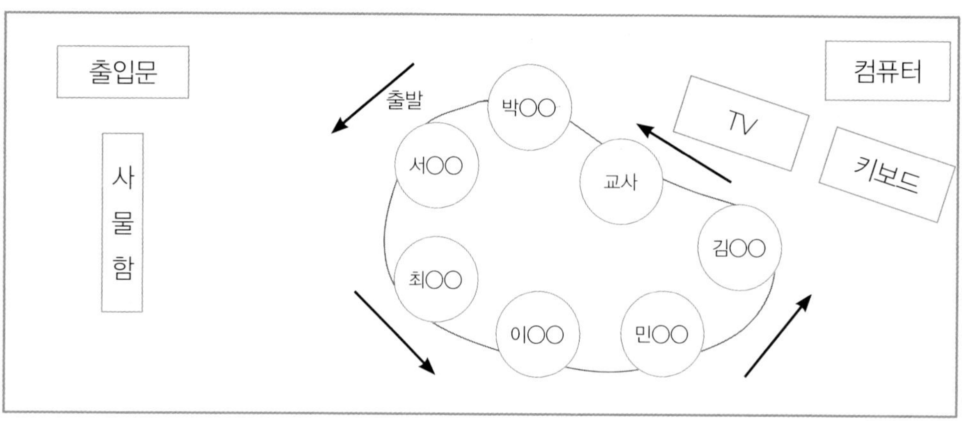

참고문헌

강명자(2012). PCK(교과내용교수지식) 수업컨설팅을 통한 수업혁신 효과 연구. 경기대학교 대학원 박사학위논문.

교육과학기술부(2011). 수학: 기본교육과정 교사용 지도서.

교육부(2016). 2017년도 특수교육 운영계획.

국립특수교육원 편(2009). **특수교육학 용어사전**. 서울: 하우.

권애리(2012). 도시 인문계 고등학교 특수학급의 학생문화 연구. 단국대학교 대학원 박사학위논문.

김진호, 박재국, 방명애, 안성우, 유은정, 윤치연, 이효신 공역(2014). **최신특수교육**(*Exceptional children*). Heward, W. L. 저. 서울: 시그마프레스.

김태석(2009). 교사의 반성적 수업분석이 수업행동에 미치는 영향. 단국대학교 대학원 박사학위논문.

데즈먼드 모리스(1994). **맨워칭**. 서울: 까치.

박세훈, 박지훈(2011). 통합적 수업전문성 모형 탐색. **한국교원교육연구**. 28(3), 153-178.

박승배, 부재율, 설양환, 이미자, 조수연 공역(2011). **효과적인 교수법**(7판)

(*Effective teaching methods*). Borich, G. D. 저. 서울: 아카데미프레스.

박아청, 최미자, 정현희, 엄우용, 최명숙, 김성훈, 박인심, 장동만(2010). **교직실무**. 경기: 공동체.

박윤이, 박수현, 유은영, 이지연(2012). 공의자 적용이 자폐범주성 아동의 교실 내 문제행동과 주의집중 및 착성행동에 미치는 영향. **대한작업치료학회지, 20**(1). 43-56.

백영균, 한승록, 박주성, 김정겸, 최명숙, 변호승, 박정환, 강신천, 윤성철(2015). **스마트 시대의 교육방법 및 교육공학**(4판). 서울: 학지사.

변영계, 김영환, 손미(2007). **교육방법 및 교육공학**(3판). 서울: 학지사.

변재현, 김민경(2004). 교사의 단계적 발문이 학습자의 수학적 사고에 미치는 효과. **교과교육학연구, 8**(2), 199-217.

서울대학교 교육연구소 편(1998). **교육학 대백과사전**. 강원: 하우동설.

신명희(2002). **교수방법의 심리적 기초**. 서울: 학지사.

신현기, 이성봉, 이병혁, 이경면, 김은경 공역(2014). **자폐스펙트럼장애 학생 교육의 실제**(개정판)(*Students with autism spectrum disorders*). Heflin, L. J., & Alaimo, D. F. 공저. 서울: 시그마프레스.

유재연, 임경원, 김은경, 이병혁, 박경옥 공역(2008). **통합교육을 위한 행동관리의 실제**(*Behavior management*). Thomas, J. Z. 저. 서울: 시그마프레스.

윤광보, 김용욱, 최병옥(2011). **교육방법과 교육공학의 이해**(3판). 경기: 양서원.

이경면(2011). **특수교육실습의 실제**. 서울: 청목출판사.

이근용, 김금숙(2010). 특수학교 직업담당교사의 직무스트레스와 직무만족도 수준. **정신지체연구, 12**(4), 301-321.

이윤정(2016). 초등교사의 옷차림에 관한 질적 연구. **한국실과교육학회지, 28**(2),

171-187.

이준, 방선희(2010). 예비교원의 수업전문성 인식 조사 연구와 시사점: 『교육방법 및 교육공학』을 중심으로. **교육방법연구, 22**(4), 115-142.

장미순, 유현미, 신현기(2013). '좋은 수업'에 대한 특수교사의 인식. **정신지체연구, 15**(1), 147-174.

전병운(2008). 특수학교교사 수업능력 평가 기준. **한국특수교육학회 춘계학술대회 자료집**, 91-118.

전병운, 남윤석, 권희연(2007). 국어 수업에서 나타나는 특수교사의 언어적 스캐폴딩 분석 연구. **정서 · 행동장애 연구, 23**(3), 373-403.

전병운, 남윤석, 이미애(2006). 특수학습 수학 수업에서의 교사 발문 분석 연구. **특수교육연구, 13**(2), 7.

정동영, 강경숙, 남윤석, 박중휘, 오세웅, 유장순, 이미선, 이옥인, 정인숙, 정해동, 조규영, 진홍신(2009). **특수교육 교과교재연구 및 지도법**. 경기: 교육과학사.

정동영, 김희규, 박계신, 박소영, 오세웅, 이경면, 이옥인, 이필상, 정해동, 정해시, 진홍신, 최상배(2015). **특수교육 수업컨설팅**. 경기: 교육과학사.

정찬기오, 문승한, 김훈희, 조홍순, 정경옥, 이광우, 박보영, 강재철, 김명호, 김성렬, 강순상, 박춘효, 이준우(2011). **유 · 초 · 중등 예비교사를 위한 교직실무**. 경기: 양서원.

정해동, 권주석, 김미선, 김주영, 박경옥, 박순희, 이경면, 이성봉, 이옥인, 정영숙, 정주영(2016). **특수교육 국어교육론(2판)**. 경기: 교육과학사.

조벽(2012). **조벽 교수의 수업 컨설팅**. 서울: 해냄.

조아라, 이순 공역(2005). **리틀 몬스터: 대학교수가 된 ADHD 소년**(*Little monster: growing up with ADHD*). Jergen, R. 저. 서울: 학지사.

조영남(1993). 마이크로티칭과 교사교육. 교육학 연구, 31(5), 77-92.

조영남(2011). 마이크로티칭과 초등 예비교사교육. 초등교육연구, 24(1), 65-84.

조인수, 시미즈 사다오, 추연구(2001). 특수교육 교사를 위한 수업개선 방법과 실제. 대구: 대구대학교출판부.

조호제, 윤근영(2009). 교사의 발달단계에 따른 수업전문성의 차이 분석. 열린교육연구, 17(2), 183-207.

최승현(2007). 교육과정 개정에 따른 수학과 내용 교수지식(PCK) 연구. 서울: 한국교육과정평가원.

한국특수교육교과교육학회 편(2009). 특수교육 교과 교재연구 및 지도법. 경기: 교육과학사.

Allen, D. W., & Ryan, K. A. (1969). *Microteaching*. Massachusetts: Addison-Wesley Reading.

Clark, L. H., & Starr, I. S. (1986). *Secondary and middle school teaching methods* (5th ed.). NY: Mcmillan Publishing Co.

Flanders. N. A. (1970). *Analyzing teacher behavior*. Boston, MA: Addison Wesley.

Joyce, B., & Weil, M. (1980). *Models of teaching* (2nd ed.). Paramus, Nj: Prentice-Hall.

Owens, R. G., & Valesky, T. C. (2011). *Organizational Behavior in Education-Leadership and School Reform* (10th ed.). New Jersey: Pearson Education, Inc.

Schunk, D. H., Pintrich, P. R., & Meece, J. L. (2010). *Motivation in Education:*

Theory, Research, and Applications (3rd ed.). New Jersey: Pearson Education, Inc.

Wilen, W. (1991). *Questioning skills, for teachers. what research says to the teacher* (3rd ed.). ERIC ED. 332-984.

찾아보기

인명

내용

저자 소개

이경면(Lee Kyung-myun, Ph.D.)

강남대학교 특수교육과를 졸업하고, 단국대학교 대학원에서 석 · 박사를 마쳤다. 특수학교 교사로 근무하였으며, 단국대학교 특수교육대학원, 강남대학교 특수교육대학원 등에서 강의했다. 현재는 부산장신대학교 초등특수교육과 교수로 근무하고 있다.

- 수업실연과 관련하여 추가적인 도움이나 질문이 있는 경우에는 아래의 카페를 방문하시거나 메일을 주시면 답변을 드리도록 하겠습니다. 또한 본문의 내용 중 수정사항을 말씀해 주시면 바로잡도록 하겠습니다.
- 카페 주소
  http://cafe.naver.com/vosetoday
- 메일 주소
  childrendream@hanmail.net

예비 특수교사 및 초임교사를 위한
수업실연의 실제
Practice of Teaching Demonstration for
Preservice Special Education Teacher and Beginning Teacher

2018년 1월 15일 1판 1쇄 인쇄
2018년 1월 25일 1판 1쇄 발행

지은이 • 이경면
펴낸이 • 김진환
펴낸곳 • ㈜ 학지사
04031 서울특별시 마포구 양화로 15길 20 마인드윌드빌딩
대표전화 • 02-330-5114 팩스 • 02-324-2345
등록번호 • 제313-2006-000265호

홈페이지 • http://www.hakjisa.co.kr
페이스북 • https://www.facebook.com/hakjisabook

ISBN 978-89-997-1277-7 93370

정가 17,000원

이 도서의 국립중앙도서관 출판시도서목록(CIP)은 서지정보유통지원시스템 홈페이지(http://seoji.nl.go.kr)와 국가자료공동목록시스템(http://www.nl.go.kr/kolisnet)에서 이용하실 수 있습니다.
(CIP 제어번호: CIP2017030633)